Sabine Bachmair · Jan Faber
Claudius Hennig · Rüdiger Kolb · Wolfgang Willig

Beraten will gelernt sein

Ein praktisches Lehrbuch
für Anfänger und Fortgeschrittene

BELTZ
Taschenbuch

Besuchen Sie uns im Internet:
http://www.beltz.de

Beltz Taschenbuch 30
3. Auflage
1999 Beltz Verlag, Weinheim und Basel

© 1989 Psychologie Verlags Union, Weinheim
Umschlaggestaltung: Federico Luci, Köln
Umschlagphotographie: © Mauritius, Mittenwald
Zeichnungen, sofern nicht anders angegeben: Sepp Buchegger
Gesamtherstellung: Druckhaus Beltz, Hemsbach
Printed in Germany

ISBN 3 407 22030 8

*Für die Beratungslehrer
in Sigmaringen,
Weingarten und Hechingen*

Inhaltsverzeichnis

Einleitung 11

1. Kapitel: Gesprächsführung 16

Einleitung 16
Theorieteil 18
1.1 Alltagsberatung und spontane Gesprächsreaktionen 18
1.2 Hilfe zur Selbsthilfe 21
1.3 Unterschiedliche Welten? 22
    1.3.1 Wahrnehmungen von Berater und Ratsuchenden im
        sozialen Kontext 22
    1.3.2 Zwei Gehirnhälften, zwei Sprachen, zwei Wahrnehmun-
        gen? 23
    1.3.3 Die Auseinandersetzung zwischen alten und neuen Pro-
        blemlösungen 25
    1.3.4 Positive Ressourcen – Selbstverwirklichung? 26
1.4 Die schrittweise Entwicklung von Einsicht in der partner-
    zentrierten Beratung – Der Beratungsprozeß 26
1.5 Das Primat der Beratervariablen über die Gesprächstechniken 29
    1.5.1 Akzeptanz 30
    1.5.2 Empathie 31
    1.5.3 Kongruenz 31
1.6 Gesprächsmethoden zur Verbesserung der Beratung 32
    1.6.1 Nicht festlegende Aufforderung 32
    1.6.2 Paraphrasieren 33
    1.6.3 Verbalisieren emotionaler Erlebnisinhalte 34
    1.6.4 Rapport herstellen; Spiegeln und Übersetzen 35
    1.6.5 Fragen als Beratungstechnik? Zielrahmen versus Pro-
        blemrahmen 38
1.7 Problemaspekte der Beratungssituation 40
    1.7.1 Der zeitliche Rahmen 41
    1.7.2 Äußere Störungen 41
    1.7.3 Erwartungskonkordanz 41
    1.7.4 Gesprächseinstieg und äußere Bedingungen 41
    1.7.5 Gesprächsunterbrechung und -ende 42
    1.7.6 Gefühlsausbrüche 42
    1.7.7 Stimmung des Beraters 43
    1.7.8 Induktion von Antworten: Antwort – wie erwünscht? . 43

1.8   Strukturieren von Gesprächen für bestimmte Zwecke 44
      1.8.1   Das diagnostische Gespräch 44
      1.8.2   Vermitteln von Informationen 46
      1.8.3   Kooperatives Problemlösen und Konferenzführung mit
              mehreren Ratsuchenden 48
      1.8.4   Probleme der Systemberatung von Gruppen und Organi-
              sationen 51
1.9   Einwände gegenüber der partnerzentrierten Gesprächsfüh-
      rung 56
Praxisteil 59
1.10 Einführende Anmerkungen zum Praxisteil 59
      1.10.1 Absichten und Ziele 59
      1.10.2 Gliederung 59
      1.10.3 Zeitangaben 60
      1.10.4 Medieneinsatz 60
      1.10.5 Methoden und Lernarrangements 60
      1.10.6 Warming-up 61
1.11 Übungen: 64
      Arbeitseinheit 1: Ausschaltung von groben Fehlern beim Bera-
                        tungsgespräch 64
      Arbeitseinheit 2: Zuhören und Verstehen 68
      Arbeitseinheit 3: Paraphrasieren 70
      Arbeitseinheit 4: Verbalisieren emotionaler Erlebnisinhalte .. 75
      Arbeitseinheit 5: Strukturierte Gespräche 79
      Arbeitseinheit 6: Umgang mit schwierigen Beratungssituatio-
                        nen 82

2. Kapitel: Gespräche mit Familien 85

Einleitung 85
Theorieteil 86
2.1   Funktion und Ziele der Familienberatung 86
2.2   Erstkontakt mit den Ratsuchenden 86
2.3   Ablauf des Familiengesprächs 87
      2.3.1   Kontaktphase 87
      2.3.2   Problemphase 88
      2.3.3   Strukturphase 89
      2.3.4   Kontraktphase 90
2.4   Schlußbemerkung 91
Praxisteil 91
2.5   Vorführung eines Familiengesprächs 91
2.6   Erneutes Vorführen im Stop-and-go-Verfahren 92
2.7   Simulation eines Familienberatungsgesprächs 92
2.8   De-roling 94

3. Kapitel: Kommunikationsprozesse in der Beratung 95

Einleitung 95
Theorieteil 96

3.1 Der Begriff „Kommunikation" 96
3.2 Der Systembegriff als Grundlage der Kommunikationstheorie 97
3.3 Darstellung der fünf Regeln von Watzlawick 98
3.4 Kommunikationsstörungen in der Beratung 104
3.5 Alternatives Beraterverhalten: Metakommunikation 108
Praxisteil 110
3.6 Einführung der Kommunikationsregeln 110
3.7 Erarbeitung der Regeln und ihrer Störungsformen an schriftlichem Material 112
3.8 Alternatives Beraterverhalten bei Kommunikationsstörungen . 112
3.9 Analyse eines Gruppengesprächs unter kommunikationstheoretischen Gesichtspunkten 117

4. Kapitel: Die Rolle des Beraters und die Funktion von Beratung . . . 119

Einleitung 119
Theorieteil 121
4.1 Gesellschaftliche Ziele und Aufgaben von Beratung (hier spe-
ziell im Bildungsbereich) 121
4.2 Aufgaben und möglicher Mißbrauch von Beratung in der
Schule 122
    4.2.1 „Feuerwehr"- bzw. Anpassungsfunktion 123
    4.2.2 Übergewicht der Schullaufbahnberatung gegenüber der
    individualpsychologischen Beratung 123
    4.2.3 Spezialisierung und Professionalisierung der Beratung . 124
    4.2.4 Mögliche Aufgaben und Ziele eines emanzipatorischen
    Beratungsansatzes 125
4.3 Konkretes Rollenverhalten des Beraters im Alltag – sein
Umgang mit widersprüchlichen Rollenerwartungen 127
Praxisteil 133
4.4 Diskussion der Themen „Gesellschaftliche Ziele und Aufgaben
von Beratung" sowie „Aufgaben und möglicher Mißbrauch von
Beratung in der Schule" 134
4.5 Erarbeitung eines Gruppenergebnisses zu den Themen des
Theorieteils 135
4.6 Umgang mit widersprüchlichen Rollenerwartungen in einem
Planspiel 137

5. Kapitel: Supervision 144

Wie Berater ihre Fortbildung selbst in die Hand nehmen können . 144
Einleitung 144
Theorieteil 146
5.1 Notwendigkeit und Ziele von Supervision 146
    5.1.1 Wozu überhaupt Supervision? 146
    5.1.2 Was können Selbstberatungsgruppen für Berater lei-
    sten? 148

5.2 Rahmenbedingungen für Selbstberatungsgruppen 150
    5.2.1 Zahl und Auswahl der Teilnehmer 150
    5.2.2 Ort und Häufigkeit der Sitzungen 151
    5.2.3 Vorbereitung der Sitzung 152
    5.2.4 Supervisor – ja oder nein? 152
    5.2.5 Verhaltensregeln in einer Selbstberatungsgruppe 152
    5.2.6 Gewichtungen bei der Fallbesprechung 153
5.3 Wie Selbstberatungsgruppen arbeiten können 155
    5.3.1 Gruppendynamische Prozesse – gruppendynamische
         Übungen 156
    5.3.2 Themenzentrierte Interaktion 163
    5.3.3 Feed-back-Regeln 164
    5.3.4 Rollenspiele 166
    5.3.5 Psychologische Phänomene in der Supervision 169
Praxisteil 170
Ablauf einer Supervisionssitzung mit Beratungslehrern 170

Literaturverzeichnis 178

Einleitung

Unsere schulpsychologische Tätigkeit beinhaltet seit Jahren auch die Zusammenarbeit mit Lehrern, Sozialarbeitern und anderen, die in sozialen Bereichen tätig sind. Dabei wird unsere Feststellung immer wieder bestätigt, daß Vertreter dieser Berufsgruppen beinahe täglich Beratungsaufgaben zu erfüllen haben, ohne dafür speziell ausgebildet zu sein.

Viele von ihnen haben sich entweder über die tägliche Berufspraxis oder durch Selbststudium eine grundlegende Beraterfähigkeit angeeignet. Manchmal ist diese aufgrund bestimmter förderlicher Persönlichkeitsmerkmale schon vorhanden, ein Umstand, der im allgemeinen mit „natürlicher Kompetenz" bezeichnet wird. So wird es immer Menschen geben, denen man eher „sein Herz ausschüttet" als anderen.

An der Berufsgruppe der Lehrer läßt sich besonders deutlich aufzeigen, wie zwar in gutem Glauben, aber dennoch wenig hilfreich, diese natürliche Beraterkompetenz eingesetzt werden kann. Ein Lehrer wird an ein Beratungsgespräch andere Maßstäbe anlegen als ein psychologischer Berater. Unsere Hypothese in diesem Zusammenhang lautet: Die erworbene Berufsrolle des Lehrers und sein Selbstverständnis als professioneller „Belehrer" hindern ihn geradezu ein guter Berater zu sein.

Wie kommt dieses – übrigens lösbare – Dilemma zustande?

Die pädagogische Funktion des Lehrers legt fest, daß er „im Besitz von Wissen", dieses an andere weiterzugeben hat. Diese primäre Funktion des „Belehrens" fließt auch in die Art der Beratungsgespräche, die er mit Schülern oder deren Eltern führt, ein: Er *kennt* den Schüler (in seinen Schwachpunkten manchmal besser als die eigenen Eltern), er *klärt* die Eltern *darüber auf*, zeigt seine *Informiertheit*, äußert Bedenken, *bewertet, untersagt*, erteilt *Aufforderungen*, gibt *Rat*.

Der einfühlsame Lehrer kann nach erfolgter Beratung wohl Erfolge verbuchen, die ihn ermutigen und bestätigen. Andererseits wird oft über das unbefriedigende Gefühl berichtet, in der Sache sicher richtig, im „Ton" aber irgendwie unpassend beraten zu haben. Hinzu kommt der Umstand, daß viele Beratungsgespräche im Schulhausflur komplizierte Bereiche berühren, die den beratenden Lehrer oft genug in schwierige Situationen bringen. Diese lassen sich auch dadurch nicht entschärfen, daß er die Ratsuchenden an professionelle Institutionen überweist, denn gerade ein bereits bestehendes Vertrauensverhältnis schafft erst die Grundlage dafür, sich an den Lehrer zu wenden.

Mit diesem Vertrauen, das ihm Eltern und Schüler entgegenbringen, hat der Lehrer einen Vorsprung vor jeder anderen professionellen Beratung. Wenn er dieses Guthaben nützt, indem er lernt, den Ratsuchenden mit seinen Problemen anzunehmen und ihm zuzuhören statt das Vertrauen mit Ratschlägen zu erschlagen, kann er sich der Anerkennung von Schülern, Eltern und Kollegen gewiß sein.

11

Ähnlich ergeht es dem „vor Ort" tätigen Sozialarbeiter oder Sozialpädagogen. Für Ratsuchende aus der Unterschicht liegt die sogenannte „Schwellenangst" häufig zu hoch, als daß sie sich an eine offizielle Beratungsstelle wenden könnten. Für sie stellt der Solzialarbeiter, der sie z. B. zu Hause besucht, oft die einzig annehmbare Instanz dar, zu der sie Vertrauen haben und von der sie überhaupt beraten werden möchten. In diesem Zusammenhang möchten wir an die Ergebnisse und empfohlenen Konsequenzen der von der Bundesregierung in Auftrag gegebenen Psychiatrie-Enquete (1975) erinnern, in der ganz klar dokumentiert wird, daß die psychosoziale Versorgung unserer Bevölkerung mit überwiegend professionellen Therapeuten und Beratern weder aufrecht erhalten noch erweitert werden kann. Demzufolge erscheint die Kompetenzerweiterung von Laienberatern, seien es Lehrer oder andere in sozialen Berufen Tätige, unter dem Gesichtspunkt der frühzeitigen Erkennung und Behandlung von psychischen Störungen als notwendig.

Mit dem vorliegenden Buch wollen wir dem Leser seine bereits vorhandene natürliche Beratungsbefähigung bewußtmachen und gegebenenfalls stärken. Aufbauend auf dieser Sicherheit bietenden Grundlage schaffen wir ihm die Möglichkeit,

12

sich einen Überblick über die relevanten Fachbereiche der Beratungspraxis zu verschaffen und durch gezielte Übungen dieses Theoriewissen in eine verstärkte Handlungssicherheit umzusetzen.

Ein auf Praxis angelegtes Übungsbuch für das Training von Beratern ist der Gefahr ausgesetzt, zu einem reinen „Kochbuch der Beratungstechnologie" zu degenerieren. Deshalb hat sich die Autorengruppe bemüht, sämtlichen theoretischen Beiträgen und praktischen Übungsbeispielen ein einheitliches Menschenbild vom Ratsuchenden und vom Berater zugrundezulegen.

Selbstverständlich sind wir dabei von unseren eigenen Überzeugungen und Erfahrungen mit der Beratungspraxis ausgegangen. Sehr verkürzt ausgedrückt, orientieren wir uns am Menschenbild der „Humanistischen Psychologie". Im Mittelpunkt unserer Arbeit steht die Überzeugung, daß der Ratsuchende als ein autonomes Individuum zu sehen ist, dessen psychische Wachstums- und Selbstverwirklichungsprozesse durch widrige Lebensumstände gestört werden können. Einer Beratung fällt dann die Aufgabe zu, diese nicht vollständigen Prozesse des Individuums unterstützend zu begleiten.

Für Carl Rogers, einem der bedeutendsten Vertreter dieser Richtung, besteht Beratung „aus einer eindeutig strukturierten, gewährenden Beziehung, die es dem Klienten ermöglicht, zu einem Verständnis seiner selbst in einem Ausmaß zu gelangen, das ihn befähigt, aufgrund dieser neuen Orientierung positive Schritte zu unternehmen" (Rogers, 1972, Seite 28).

Der Leitgedanke der Autorengruppe für ihre Beratungsarbeit und für die Ausbildung von Laien zu Beratern lautet:

Die Persönlichkeit des Beraters, sein Menschenbild, die Beziehung zwischen Berater und Klienten, sowie die ständige kritische Reflexion der Beraterrolle bilden den Rahmen und die Grundlage für den eigentlichen Beratungsprozeß. Diese Grundlagen kommen vor jeder „Beratungstechnologie".

Damit wollen wir jedoch keineswegs Beratungstechniken als irrelevant hinstellen. Wir vertreten aber die Auffassung, daß ein wenig geschulter Laienberater, der die oben skizzierten Rahmenbedingungen der Beratung positiv ausfüllt, einen Ratsuchenden weiter bringen kann als ein geschulter „Beratungstechnokrat", der sich mit diesen Vorbedingungen der Beratung nicht auseinandergesetzt hat.

Jedoch sind wir auch realistisch genug, die Schwachstellen des Menschenbildes der „Humanistischen Psychologie" wahrzunehmen: So wird beispielsweise viel zu wenig die soziale Eingebundenheit des Ratsuchenden und seine Herkunftsfamilie berücksichtigt. Sprachbarrieren oder gar „Sprachlosigkeit" stehen dem verbalen Ausdruck von differenzierten und komplexen Gefühlszuständen im Wege, ökonomische und berufliche Zwänge lassen Ansprüche auf Selbstverwirklichung und Autonomie des Ratsuchenden zur unerfüllbaren Utopie werden.

Inhaltliche Schwerpunkte

Mit diesem Buch wollen wir auf keinen Fall der inzwischen umfangreich gewordenen Sammlung von Veröffentlichungen zur Theorie des Beratungsprozesses ein weiteres hinzufügen. Wir akzeptieren, daß theoretisches Wissen im Sinne eines Literaturstudiums unerläßlich zum Thema „Beratung" ist. Zur praktischen Handlungskompetenz des zukünftigen Beraters trägt es jedoch nur wenig bei. Beratenkönnen liegt vor allem auf der Handlungsebene und muß unter Einbezug der gesamten Persönlichkeit geleistet werden. Von diesen Überlegungen geleitet und durch unsere Praxis der Lehrerfortbildung bestätigt, haben wir im vorliegenden Buch zwei deutliche Schwerpunkte gesetzt:

- Wir wollen Beraterlaien eine knappe und übersichtliche Sammlung von Basistexten aus den Bereichen Gesprächsführung, Kommunikation, Supervision, Beratung von Familien, sowie Rolle des Beraters und der Funktion von Beratung an die Hand geben.
- Wir wollen Beraterlaien, bzw. deren Ausbildern eine didaktisch aufbereitete Auswahl von gezielten Übungsanleitungen zur Verfügung stellen, die eng auf den jeweils vorangegangenen Theorieteil bezogen ist. Diese Übungen sind nicht am „grünen Tisch" entstanden, sondern sind nur aufgenommen worden, wenn sie sich in unserer Ausbildungsarbeit bewährt haben.

Die Kapitel behandeln folgende Themenbereiche:

Gesprächsführung:

Das persönliche Gespräch zwischen Berater und Ratsuchendem ist unserer Auffassung nach der wichtigste Bestandteil eines jeden Beratungsprozesses. Deshalb haben wir diesem Thema den meisten Raum innerhalb des Buches eingeräumt und ihm die größte Anzahl von praktischen Übungen gewidmet. (Verfasser: R. Kolb)

Gespräche mit Familien:

Wir gehen davon aus, daß ein Problemschüler Mitglied zweier für ihn ganz zentraler Systeme ist, nämlich des „Systems Familie" und des „Systems Schulklasse". Beide tragen zur Entwicklung bzw. Aufrechterhaltung von Problemen des betreffenden Schülers bei, gleichzeitig zwingt dieser durch sein Problemverhalten diese beiden Systeme zu ganz bestimmten Reaktionsweisen. Dies gilt selbstverständlich auch für einen problembelasteten Erwachsenen (z. B. Alkoholiker), wobei anstelle des Systems „Schulklasse" das System „Arbeitsplatz und Kollegen" tritt. (Verfasser: J. Faber)

Kommunikation:

Zu einer effektiven partnerzentrierten Gesprächsführung und Beratung gehört auch die Kenntnis der zwischen Ratsuchenden und Berater ablaufenden Kommunikationsprozesse. Diese Prozesse beeinflussen das Verhältnis zwischen Berater und Ratsuchenden und sind somit wichtig für das Gelingen von Beratung. (Verfasser: W. Willig)

Rolle des Beraters und Funktion von Beratung:

Weil wir kein beratungstechnologisches Kompendium zusammenstellen wollen und Beratung nicht als Heilmittel und Alibi für alle möglichen Funktions- und Strukturmängel unseres Gesellschaftssystems betrachten, möchten wir in diesem Kapitel den zukünftigen Berater dazu bewegen, sich Gedanken über seine Aufgaben, seine Rolle und seine Strategien im jeweiligen sozialen System (z. B. Schule) zu machen. (Verfasser: C. Hennig)

Supervision:

Die Supervision erscheint uns deshalb bedeutsam, weil sie zum einen wichtige Gesichtspunkte für die inhaltliche Arbeit selbstorganisierter Ausbildungsgruppen in Beratung enthält. Zum andern bietet dieses Kapitel erprobte Hinweise, wie Berater nach erfolgter Ausbildung ihre Fortbildung und Hilfeleistung durch Kollegen selbst organisieren und gestalten können. (Verfasserin: S. Bachmair)

Welche Zielgruppen wollen wir ansprechen?

Wir denken an
- diejenigen, zu deren Aufgaben es gehört, Laien zu Beratern auszubilden,
- Lehrer, die als Verbindungs- oder Vertrauenslehrer zwangsläufig in Beratungssituationen stehen,
- Lehrer, die Beratung von Schülern und Eltern als selbstverständlichen und wichtigen Bestandteil ihrer Lehrerrolle sehen,
- Lehrer, die sich zum Beratungslehrer (also halbprofessionellen Berater) ausbilden lassen,
- diejenigen, die in einem Sozialberuf tätig sind und dort mit ganz unterschiedlichen Beratungsaufgaben konfrontiert werden, ohne speziell dafür ausgebildet zu sein.

Die Autoren

1. Kapitel: Gesprächsführung

Einleitung

In einer Beratungssituation sitzen sich oft Menschen gegenüber, die sich in ihrem Temperament, in ihrer Herkunft, in ihrem Denken und Beurteilen und in vielem anderem unterscheiden. Selbst wenn wir annehmen, daß sich das Ziel „Helfen und beraten wollen" des einen, mit dem Ziel „Hilfe und Rat suchen" des anderen ergänzen, können noch genügend Hindernisse auf dem Weg zu diesen Zielen liegen. Welchen Normen und Wertvorstellungen, welchen Abhängigkeiten, sozialen Kontrollen und Anpassungsverhalten unterliegen Berater und Ratsuchender? Wer und was hat sie überhaupt in die Beratungssituation gebracht?

Betrachten wir uns die Beratungssituation einmal näher: Sie wird geprägt vom Berater und Ratsuchenden mit deren Gemeinsamkeiten und Unterschieden. Im Zentrum steht ein Problem, das außerhalb oder innerhalb des Ratsuchenden angesiedelt ist. Die Beratungssituation beinhaltet schwierige Variablen und Problemaspekte, die sich aus den persönlichen Eigenheiten von Berater und Ratsuchendem, deren Einbettung in einem bestimmten sozialen Kontext und aus den Umständen von Raum und Zeit ergeben.

Verschiedene Einflußgrößen können den Beratungsprozeß stören, wie z. B. unterschiedliche Ziele und Motive von Berater und Ratsuchendem, Gefühle der Angst und Unsicherheit, ein unterschiedliches Verständnis der Beratungssituation, Sprachhindernisse, bestimmte Rollen und Positionen, mangelndes Vertrauen, unterschiedliche moralische Vorstellungen, mangelnde Kompetenz. Die Liste könnte beliebig fortgesetzt werden.

Wegen dieser Störgrößen ist es nicht verwunderlich, wenn der Berater das Problem und die Beratungssituation völlig anders sieht als der Ratsuchende. Ebenso können sich Berater und Klient unterschiedlich wahrnehmen. Die räumlichen, familiären und gesellschaftlichen Einflüsse können verschieden sein.

Diese Unterschiede werden im Verhältnis zwischen dem Ratsuchenden und dem professionellen Berater besonders deutlich. Auf der einen Seite muß sich der Ratsuchende vertrauensvoll einem Unbekannten gegenüber öffnen und Schwächen sowie Fehler seinerseits zugeben, damit das Problem bearbeitbar wird. Auf der anderen Seite sitzt der zumindest formal kompetente Berater, der mit Abstand zum Problem und Ratsuchenden das in ihn gesetzte Vertrauen nicht mißbrauchen darf.

Ist eine Situation, in der sich z. B. ein Schüler und ein Beratungslehrer gegenübersitzen, nicht von vornherein ungünstig? Hat der Lehrer nicht die anscheinend mächtigere Position im Verein mit seinen Kollegen gegenüber dem Schüler, dem mit negativen Konsequenzen gedroht werden kann, wenn er den „Rat" nicht befolgt?

(Anfangs) auf verschiedenen Ebenen: Berater und Klient

Bedeutet aber die Erwartungshaltung der Kollegen nicht auch einen Erfolgszwang für den Beratungslehrer, eigentlich ein Rechtfertigen- und Entschuldigenmüssen bei Mißerfolg?

Hindernisse in Einzelgesprächen sind also nicht selten und werden in Gesprächen mit Gruppen (z. B. mit Familien und Lehrern) noch komplizierter, denn der Berater muß mehrere Informationen gleichzeitig aufnehmen, verarbeiten und die Interaktionen der Gesprächspartner beobachten. Eventuell werden die Sichtweisen des Problems vielfältiger und das Problem läßt sich schneller abklären. Die Interaktionspartner können sich beim Problemlösen gegenseitig helfen. Aber der Gruppendruck kann auch so schwer sein, daß einzelne Mitglieder nicht wagen, ihre Meinung zu sagen.

Es ist noch relativ leicht, das Dilemma der Beratungssituation so allgemein zu beschreiben und Elemente der Beratungssituation als mögliche Störgrößen aufzuzählen. Schwieriger wird es, genau die Elemente und Prozesse zu bestimmen, die in einer ganz bestimmten konkreten Beratungssituation entscheidend sind und evtl. Barrieren bilden. Wenn wir annehmen, daß Ratsuchende und Berater viele Elemente bewußt oder unbewußt erleben und von ihnen beeinflußt werden, so ist es sicher hilfreich, daß der Berater diese Elemente reflektieren kann, um die Bearbeitung von Barrieren in dieser Situation zu erleichtern. Allerdings fragen wir uns auch, ob der alles reflektierende Berater überhaupt noch zum Beraten kommen kann.

1.1 Alltagsberatung und spontane Gesprächsreaktionen

„Was soll ich machen?" Vor einer solchen Frage und Entscheidungssituation standen Sie sicher schon einmal. „Was würdest du tun, wenn du in meiner Lage wärest?" wird der Bekannte gefragt, den man für besonders kompetent und vertrauenswürdig hält. Wir suchen Rat in Situationen, in denen wir glauben, nicht mehr alleine weiterzukommen. Manchmal werden uns die Ratschläge geradezu aufgedrängt, wir werden ermahnt und unser Verhalten wird interpretiert. Wenn wir selbst um Rat gefragt werden, neigen wir schnell dazu, Ratschläge und Lösungen, die wir kennen, mitzuteilen.

Mit versteckter Besserwisserei, Anordnungen, Ermahnungen, Überredungen, Analysen und Interpretationen oder einem platten Rat wird der Ratsuchende oft im wahrsten Sinne des Wortes erschlagen. Lehrer, aber auch Erzieher und andere im Sozial- und Gesundheitsbereich Tätige, unterliegen oft der Versuchung zu *belehren*. Schließlich ist das „Lehren" und der „Wissensvorsprung" fast so etwas wie ein berufliches Markenzeichen. Doch so wenig es die beste Lehrmethode für alle Lerninhalte, für alle Lehrer und alle Schüler gibt, sind wir die bestgeeignete Person mit dem besten Rat für alle Ratsuchenden. So will sich z.B. ein ratsuchender Schüler zuerst einmal mit seinem Problem verstanden und angenommen fühlen. Doch allzu oft werden „Straßensperren" auf dem Weg der Kommunikation aufgebaut:

Gordon (1977, S. 51) hat in seiner „Lehrer-Schüler-Konferenz" entsprechende Straßensperren beschrieben, die versteckte Botschaften, wie „Du hast schuld, Du hast etwas falsches getan, Du siehst die Dinge nicht richtig, Du bist nicht so klug wie ich", enthalten:

„Nehmen wir an, ein Schüler hat Schwierigkeiten, eine Aufgabe zu bewältigen. Auf die eine oder andere Weise teilt er mit, daß er der Aufgabe nicht gewachsen ist. Hier folgen fünf typische Lehrerreaktionen, die Nicht-Annahme mitteilen. Wir haben sie zusammengefaßt, weil sie alle eine ähnliche Lösung des Konflikts anbieten.

1. Befehlen, kommandieren, anordnen. Beispiel: „Hör auf zu jammern und sieh zu, daß du mit deiner Arbeit fertig wirst."
2. Warnen, drohen. Beispiel: „Reiß dich lieber zusammen, wenn du erwartest, in dieser Klasse eine gute Zensur zu bekommen."
3. Moralisieren, predigen, mit „müßtest" und „solltest" argumentieren. Beispiel: „Du weißt, du mußt lernen, wenn du in die Schule kommst. Deine persönlichen Probleme solltest du lieber zu Hause lassen, wo sie hingehören."
4. Raten, Lösungen oder Vorschläge anbieten. Beispiel: „Es ist gut für dich, wenn du dir einen besseren Zeitplan machst. Dann kannst du alle deine Arbeiten erledigen."
5. Belehren, Vorträge halten, mit logischen Argumenten kommen. Beispiel: „Wir wollen doch den Tatsachen ins Auge sehen. Erinnere dich lieber daran, daß du nur noch 34 Schultage hast, um deine Arbeit abzuschließen."

Jetzt sehen Sie sich die nächsten drei Kategorien an. Sie teilen alle Beurteilung, Herabsetzung und Bewertung mit. Viele Lehrer glauben fest daran, daß es einem

Schüler hilft, ihn auf seine Fehler, Unzulänglichkeiten und sein törichtes Verhalten hinzuweisen. Zu diesem Zweck werden drei Arten von Botschaften verwendet:

6. Verurteilen, kritisieren, widersprechen, beschuldigen. Beispiel: „Entweder bist du ganz einfach faul oder du bist ein großer Bummelant."
7. Beschimpfen. Klischees verwenden, etikettieren. Beispiel: „Du benimmst dich wie ein Schulanfänger und nicht wie jemand, der bald in die Oberschule kommt."
8. Interpretieren, analysieren, diagnostizieren. Beispiel: „Du versuchst einfach, dich um deine Aufgabe zu drücken."

Zwei andere Arten von Botschaften sind Versuche der Lehrer, einen Schüler aufzumuntern, das Problem verschwinden zu lassen oder zu leugnen, daß er überhaupt ein echtes Problem hat.

9. Loben, zustimmen, positive Bewertungen geben. Beispiel: „Eigentlich bist du doch ein ganz tüchtiger junger Mann. Ich bin sicher, du wirst irgendwie dahinterkommen, wie es gemacht wird."
10. Beruhigen, mitfühlen, trösten, unterstützen. Beispiel: „Du bist nicht der einzige, dem es je so ergangen ist. Bei schweren Aufgaben habe ich das auch erlebt. Nebenbei bemerkt, wenn du erstmal angefangen hast, wird es dir nicht mehr schwer vorkommen."

Die von allen am häufigsten verwendete Straßensperre ist wahrscheinlich Kategorie 11, obgleich die Lehrer wissen, daß Fragen nicht selten auf Abwehr stoßen. Fragen werden gerade dann am häufigsten verwendet, wenn Lehrer das Gefühl haben, mehr Fakten zu benötigen für ihr Vorhaben, das Problem des Schülers zu lösen, indem sie ihre eigenen besten Lösungen beisteuern, anstatt dem Schüler zu helfen, sein Problem zu lösen.

11. Fragen, sondieren, verhören, ins Kreuzverhör nehmen. Beispiel: „Glaubst du, diese Aufgabe war zu schwer?" „Wieviel Zeit hast du daran gewandt?" „Warum hast du so lange gewartet, bevor du um Hilfe gebeten hast?" „Wieviele Stunden hast du daran gearbeitet?"

Botschaften der Kategorie 12 benutzt der Lehrer, um das Thema zu wechseln, den Schüler auf andere Gedanken zu bringen oder um sich überhaupt nicht mit dem Schüler beschäftigen zu müssen.

12. Zurückziehen, ablenken, sarkastisch sein, aufheitern, zerstreuen. Beispiel: „Na komm, laß uns über was Angenehmeres reden." „Jetzt ist nicht der Augenblick dafür". „Wir wollen zu unserem Unterrichtsthema zurückkehren." „Da scheint heute morgen aber einer mit dem falschen Bein aufgestanden zu sein."

Von den vielen Lehrern, mit denen wir in unseren Kursen gearbeitet haben, reagiert ein überraschend hoher Prozentsatz (in den meisten Kursen 90% bis 95%) mit einer dieser zwölf Straßensperren auf typische Botschaften von Schülern. Nur wenige haben andere Reaktionsmöglichkeiten gelernt, da sie als junge Menschen von ihren eigenen Eltern und Lehrern auf dieselbe Weise angesprochen worden sind" (Gordon 1977, S. 51–53).

Wir können davon ausgehen, daß die Bereitschaft, Rat anzunehmen, beim Ratsuchenden schwindet, wenn er das Gefühl haben muß, daß er vom Berater weder mit seinem Problem angenommen noch verstanden wird.

Unter dem Druck, als Berater etwas *bieten* zu müssen, neigen wir leicht dazu, ungewollt Kommunkationssperren aufzubauen. Schnell fassen wir Fragen z. B. von Schülern oder Eltern als reine Informationsfrgen auf (Welche Möglichkeiten gibt es mit dem Hauptschulabschluß?), obwohl sich dahinter andere Problemstellungen verbergen (Ich kenne jetzt alle Möglichkeiten nach dem Hauptschulabschluß. Wie soll ich mich aber persönlich entscheiden?). Dabei werden Kommunikationssperren mit einem großen Arsenal auch an nonverbalen Signalen (z. B. Stirn runzeln) ausgedrückt, die oft in Widerspruch zu den verbalen Aussagen geraten. Das Ergebnis ist meist dasselbe, in der schulischen Beratung wie in anderen Beratungssituationen: Der Ratsuchende ist unzufrieden, fühlt sich mißverstanden und hat ein schlechtes Gewissen, weil er die Ratschläge nicht einhalten kann. Und der Berater? Er ist wütend auf den undankbaren Ratsuchenden, der die wohlgemeinten Ratschläge nicht erfüllt. Wegen dieser Kommunikationssperren kritisierte Rogers schon 1942 ungünstige Beratungsmethoden im Bereich der Sozialarbeit unter folgenden Stichworten:

Methode des Anordnens und Verbietens
Methode der Ermahnung
Methode der Suggestion/Überredung
Methode der Ratschläge
Methode der Interpretation

Gesprächsbarrieren

Alle diese Ansätze gehen davon aus, daß der Berater das Problem durchschauen und entscheiden kann, welche Ziele das Individuum ansteuern und nach welchen Werten die Situation beurteilt werden sollte. Der Berater kann Rat erteilen, weil er einen Wissensvorsprung hat und über Informationsquellen verfügt. In seiner Expertenfunktion weiß er, was das Beste für den Ratsuchenden ist.

Dagegen setzte Rogers den klienten-zentrierten Beratungsansatz, bei dem der Berater dem Ratsuchenden hilft, seine Probleme selbständig zu erkennen, zu lösen und für sich und seine Problemlösung Verantwortung zu übernehmen.

1.2 Hilfe zur Selbsthilfe

Ein zentrales Beratungsziel ist, dem Ratsuchenden zu helfen mit seinem Problem *selbst* fertig zu werden, da der Berater das Problem nie stellvertretend für den Ratsuchenden lösen kann. Aber statt den Ratsuchenden zur Selbsthilfe anzuleiten und unabhängig zu machen, brechen beim Berater immer wieder unbewußte Wünsche und Einstellungen durch (Schwäbisch & Siems 1974):

1. Statt den Ratsuchenden zur Selbsthilfe anzuleiten, macht er ihn von sich *abhängig,* oder
2. wenn er als *Starker* dem *Schwachen* hilft, wertet er sich selbst auf, oder
3. er *identifiziert* sich so mit dem Problem des Ratsuchenden, daß es zum eigenen wird. Er kann sich nicht mehr distanzieren und eine andere Position gegenüber dem Problem einnehmen.

Wir kennen alle den ersten Helfer, der jemandem seine Hilfe aufdrängt und ihn (mit Gewissensappellen) nach dem Prinzip „Wie ich dir, so du mir" an sich binden möchte.
Der Ratsuchende wird eher unfähig, sein Problem selbständig zu lösen.

Der zweite Helfer möchte wegen seiner Hilfeleistungen bewundert werden. Er, der Starke, löst alle Probleme im Handumdrehen. Er kommt in die Gefahr, die Probleme des anderen gar nicht ernst zu nehmen.
Der dritte Helfer identifiziert sich mit dem Problem des Ratsuchenden so, daß sie ihm zu eigen werden. Er wird eventuell selbst aktiv, verteidigt den Ratsuchenden und löst für ihn das Problem.

Kann ich als Berater der Gefahr entgehen, *meine* Ziele mit den Zielen des Ratsuchenden zu verwechseln? Aber auch umgekehrt: Kann ich mich wehren, *dessen* offenen oder verdeckten Wünschen zu entsprechen, für ihn mit meinem angeblichen Wissens- und Informationsvorsprung – zu entscheiden, damit er für diese Entscheidung keine Verantwortung mehr tragen muß?
Vom professionellen Berater und Therapeut wird immer wieder gefordert, daß er sich in Supervision seinen (versteckten) Wünschen und Bedürfnissen *bewußt* wird. Vergessen dabei darf man nicht, die persönlichen Bedürfnisse und Verhaltensprogramme im gesellschaftlichen Rahmen zu sehen. Laienberater ohne Supervision haben es schwerer.

1.3 Unterschiedliche Welten?

Beim Tauschgeschäft zwischen Berater und Ratsuchenden werden Anerkennung gegen Problemlösung geboten. Einfache Informationsprobleme sind zwar meist einfach durch Informationen zu lösen. Doch wenn hinter einfachen Problemen komplizierte Sachverhalte stecken, benötigen wir dann auch immer komplizierte Beratungstechniken? Nicht immer. Zunächst geht es darum, *Zugang* zum Ratsuchenden zu gewinnen, damit er sich öffnen kann.

Wie wichtig dieser Zugang ist, wird untermauert, wenn wir uns die unterschiedlichen Wahrnehmungswelten von Ratsuchenden und Beratern bewußt machen. Diese Unterschiedlichkeit relativiert den Anspruch auf *Wahr*heit und *Wahr*nehmungen.
Erkenntnisse aus dem Bereich der Wahrnehmungs- und Sozialpsychologie zeigen immer deutlicher, daß Menschen ihre Umwelt unterschiedlich wahrnehmen, Situationen und Prozesse unterschiedlich bewerten und entsprechend unterschiedlich handeln.

1.3.1 Wahrnehmungen von Berater und Ratsuchenden im sozialen Kontext

Wahrnehmung ist ein sozial-selektiver Prozeß, der u. a. durch die Interaktion von Gruppenmitgliedern, durch Rollen- und Normeinflüsse, durch kulturelle Einflüsse, wie z. B. Sprache, durch die individuelle Entwicklung des Wahrnehmenden beeinflußt wird.
In Experimenten wurde festgestellt, daß Versuchspersonen beim Schätzen von verschiedenen Strecken ihr Urteil sofort veränderten, wenn sie das falsche Urteil anderer vom Versuchsleiter eingeweihter Personen hörten. Viele Menschen vertreten im Dienst und Beruf eine andere Meinung als privat. Eskimos unterscheiden sechs Sorten Schnee, Amazonasindianer haben sieben Bezeichnungen für die Farbe Grün, da diese Dinge dort einen anderen Stellenwert haben als hier in unserem Kulturraum.
Signale und Reize können wir optisch, akustisch, kinästhetisch empfangen und verarbeiten. Je nach Begabung, Übung und Entwicklungsstand haben wir unterschiedliche Stärken, entsprechende Reize wahrzunehmen.

Die Kernaussage der klientenzentrierten Gesprächsführung, daß Menschen wegen ihrer unterschiedlichen Vorerfahrungen, Lebensgeschichte und Umwelt unterschiedliche Probleme und Wirklichkeit wahrnehmen und verarbeiten, kann durch viele weitere wissenschaftliche Forschungsergebnisse gestützt werden.
An drei Beispielen möchten wie die Frage aufwerfen, wie der Ratsuchende und der Berater vom zeitlichen, räumlichen und sozialen Kontext sowohl in der Beratungssituation als auch bei der Problembetrachtung beeinflußt werden können.

– Ein Beratungsgespräch findet in einem Rektoratszimmer statt. Der angeblich verhaltensgestörte Schüler wurde 8 Tage vor diesem Gespräch mit dem

Beratungslehrer in diesem Raum vom Rektor verwarnt. Der Beratungslehrer sitzt jetzt hinter dem dicken Schreibtisch. Fühlt er sich als kleiner Rektor? Welche Gefühle hat der Schüler?

Welche Rolle spielt also die Räumlichkeit (das *Hier* und *Dort*) in der Beratungssituation?

– Ein Beratungslehrer unterhält sich mit einem Schüler über dessen Schulleistungen. Der Schüler reagiert abwesend und denkt immer an die Mathematikarbeit, die er in der vorhergehenden Stunde wahrscheinlich verhauen hat. Der Beratungslehrer wird durch Telefonanrufe abgelenkt und denkt öfters an die nächste Unterrichtsstunde mit einer besonders schwierigen Klasse.

Welchen Einfluß hat die *Vergangenheit*, die *Gegenwart* und die *Zukunft* auf den Klienten und den Berater?

– Ein Schüler wird von einem Lehrer als stark verhaltensgestört und auffällig dargestellt. Als der Beratungslehrer in der Klasse beobachtet, stellt er fest, daß der Lehrer einen frontalen Unterricht hält, in dem die Schüler vor allem ruhig rezipieren müssen. Die Mehrzahl der Schüler verhält sich angepaßt unauffällig und reagiert nur bei Aufforderung durch den Lehrer.

Als der Schüler in eine sehr lebhafte Klasse überwechselt, fällt er nicht mehr besonders auf und erscheint integriert. Vor dem lebhaften Hintergrund hebt sich die Figur des Schülers nicht so ab wie in der ruhigen Klasse.

Diese relativ objektive Tatsache wird außerdem noch von der subjektiven Wahrnehmung des Beobachters beeinflußt. Lehrer messen Störungen von Schülern unterschiedliche Bedeutungen zu und bewerten sie verschieden. Die Kognition steuert ihre Wahrnehmung unterschiedlich.

Wie sieht der Berater das Problem unter dem Aspekt des ganzen Umfeldes?

Die Wahrnehmung eines Problems in einer bestimmten Situation unterliegt also verschiedenen äußerlichen und subjektiv-intrapersonalen Einflüssen. Sie können den Ratsuchenden wie Berater hindern, ein Problem so zu erkennen, daß es vorteilhaft bearbeitet und gelöst werden kann.

1.3.2 Zwei Gehirnhälften, zwei Sprachen, zwei Wahrnehmungen?

Wir leben in einer Welt von Werten und Begriffen, die die Komplexität der Wirklichkeit reduzieren helfen und uns in der Welt handlungs- und vor allem denk- und kommunikationsfähig machen.

Jeder konstruiert seine eigene Welt. Jeder hat eine Brille eigener Erfahrungen, ein Sieb mit mehr oder weniger engen Maschen. Außerdem gehen immer Informationen zwischen der eigenen Erfahrung und deren Schilderung, mit welchen Mitteln auch immer, verloren, d.h. die Wirklichkeit und deren Beschreibung unterscheiden sich. „Die Illusion, daß Menschen sich verstehen, wenn sie fähig sind, die gleichen Worte zu wiederholen, ist sehr verbreitet. Aber da diese Worte internal unterschiedliche Erfahrungen abrufen – was sie auch müssen – wird es immer einen Unterschied in der Bedeutung geben (Bandler & Grinder 1981, S. 33)."

Sind nicht ähnlich verschieden Bewußtes und Unbewußtes, Analytisches und Ganzheitliches, Vernunft und Gefühl usw.?

Diese Komplementärphänomene menschlichen Erlebens und Handelns (Watzlawick 1977, S. 20) werden durch die Ergebnisse der modernen Hirnforschung erklärend untermauert.

So dominiert im linken Gehirnteil alles mit Sprache und Denken Zusammenhängende, d. h. auch Lesen, Schreiben. Es dominieren also digitale Kommunikationen. In der rechten Hemisphäre scheinen die ganzheitliche Erfassung komplexer Zusammenhänge, Muster, Konfigurationen und Strukturen zu Hause zu sein. Bilder und Musik werden hier erfaßt. Beispielsweise können Personen mit verletzter linker Gehirnhemisphäre Lieder mit vollem Text singen, aber einzelne Worte nicht herausgreifen. Bei Stotterern konnte ich ähnliches beobachten. Viele Experimente mit Personen, die eine Störung einer Hemisphäre haben oder deren Balken·(corpus callosum) als Verbindungsstück zwischen den Gehirnteilen durchtrennt wurde, bestätigen die unterschiedliche Verarbeitungsweisen und Auffassungsvermögen beider Gehirnteile, die unabhängig voneinander funktionieren können.

Man kann daraus folgern, daß jeder Versuch der Beeinflussung einer der beiden Hemisphären sich ihrer spezifischen „Sprache" bedienen muß, damit das Signal bzw. die Kommunikation auch dorthin vordringt.

Was macht eigentlich dieses zweigeteilte Gehirn, wenn verbale und nonverbale Mitteilungen eines Gesprächspartners widersprüchlich sind? Entweder hemmt eine der beiden Gehirnhälften die andere und bemächtigt sich der Reaktion und Motorik, was auf Verdrängung der widersprüchlichen Wahrnehmung hinausläuft. Oder die Gehirnhälften paralysieren sich in ihrem Kampf um Einfluß gegenseitig. Die unerträglich subjektiv empfundene Widersprüchlichkeit entlädt sich in Panik, einer heftigen Abreaktion oder in einem Erstarren. Je stärker die Abhängigkeit der Gesprächspartner ist, desto heftiger werden die Prozesse ablaufen. Im Extremfall erleben wir das bei psychotischen Patienten, die in abhängige Doppelbindungssituationen gebracht werden und durch ihre emotionale Abhängigkeit leicht verletzbar sind.

Ein Beispiel (Watzlawick 1977, S. 33):

„Ein junger Mann, der sich von einem akuten schizophrenen Schub ziemlich gut erholt hatte, erhielt im Spital Besuch von seiner Mutter. Er freute sich, sie zu sehen, und legte ihr impulsiv seinen Arm um die Schulter, worauf sie erstarrte. Er zog seinen Arm zurück, und sie fragte: ,Liebst du mich nicht mehr?' Er wurde rot und sie sagte: ,Lieber, du mußt nicht so leicht verlegen werden und Angst vor deinen Gefühlen haben.' Der Patient war danach nicht in der Lage, länger als ein paar Minuten mit ihr zu verbringen, und nachdem sie weggegangen war, griff er einen Assistenten an und wurde ins Bad gesteckt (8, S. 29).
Es handelt sich hier um einen eklatanten Widerspruch zwischen den verbalen und den averbalen Kommunikationen der Mutter. Da diese beiden Kommunikationsmodalitäten aber von den beiden Hemisphären des Sohnes getrennt verarbeitet werden – die Worte der Mutter von der linken, ihre (analoge) Körpersprache aber von der rechten – und zwei völlig unvereinbare Bilder des Wirklichkeitsaspekts *Mutter* ergeben, bleiben nur die o. g. Möglichkeiten der Hemmungs- und Panikreaktion."

Die Regel von Milton Erikson „Verwende, was dir der Patient selbst bringt!" gewinnt unter dem Blickwinkel der *unterschiedlichen* Wahrnehmungswelten in einer Person selbst noch eine stärkere Bedeutung, vor allem, wenn wir in der Beratung mit dem Apell an den sogenannten „gesunden Menschenverstand" nicht weiterkommen.

„Damit aber enthüllt sich die Unzweckmäßigkeit eines Vorgehens, das im wesentlichen darin besteht, diese analogische Sprache konsequent in die digitale Sprache der Erklärung, Begründung, Analyse, Deutung, Konfrontierung usw. zu übersetzen, und das durch diese Übersetzung den Fehler wiederholt, dessentwegen der Patient in die Therapie kam – statt umgekehrt die rechtshemisphärische Sprache des Patienten zu erlernen und als den Königsweg therapeutischen Wandels zu beschreiten.
Zur *Technik* stehen dazu drei Möglichkeiten offen, die in der Praxis in verschiedenen Mischungsgraden auftreten können:
1. die Verwendung rechtshemisphärischer Sprachformen;
2. die Blockierung der linken Hemisphäre;
3. gezielte Verhaltensverschreibungen." (Watzlawick 1977, S. 41)

In diesem Beratungsbuch würde es jetzt zu weit führen, die genannten therapeutischen Strategien zu erläutern. Vielleicht erinnern wir uns aber an die verschiedenen Wahrnehmungs- und Verarbeitungsweisen der Gehirnhemisphären, wenn wir in einer Beratung nicht mehr weiter kommen und uns als Berater selbst nicht verstanden fühlen. Das kann uns helfen, unsere Grenzen als Berater anzuerkennen, und verhindert unnötigen Versagensfrust dem Ratsuchenden und dessen „Widerstand" anzuhängen.

1.3.3 Die Auseinandersetzung zwischen alten und neuen Problemlösungen

Systeme, so auch das System Mensch oder Familie, tendieren zu einem Zustand des Gleichgewichts (Homöostase), der möglichst wenig Energie verbrauchende Veränderung benötigt. Entsprechend sind die Reaktionen, wenn Informationen und Ratschläge neu sind. Sie können abgewehrt oder extrem verändert werden, wenn sie nicht in die kognitive und emotionale Struktur des Wahrnehmenden passen.
Trifft ein Mensch auf etwas Neues in seinem Leben und macht er neue Erfahrungen, so muß er das mit seinem Selbstbild und seinem Konzept vereinbaren. Er kann dabei

- die neue Erfahrung akzeptieren und in Beziehung zu seinem Selbstkonzept setzen, oder
- die Erfahrung einfach ignorieren, da er keine Beziehung zu seinem Selbst erkennen und wahrnehmen kann, (Tilgung) oder
- die neue Erfahrung verändern bis sie in sein eigenes Konzept paßt (Verzerrung, Generalisierung).

Doch bei bestimmten Problemen scheinen diese Art von Verdrängungs- und Problembewältigungsprozessen nicht mehr zu funktionieren. Ein stabiles Gleichgewicht will sich nicht mehr einstellen. Das Problem erhält ein Element der Unausweichbarkeit, wie dies Wazlawick (u. a. 1974, S. 139) am Beispiel des Schlaflosen beschreibt:

„Indem er sich zum Schlafen zu zwingen versucht, versetzt er sich in eine ‚Sei spontan!'-Paradoxie. Sein Symptom kann daher am besten in einer ähnlich paradoxen Weise angegangen werden, nämlich indem man ihn veranlaßt, sich zum Wachbleiben zu zwingen. Weniger kompliziert ausgedrückt bedeutet dies, daß wir ihm dadurch sein

Symptom ‚verschrieben' haben; das heißt, wir haben ihn dazu gebracht, sein Symptom absichtlich zu manifestieren, statt erfolglos zu bekämpfen.‟

1.3.4 Positive Ressourcen – Selbstverwirklichung?

Vermutlich liegt hinter jedem problematischen Verhalten die positive Absicht, wieder einen befriedigenden Zustand herzustellen. Das heute störende oder hinderliche Verhalten kann in der Kindheit effektiv und zielerreichend gewesen sein. Wenn dann Menschen in Streßsituationen in alte Verhaltensweisen zurückfallen – die Psychoanalytiker sprechen von Regression –, ist das von außen gesehen häufig unverständlich.

Die oft tiefsitzenden und von innerer Kraft getragenen Verhaltens- und Erlebensmuster können nur aufgegeben werden, wenn Besseres und Zufriedenstellenderes oder eine andere Einstellung gefunden wird. Platte Ermahnungen und Empfehlungen helfen dabei wenig.

Damit sich der Ratsuchende aber nicht nur in der Auseinandersetzung mit der Vergangenheit verliert, müssen in der Beratung auch realistische Einstellungen, positive Ziele und wenn notwendig neue Wege gefunden werden.

Trotz der möglichen Abwehrhaltungen hat nach Rogers Meinung jeder Mensch die grundlegende Tendenz, sich zu verwirklichen und zu vervollkommnen, d. h. sich für neue Erfahrungen zu öffnen und sich kreativ neuen Ereignissen anzupassen.

Die klientenzentrierte Beratung erkennt die Schwierigkeiten der Menschen mit dissonanten Erlebnissen und das Problem der subjektiven Wahrnehmung und versucht u. a. deshalb, mit ihrer Gesprächstechnik dem Ratsuchenden eine überragende Bedeutung im Beratungsprozeß einzuräumen.

Der individuelle Umgang des Ratsuchenden mit dem Problem in seiner Welt macht es letztlich für den Berater schwierig zu wissen, was das Beste für den Klienten ist, und erschwert es dem Ratsuchenden, den Rat des Beraters anzunehmen, ohne abhängig zu werden. Erst Mut zur Selbständigkeit und Selbstverantwortung ermöglichen es dem Ratsuchenden, mit seiner Umwelt selbstverwirklichend umzugehen und mit dem eigenen Widerstand gegen Veränderungen zu brechen.

1.4 Die schrittweise Entwicklung von Einsicht in der partnerzentrierten Beratung – Der Beratungsprozeß

Wir müssen wissen, daß der Ratsuchende in der Beratungssituation durch einen sehr widersprüchlichen Prozeß geht. Wenn er sich in die Beratungssituation begibt und öffnet, muß er sich und einem andern gegenüber eingestehen, daß er (wenigstens augenblicklich) nicht alleine mit seinem Problem fertig wird. Dies bedeutet für ihn eine narzißtische Kränkung, die vom Berater *aufgefangen,* nicht aber *ausgenutzt* werden soll. Der Ratsuchende benötigt Ermutigung und eine Atmosphäre der Sicherheit. Es kann also zunächst nicht darum gehen, den Ratsuchenden zu überzeugen, was wahr und problemlösend ist.

In Gesprächen, in denen vor allem der Ratsuchende seine Sichtweisen zum Problem, d. h. seine Gefühle, Meinungen und sein Verhalten darstellen kann, entwickeln sich schrittweise Einsicht und Problemlösung. Dort lassen sich fast immer dieselben charakteristischen Prozesse beobachten. Kognitive Umstrukturierungsprozesse lassen den Ratsuchenden Einsicht gewinnen. Die neuen, vor allem gefühlsmäßigen Erfahrungen setzt der Ratsuchende zu seinem Selbstkonzept in Beziehung, Gefühle müssen nicht verdrängt werden. Der Ratsuchende öffnet sich für Problemlösungsprozesse. Der Berater hilft dem Ratsuchenden, das Erkennen und Problemlösen zu strukturieren.

Rogers (1972) beschreibt die charakteristischen Schritte, die in der partner-zentrierten Beratung zu diesem Umstrukturierungsprozeß führen:

1. *Der Klient will Hilfe*
   Der Klient sollte freiwillig in die Beratung kommen.
2. *Die Situation ist definiert*
   Der Berater muß dem Klienten mitteilen, daß er keine Patentlösung bieten kann, sondern Hilfe zur Selbsthilfe geben will.
3. *Ermutigung zum freien Ausdruck*
   Der Berater versucht beim Klienten Vertrauen zu gewinnen, damit der Klient sich öffnen kann und über die eigentlichen Probleme redet.
4. *Der Berater akzeptiert und klärt*
   Der Berater bewertet die Aussagen des Klienten nicht, sondern akzeptiert sie so wie sie sind. Er hilft dem Klienten seine Aussage zu strukturieren und zu verarbeiten.
5. *Der stufenweise, fortschreitende Ausdruck positiver Gefühle*
   Der Berater versucht, die Gefühle des Klienten, die sich hinter seiner Aussage verbergen, zu klären und dem Klienten zu ermöglichen, seine Gefühle frei auszudrücken.
6. *Das Erkennen positiver Impulse*
   Der Berater bekräftigt Ansätze in den Aussagen des Klienten, die einen ersten positiven Schritt in Richtung der Problemlösung ausdrücken.
7. *Die Entwicklung von Einsicht*
   Durch die Gespräche gewinnt der Klient eine neue Sichtweise gegenüber seinen Problemen und erarbeitet Lösungsvorschläge.
8. *Die Klärung der zur Wahl stehenden Möglichkeiten*
   Mit dem Klienten werden die besten Lösungswege ausgesucht.
9. *Positive Handlungen*
   Der Klient versucht die Lösungswege zu realisieren.
10. *Wachsende Einsicht*
    Durch die Realisation von Lösungswegen gewinnt der Klient weitere Sichtweisen im Umgang mit seinen Problemen.
11. *Gesteigerte Unabhängigkeit*
    Der Klient soll am Ende selbständig mit dem Problem umgehen kön-nen.

Die kurze und abstrakte Darstellung des Beratungsprozesses kann die innermenschlichen Konflikte, Auseinandersetzungen mit dem Problem, Gefühlsausbrüche und Interaktionen zwischen den Prozeß-Beteiligten nicht erfassen und ausdrücken.

Es ist nicht verwunderlich, wenn sich trotz verschiedener Methoden und Techniken der Berater immer wieder ähnliche Problemlöseprozesse beobachten lassen, die die Buddhisten als die „vier heiligen Wahrheiten" (1. Vom Leiden, 2. Von der Entstehung des Leidens, 3. Von der Aufhebung des Leidens und 4. Vom Wege zur Aufhebung des Leidens) bezeichneten.
Wir versuchen so, die Schritte Rogers auf vier Fixpunkte zusammenzufassen:
1. Situations- und Beziehungsdefinition
Zunächst muß eine Beziehung zwischen Ratsuchenden und Berater hergestellt und verankert werden. Egal ob die Beziehung und Beratungssituation bewußt definiert wird, – es treffen Erwartungshaltungen aufeinander, die die Situation reglementieren. Der Berater muß Zugang gewinnen, ohne die Fäden aus der Hand zu geben.
2. Problemdefinition und -analyse
Während bestimmte Berater die Problematik genau und *rational* mit dem Ratsuchenden definieren wollen, arbeiten andere eher die *Gefühle* des Ratsuchenden heraus. Wieder andere Berater versuchen, den Ratsuchenden durch *Zieldefinitionen* schon von vornherein vom Problem abzutrennen oder dem Ratsuchenden bewußt zu machen, daß das problematische Verhalten irgendeinen „positiven Zweck" verfolgt. Generell aber gilt:
In dem Maß, wie der Berater den Ratsuchenden in dieser Phase akzeptiert oder infrage stellt, lernt der Ratsuchende dasselbe mit sich selbst zu tun.
3. Umdeutung, Löschung – Distanzierung vom Problem – die Entwicklung von Einsicht
Letztlich muß der Ratsuchende zu seinem Problem eine neue Position beziehen. Dadurch gewinnt er Einsicht und kann evtl. auch seine negativen Gefühle löschen. Neue Einstellungen können aber auch verwirren und frustrieren, vor allem wenn sie mit unrealistischen Forderungen an den Ratsuchenden verbunden sind.
4. Andere Lösungsmöglichkeiten und Lösungskontrollen
Das problematische Verhalten wird aufgegeben, wenn etwas Besseres gefunden ist.
Hier schließt sich der Kreis, denn was das Beste für den Ratsuchenden ist, muß *dieser* und dessen Wirklichkeit entscheiden: Er muß Verantwortung für sich übernehmen (Kolb 1987, S. 10).

Wie wird dieser Prozeß zur Einsicht und Unabhängigkeit des Klienten in Gang gesetzt und gefördert?
Die o. g. Ergebnisse zur Gehirnforschung und zum Bereich der Wahrnehmung zeigen, daß mit Einsicht mehr als eine vernunftsmäßige, rationale, logische Problembewältigung gemeint ist. Gefühle und Verstand werden integriert. Probleme werden umgedeutet. Widersprüchlichkeiten können akzeptiert werden. Tilgungen und Verzerrungen können entzerrt, Generalisierungen können konkretisiert und differenziert werden. Dieser Begriff von Einsicht, der etwas in positiver Richtung bewirkt oder Akzeptanz schafft, daß sich nichts verändert und verändern muß, wird nicht bis ins Bewußtsein alle Fragen nach dem „Warum" ausleuchten müssen.
Die Techniken der partner-zentrierten Gesprächsführung erscheinen gegenüber dem, was sie im Beratungsprozeß auslösen und in Gang setzen, eher

dilettantisch und sind abhängig von allgemein-menschlichen Verhaltens-Eigenschaften, wie Achtung vor dem anderen, menschliche Wärme usw. Getragen werden sie von der schon erwähnten Überzeugung, daß Menschen am besten ihre eigenen Probleme erkennen und Lösungen erarbeiten können.

Bevor wir also mögliche Gesprächstechniken vorstellen, wollen wir zunächst die grundlegenden Beratereigenschaften beschreiben, die notwendig sind, damit der Ratsuchende Vertrauen zum Berater gewinnen und sich öffnen kann.

1.5 Das Primat der Beratervariablen über die Gesprächstechniken

Es ist fraglich, ob die Beherrschung von Gesprächstechnik allein ausreicht, um erfolgreich beraten zu können. Gespräche können auch nie bis ins einzelne Detail geplant werden.

Wenn wir davon ausgehen, daß der Klient einen Rat annehmen soll, wäre es theoretisch am günstigsten, wenn der Berater Merkmale hätte, die dem Ratsuchenden attraktiv erscheinen. Menschen lernen nämlich viele komplexe Verhaltensmuster durch Imitation anderer Menschen.

Beispielsweise spielen Idole eine große Rolle, wenn Jugendliche nach neuen Anhaltspunkten für ihre Einstellungen und Verhaltensweisen im Leben suchen.

Ein Idol und Vorbild wird dann vor allem imitiert, wenn es als besonders attraktiv gilt, d. h. wenn es für bestimmte Einstellungen und Verhalten anerkannt und stellvertretend verstärkt wird, oder wenn der Imitator erwarten kann, daß das imitierte Verhalten mit Anerkennung oder materiellen Verstärkern belohnt wird. Persönlichkeitsmerkmale, sowie die Rolle und der Status der Modellperson können entscheidende Variablen für deren Attraktivität sein. Das Vorbild soll beispielsweise schön sein. Der Privatpatient läßt sich nur vom Chefarzt behandeln. Aus diesen Gründen sind im Alltag sogenannte Persönlichkeiten bei ihrem Ratgeben oft so erfolgreich. Allerdings wird der Ratsuchende in seinem Problemlösen unabhängiger, besonders wenn er ein Ziel seines Idols anstrebt, das er nie erreichen kann.

Die Attraktivität des Beraters liegt bei der nicht-direktiven Methode weniger darin, daß der Berater das ideale aktive Vorbild spielt, das jedes Problem lässig löst. Der nicht-direktive Berater hält sich eher zurück und hört zunächst einmal zu. Er ist Vorbild im Zuhören und Einfühlen.

Der Ratsuchende muß Vertrauen gewinnen, damit er sich öffnen kann. Gefordert werden deshalb vom guten Berater folgende „Verhaltenseigenschaften":

1. Emotionale Wärme, Akzeptieren und Achten des Klienten *(Akzeptanz)*
2. Einfühlendes Verstehen *(Empathie)*
3. Echtheit im Verhalten des Beraters *(Kongruenz)*

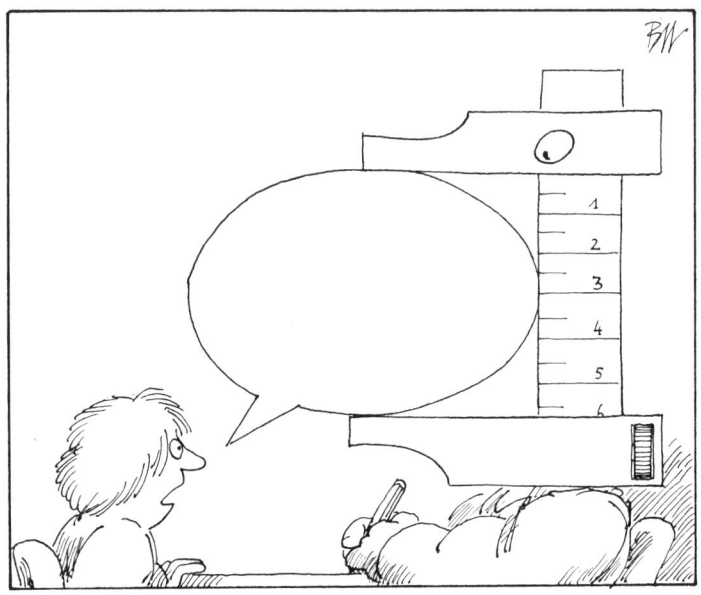

Der Gesprächstechniker

Diese Variablen haben sich auch in der empirischen Forschung als wichtig für den Erfolg von Beratungsgesprächen und Gesprächstherapien erwiesen. Was bedeuten sie?

1.5.1 Akzeptanz

Emotionale Wärme, Akzeptieren und Achten des Ratsuchenden erfordert vom Berater, daß er die Aussagen des Ratsuchenden nicht sofort negativ bewertet und mit ihm ins Debattieren kommt. Vor allem, wenn der Ratsuchende Gefühle zeigt, beispielsweise wenn er weint oder aggressiv wird, ist der Berater in Gefahr, ihm mit Straßensperren zu entgegnen, d. h. ihn mit seinem Problem nicht anzunehmen.

Da der Berater als Außenstehender dem Problem des Ratsuchenden zunächst distanziert gegenübersteht, kann er leichter dessen Aussagen akzeptieren und achten, als derjenige, der evtl. in Konflikt mit dem Ratsuchenden steht und der von dessen Problemen betroffen ist.

Vermittelt der Berater dem Ratsuchenden dabei emotionale Wärme und Verständnis, fällt es diesem leichter, sich zu öffnen und aus einer Verteidigungs- und Abwehrhaltung gegenüber dem Berater und sich selbst herauszukommen.

Emotionale Wärme und das Gefühl, anerkannt zu werden und vertrauen zu können, nehmen dem Ratsuchenden Spannungs- und Angstgefühle. Er kann sich eher selbst achten und akzeptieren, was ihn weiterhin zu sozialen Kontakten und zwischenmenschlichen Beziehungen ermutigt.

1.5.2 Empathie

Der Berater soll sich in die Gefühlslage des Ratsuchenden einfühlen. Da Gefühle oft irrational und widersprüchlich sind, hat der Ratsuchende oft Angst vor seinen Gefühlen und versucht, diese nicht wahrzunehmen und statt dessen zu verdrängen. Der Berater hilft dem Ratsuchenden durch das Verbalisieren emotionaler Erlebnisinhalte, seine Gefühle auszudrücken, abzuklären und zu strukturieren. Er achtet auf die verbalen und nonverbalen Signale (Mimik, Körperhaltung, Klang der Stimme) des Ratsuchenden und versucht, dessen inneres Erleben und Fühlen zu verstehen. Er drückt Gefühle, die sich hinter Sachaussagen des Ratsuchenden verbergen, durch Rückfragen aus, sobald er sich sicher sein kann, daß dieser nicht aus Angst die Fragen abwehrt.
Erst in einer Atmosphäre der Offenheit und des Vertrauens wird der Ratsuchende seine Gefühle äußern können. Er muß die Gefühle nicht hinter Sachaussagen verbergen und muß keine Angst haben, für seine Äußerungen bestraft zu werden. Die emotionale Wärme des Beraters verhindert, daß der Berater als gefühlskalter und überlegener Experte auftritt.
Der Ratsuchende kann bemerken, daß er trotz widersprüchlicher Gefühle ernst genommen wird. Er kann sich selbst entdecken, über seine Gefühle nachdenken und sprechen. Am Modell des Beraters lernt er seine Gefühle direkt auszudrücken, ohne sie hinter anderen Aussagen zu verstecken.

1.5.3 Kongruenz

Kann ein Berater immer die Aussagen des Ratsuchenden annehmen und sich außerdem echt verhalten?
Ein Berater verhält sich nicht echt, wenn er etwas mit freundlichen Worten und zugleich saurer Miene sagt, wenn sich seine Gefühle und Äußerungen widersprechen. Der nonverbale Ausdruck und die verbalen Äußerungen müssen übereinstimmen.
Aber der Berater kann nicht spontan mit jedem seiner Gefühle und Gedanken den Ratsuchenden wie in einem Wechselbad überschütten. Spontane allgemein ausgedrückte wechselnde Gefühle, wie „das mag ich an Dir", „das kann ich an Dir nicht leiden", werden eher den Ratsuchenden verwirren und ihn zwingen, nur das zu sagen, was der Berater an ihm gut findet. Die Art, wie Gefühle ausgedrückt werden, ist gerade für den Kommunikationsverlauf bei Konflikten entscheidend. Unbeherrschtheit sollte deshalb nicht mit Echtheit verwechselt werden.
Rücksichtnahme und Achtung sind förderliche Dimensionen, die der Berater dem Ratsuchenden vorbildlich entgegenbringen kann.
In schwierigen Beratungssituationen kann der Berater seine Gefühle offen aussprechen, um die Beziehung zwischen sich und dem Ratsuchenden zu klären.

Eine Kongruenz im Verhalten ist sicher nicht immer leicht zu erreichen, doch sie ist eine Voraussetzung für das Vertrauen des Ratsuchenden zum Berater.

Deshalb ist es sicher besser, einen Ratsuchenden weiter zu verweisen, als ihn zu beraten, wenn man ihm nicht voraussetzungslos emotionale Wärme entgegenbringen kann und diese nur gekünstelt zu zeigen versucht.

1.6 Gesprächsmethoden zur Verbesserung der Beratung

Es gibt unterschiedliche Gesprächstechniken und Beratungsansätze.

Auf die komplizierte und komplexe Beratungssituation geben Gesprächstherapeuten eine einfache, fast zu bescheidene Antwort: Schweigen und Zuhören. Obwohl eine Redensart besagt, daß Schweigen Gold ist, empfinden viele Schweigen in bestimmten Situationen eher als belastend und peinlich.

Bekanntlich kann man aber nicht nicht kommunizieren (Watzlawick u. a. 1969). Unser Zuhören machen wir mit nichtverbalen Reaktionen deutlich, wie Nicken, die Stirne runzeln, freundliches Lächeln zeigen und mit verbalen Winken, wie Mmh, Aha usw. Wir zeigen damit, daß wir auf Empfang gestellt haben, zuhören und mitdenken und auf Aussagen des anderen warten.

Signale, die Ihre Bereitschaft ausdrükken, zuzuhören und zu verstehen	Signale, die ein Nichtverstehen oder Andersdenken anzeigen
Kopfnicken	Kopfschütteln
zugewandter freundlicher Blick	Blick abwenden
den Körper jemandem zuneigen	sich zurücksetzen
Äußerungen wie ‚Ja‘, ‚Hm‘, ‚Genau‘, ‚Aha‘ usw.	Arme verschränken
	Äußerungen wie ‚Nein‘, ‚Aber‘, ‚Ach was‘

Schwäbisch und Siems (1974, S. 111)

Besonders mit den Techniken des Paraphrasierens und des Verbalisierens emotionaler Erlebnisinhalte lassen sich die partnerzentrierten Beratergrundhaltungen verwirklichen. Alle Techniken kann man unter dem Gesamtbegriff des „Aktiven Zuhören" zusammenfassen.

Um mehr Wechselwirkung zu erlangen, benötigen wir am Anfang eines Gespräches oft Hilfen, die den Ratsuchenden zu offenerem Sprechen ermutigen.

1.6.1 Nicht festlegende Aufforderung

Mit nicht festlegenden Aufforderungen ermuntern wir den Ratsuchenden: „Möchtest du mehr darüber erzählen?" – oder: „Das klingt, als berührt dich das sehr stark", – oder: „Möchtest du mehr darüber sprechen?" Wichtig ist, daß dies *offene* Botschaften sind, die keine Bewertung dessen, was gesagt wird, enthalten.

Unser Zuhören wird aktiv und wir verwenden „Türöffner", die Gordon (1977, S. 62) mit folgendem Beispiel beschreibt:

„Eine meiner Schülerinnen hielt sich, wann immer Gelegenheit sich bot, in meiner Nähe auf, als ob sie etwas sagen wollte, aber nicht wußte, wie sie anfangen sollte. Gestern beschloß ich, es mit einem Türöffner zu versuchen und abzuwarten, was geschehen würde. Ich fragte sie: – Gibt es etwas, über das du mit mir sprechen möchtest? – Zuerst stotterte sie so herum und wußte nicht, wo sie anfangen sollte, und ich biß mir auf die Zunge und hielt mich an – Hmhm – und – Aha –. Endlich taute sie auf und redete zehn Minuten lang ohne Punkt und ohne Komma. Ich hatte keine Ahnung, daß sie so viel mit sich herumschleppte. Es fiel mir wirklich sehr schwer, keine Fragen zu stellen. Nach diesem kurzen Gespräch von zehn Minuten schien ihr sehr viel besser zu Mute zu sein, und ich fühlte mich ihr richtig nahe. Am Ende drückte sie mir die Hand. Es ist unglaublich, wie sehr es ihr half, daß ich einfach nur zuhörte.

Die Erfahrung dieser Lehrerin beim Zuhören ist nicht einmalig. Ganz generell erleben Lehrer: 1. Schwierigkeiten beim Verzicht auf die Verwendung von Straßensperren, 2. Überraschung über die Probleme, die Schüler haben, 3. ein Gefühl der Erleichterung, wenn der Schüler ungehindert durch Lenkung von außen zu sprechen beginnt, und 4. ein Gefühl der Nähe zu dem Schüler.

Nie weiß man, wohin ein Dialog führen kann, wenn, wie im folgenden Beispiel, anstelle der Verwendung von Straßensperren, die förderlichen Techniken des Schweigens und der Bestätigung zur Anwendung kommen:

Schüler: Ich werde die Zeitung nie herausbringen. Ich glaube, ich gebe auf.

Lehrer: (Schweigen, nickt)

Schüler: Ich bin heute seit drei Uhr nachmittags hier. Alle anderen sind abgehauen. Sie denken anscheinend, weil ich Chefredakteur bin, muß ich alle Arbeiten tun. Solche Faulpelze.

Lehrer: Hmhm.

Schüler: Ellen hat nicht fertig getippt, und Marianne muß noch die Layouts machen – und sehen Sie sich nur das Geschmier dort drüben an, das Walter die Sportseite nennt.

Lehrer: (nickt)

Schüler: (Pause) Das Problem ist: Jeder wartet darauf, daß irgendein anderer was tut. Wir brauchen eine Liste der Dinge die getan werden müssen, und die Reihenfolge, in der sie getan werden müssen. Auf diese Weise kann jeder sehen, welche Arbeit als nächste dran ist und wer sie zu erledigen hat.

Lehrer: Aha.

Schüler: Ich kann die Liste heute abend zu Hause schreiben. Bis morgen.

Lehrer: Gut."

Mit den Türöffnern erfährt der Gesprächspartner, daß wir seine Botschaften anhören und zu verstehen suchen.

1.6.2 Paraphrasieren

Ob wir wirklich die Aussagen des Ratsuchenden verstanden haben, ermitteln wir mit der Technik des Paraphrasierens. Dabei wiederholen oder umschreiben wir die Aussagen des Ratsuchenden mit unseren eigenen Worten. Der Ratsuchende kann dann erkennen, wie wir seine Aussagen verstanden haben. Dadurch können Mißverständnisse sofort beseitigt werden.

Ein Schüler sagt beispielsweise zum Berater:

„Ich kann das einfach nicht. Ich bin dafür nicht begabt. Mein Bruder war in

Deutsch genauso schlecht. Wie soll das nur weitergehen?" Der Berater antwortet: „Du glaubst, daß Du in Deutsch unbegabt bist, und weißt nicht, wie Du Dich verbessern kannst."

Das Paraphrasieren kann dabei in Aussageform („Du glaubst...") oder in Frageform („Glaubst Du...") erfolgen.

Abgesehen davon, daß Wiederholungen echohaft klingen können, besteht nun die Möglichkeit beim Paraphrasieren, daß der Berater auf einer ganz anderen Wahrnehmungsebene antwortet. Schüler: „Also wissen Sie, lange Zeit konnte ich sehen, wie ich tatsächlich aufstieg und immer besser wurde, und dann plötzlich, habe ich mich einmal umgeschaut, mein Leben sah leer aus. Immer nur Lernen und Arbeiten. Können Sie sich das vorstellen? Ich meine, können Sie sich ein Bild davon machen, was das für mich bedeutet?" Lehrer: „Ich glaube. Sie empfanden nach ihrem Aufstieg Leere und Sie wollen das Gefühl ändern." Hier hebt der Berater auf kinästetische Empfindungen ab, obwohl der Ratsuchende eindeutig sich im visuellen Bereich bewegt. Es wird also beiden schwer fallen, einen „Rapport" herzustellen.

Erst wenn dieser aber aufgebaut ist, kann der Ratsuchende mit anderen Wahrnehmungskanälen konfrontiert werden, wie dies beim Verbalisieren emotionaler Erlebnisinhalte für den Gefühlsbereich geschieht.

1.6.3 Verbalisieren emotionaler Erlebnisinhalte

Über das bloße Paraphrasieren hinaus können wir versuchen, in unserer Antwort die Gefühle des Gesprächspartners auszudrücken. Das wird „Verbalisieren emotionaler Erlebnisinhalte" genannt. Nehmen wir noch einmal dasselbe Beispiel:

„Ich kann das einfach nicht. Ich bin dafür nicht begabt. Mein Bruder war in Deutsch genauso schlecht. Wie soll das nur weitergehen?" Der Berater verbalisiert die Gefühle, die in dieser Aussage mitschwingen: „Du hast Zweifel, daß Du besser werden kannst und Angst, daß sich Deine Lage nicht bessert, eher verschlechtert." Der Ratsuchende teilt seine Gefühle indirekt mit, der Berater spiegelt ihm in seiner Antwort seine Gefühle direkt wieder. Dadurch kann der Ratsuchende seine Gefühle besser erkennen und sich besser mit ihnen auseinandersetzen. Außerdem erfährt er, wie er mit seinen Aussagen auf den Berater wirkt. Er lernt am Modell des Beraters, seine Gefühle direkt auszudrücken. Das ist eine Voraussetzung, Verantwortung für eigene Gefühle zu übernehmen.

Eine Ehefrau sagt: „Man muß in einer guten Ehe dem anderen zuhören."

Statt dessen könnte sie den Partner direkt ansprechen: „Ich ärgere mich, wenn Du mir nicht zuhörst."

Der Berater könnte beispielsweise auf die erste Aussage antworten: „Sie sind empört, wenn ihr Mann nicht zuhört."

Direkte Aussagen können sehr nützlich sein, einen Konflikt zu lösen, da die Verantwortung für Gefühle und Meinungen nicht auf Dritte abgeschoben werden kann. Allerdings können direkte Aussagen auch Ängste auslösen. So wird die Ehefrau durch die Aussage des Beraters direkt auf den Konflikt mit ihrem Ehemann gelenkt.

Das Verbalisieren von Gefühlen kann die Gefühle so bewußt machen, daß sie plötzlich voll ausbrechen und den Ratsuchenden ergreifen. Nur eine akzeptierende und entspannte Atmosphäre wird erlauben, den Gefühlsausbruch nutzbringend zu bearbeiten.

Es besteht auch die Gefahr, daß sich der Ratsuchende immer wieder mit seinem Gefühl im Kreise bewegt, wenn er nicht durch einen Anker des Beraters herausgeführt wird.

Beim Verbalisieren emotionaler Erlebnisinhalte müssen wir aufpassen, daß wir nicht zu schnell ins Interpretieren verfallen oder unseren Gesprächspartner mit Gefühlen konfrontieren, die ihn so erschrecken, daß er aus innerem Widerstand die Beratung abbricht.
Wir sollten deshalb auf unseren Ton und unsere anderen nonverbalen Äußerungen achten, die nicht arrogant und diagnostisch klingen dürfen, in der Art wie „Ich weiß ganz genau, wie Du fühlst. Das kenne ich schon." Angebrachter ist unser Tonfall, wenn darin unser Bemühen, die Gefühle zu erahnen, mitschwingt, wie „Ich weiß nicht genau, aber mir scheint, daß Du Dich nicht wohl fühlst, ist das richtig oder liege ich da falsch?"
Wenn der Ratsuchende seine Gefühle im Gespräch frei ausdrücken kann, spürt er Entspannung (Katharsis). Entspannungsgefühle widersprechen verspannten Gefühlen der Angst. Wenn der Berater mit aktivem Zuhören diese Prozesse beim Ratsuchenden entfachen kann, wird dieser selbst akzeptierender mit seinen Gefühlen umgehen. Er kann daher eher selbständig die Verantwortung für die Analyse und Lösung des Problems tragen. Er wird zum Bearbeiten und kreativen Umgang mit dem Problem angeregt, da er sich selbständig äußern muß. Zudem wird er durch das Beispiel des Beraters selbst williger zuhören. Positive Effekte auf andere Beziehungen sind möglich.

1.6.4 Rapport herstellen; Spiegeln und Übersetzen

Die unterschiedlichen Wirklichkeiten und Wahrnehmungen von Berater und Ratsuchendem bedürfen der Annäherung.
Wird mit mehreren Ratsuchenden (z. B. Familie) gleichzeitig gearbeitet, muß auch noch die Kommunikationskluft *zwischen* den Ratsuchenden überbrückt werden. Der Berater „übersetzt" sozusagen die Kommunikationen in verschiedene Wahrnehmungskanäle.

„So ist für manche ausgeprägt visuelle Leute die Erfahrung, in einem sehr unordentlichen, ungepflegten Haus zu wohnen, mit der Erfahrung eines Kinästhetikers vergleichbar, der in einem Bett voller Kuchenkrümel schlafen muß. Für den Kinästhetiker ist weggestoßen zu werden so, wie es für einen Visuellen wäre, wenn er aus dem Bild gelassen würde. Für den auditiv-digitalen Menschen wäre unlogisch zu sein gleichbedeutend mit einem Besuch eines dreidimensionalen Films für den Kinästhetiker oder eine psychedelische Light-Show für den Visuellen." (Cameron-Bandler 1983, S. 64)

Gute Berater und Therapeuten bekommen sehr schnell Rapport zu Ratsuchenden und schließen sich so deren Modell der Wirklichkeit an, um ihnen dann zu helfen, diese Wirklichkeit mit neuen Verhaltens- und Erlebnismöglichkeiten zu erweitern.

Die Muster, die hervorragende Therapeuten benutzen, um eine Beziehung, einen „Rapport" zum Klienten herzustellen, sind sehr ähnlich, wenn die Art der Verpackung auch verschieden ist. Es gelingt ihnen, genau auf der Wahrnehmungsebene des Klienten in Kontakt zu treten (s. u. Abb. 1). Es gibt Ratsuchende, die (abgesehen von Körpersignalen) auch durch den Gebrauch bestimmter Verben verraten, ob sie mehr im *visuellen* Bereich, *auditiven* oder *kinästhetischen* Bereich denken.
Zuhören und *Schweigen* ist also weit mehr, als wir zunächst einmal äußerlich vermuten könnten!

Visuelle Zugangshinweise für einen „normal organisierten" Rechtshänder

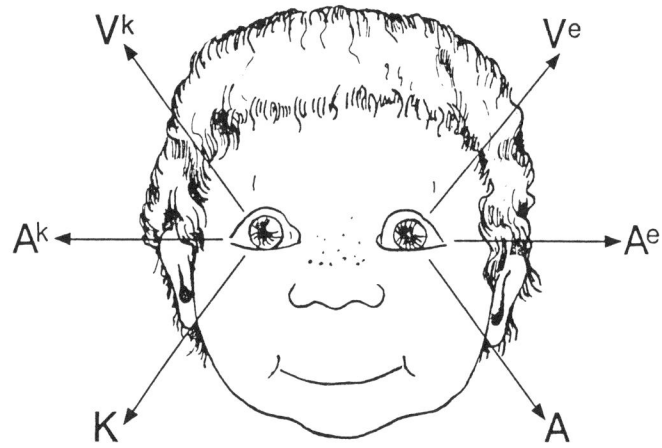

V^k	visuelle konstruierte Vorstellungen	V^e	visuelle erinnerte (eidetische) Vorstellungen
	(„Augen defokussiert und unbewegt" ist ebenfalls ein Hinweis für visuellen Zugang)		
A^k	auditive konstruierte Klänge/ Geräusche oder Worte	A^e	auditive erinnerte Klänge/Geräusche oder Worte
K	kinästhetische Empfindungen (zusätzlichen Geruch und Geschmack)	A	auditive Klänge/Geräusche oder Worte

Abb. 1 aus Bandler u. Grinder 1981, S. 43.

Welche Wahrnehmungsebene als Repräsentationssystem benutzt wird, kann bei einem hirnorganisch normal organisierten Rechtshänder an der Augenbewegung erkannt werden. Die Augen bewegen sich kurz nach oben, wenn man beispielsweise fragt, wie das Wohnzimmer bei der Großmutter aussah (Ve = visuell erinnerte Vorstellungen). Bei Fragen, in denen es um konkrete Gefühle geht („Wie fühlt sich das Fell einer Katze an?") gehen die Augen nach unten

(K = kinästhetische Empfindungen), selbst wenn in einer kurzen Augenbewegung nach oben zunächst die Katze oder das Katzenfell visualisiert werden.

Allgemeinere Fragen, beispielsweise: „Wie stellen Sie sich die Zukunft vor?"", können natürlich verschiedene Repräsentationskanäle ansprechen, obwohl das Wort „Vorstellen" zunächst auf das visuell Konstruierte (Vk) abhebt. Es gibt unterschiedlich organisierte Menschen. In diesem Sinne ist es nach Bandler und Grinder wichtig, daß der Berater und Therapeut über die sinnliche Erfahrung verfügt, um zu bemerken, auf welcher Repräsentationsebene sich der Klient befindet. Dadurch kann der Berater während des gesamten Gesprächs den Rapport, den Kontakt zum Ratsuchenden herstellen und halten. Wenn der Ratsuchende z. B. den Blick nach oben richtet, sollte der Berater eher fragen: „Was sehen Sie gerade innerlich vor sich?" statt: „Was fühlen Sie im Moment?" Die Annäherung der unterschiedlichen Wahrnehmungen von Berater und Ratsuchendem bedeuten so auch eine Erweiterung und einen Wechsel der Wahrnehmungs- und Repräsentationskanäle.

Schon das Paraphrasieren ist eine Art *Spiegeln* mit Worten. Es liegt deshalb nahe, auch im nonverbalen Bereich, d. h. mit der Körperhaltung, Atmung, Tonfall der Stimme, Gestik usw. den Ratsuchenden zu spiegeln. Solche unbewußten Mechanismen können wir übrigens überall beobachten, wo Menschen in ein Gespräch vertieft sind.

Würden wir allerdings nur in der Haltung eines deprimierten, niedergeschlagenen Ratsuchenden verharren, würde sich dieses Gefühl auch auf uns übertragen. Den Rapport zu nutzen bedeutet zwar, sich in die Welt des Ratsuchenden nonverbal und verbal zu begeben, aber auch, sich möglichst gemeinsam aus dieser herauszubewegen, d. h. die Wahrnehmungs- und Repräsentationskanäle zu wechseln sowie das Problem umzudeuten und Alternativen zu entwickeln.

Grinder und Bandler (1981, S. 101) beschreiben zwei Arten zu spiegeln und sich anzugleichen:

„Eine ist das direkte Spiegeln; zum Beispiel, wenn ich in der gleichen Häufigkeit und Tiefe atme wie du. Selbst wenn du dir dessen nicht bewußt wirst, wird es doch eine tiefgreifende Wirkung auf dich haben.

Die andere Art, nonverbal zu spiegeln, besteht darin, einen nonverbalen Kanal durch einen anderen zu ersetzen. Wir nennen das „Überkreuz-Spiegeln". Es gibt zwei Möglichkeiten, überkreuz zu spiegeln. Die eine ist, im selben Kanal zu kreuzen: Ich kann mit der Bewegung meiner Hand deine Atmung spiegeln – das Heben und Senken deiner Brust. Sogar wenn ich meine Hand nur sehr wenig bewege, hat es den gleichen Effekt. Der ist zwar nicht so tiefgreifend wie beim direkten Spiegeln, aber doch vorhanden. Hier wird ein anderer Aspekt des gleichen Kanals benutzt: kinästhetische Bewegung.

Bei der anderen Art des Überkreuz-Spiegelns werden die Kanäle getauscht. Zum Beispiel, während ich zu dir spreche . . . beobachte ich . . . deinen Atem . . . und ich passe . . . das Tempo . . . meines Sprechens . . . dem Heben . . . und Senken . . . deiner Brust an. Das ist eine andere Art zu kreuzen: Ich gleiche das Tempo meines Sprechens deiner Atemfrequenz an."

Das Überkreuzspiegeln ist nach Meinung der Autoren schon deshalb wichtig, um die Gesundheit des Beraters zu schützen.

1.6.5 Fragen als Beratungstechnik? Zielrahmen versus Problemrahmen

„Ihr sollt nicht zuviel fragen" las ich kürzlich in einem Wochenmagazin. Fragen können bedrängen und beschämen. Sie bergen häufig versteckte Aggressionen.

In jeder Frage steckt eine Antwort. Die Fragen „Seid wann haben Sie eine Magersucht?" oder „Wann haben Sie sich entschlossen in Hungerstreik zu treten?" offenbaren ganz andere Einstellungen der Fragenden und fordern andere Antworten heraus.

Das effektive Fragestellen ist deshalb eine beraterische und therapeutische Kunst. Der partnerzentrierte Ansatz geht sehr sparsam, ja geradezu enthaltsam mit Fragen um. Wenn wir nun einige Beispiele bringen, geht es uns weniger um die Beschaffung von Informationen durch Fragen, also im negativen Sinne um ein „Ausfragen", sondern darum, dem Ratsuchenden eine Auseinandersetzung mit seinen Erfahrungen zu ermöglichen und dessen Wahrnehmungswelt zu erweitern. Die Aussagen von Ratsuchenden unterliegen nämlich oft

– der *Generalisierung,* d. h. sie verallgemeinern;
– der *Tilgung,* d. h. sie machen unvollständige Aussagen und
– der *Verzerrung,* d. h. sie schildern Prozesse und Ereignisse
    als endgültige und statische Zustände und Eigenschaften (Bandler, Grinder 1980).

Das Generalisieren und Verallgemeinern von Erfahrungen trennt von konkreten zukünftigen Erfahrungsmöglichkeiten. „Alle Frauen mögen mich nicht" ist eine Generalisierung von der Erfahrung, daß mich Maria nicht mag. Diese Generalisierung macht mich gegenüber anderen Frauen handlungsunfähig.

Aussagen wie „Mein Vater war wütend", „Ich habe Angst", „Es wurde gestritten" sind unvollständig und bedürfen konkreter Ergänzung, wenn sie bearbeitet werden sollen. Es bestehen oft Widerstände, getilgte Informationen wieder verfügbar zu machen.

Mit Eigenschaften „Sie ist depressiv" und Nominalisierungen „Ich bereue meine *Entscheidung,* nach Hause zurückzukehren" werden Prozesse zu unveränderbaren statischen Zuständen, die keine Neuentscheidungen und Veränderungen zulassen.

Generalisierungen, Tilgungen und Verzerrungen drücken die Unveränderbarkeit und Schicksalshaftigkeit des Problems aus. Sie helfen, daß sich eben nichts ändern kann oder muß.

Um dies aufzubrechen, kann man mit Fragen vorsichtig operieren, ohne zu vergessen, daß die Lösungen oft in Richtung des stärksten Widerstandes liegen.

Mit Fragen können wir beispielsweise folgende Ziele verfolgen.
– *Eigenschaften* und *Nominalisierungen verflüssigen.*
    „Was muß Ihr Sohn tun, damit Sie den Eindruck haben, daß er aggressiv ist?"

– Interpunktionen durch *zirkuläres Verknüpfen* von Fragen aufzeigen.
    Frage an den Vater: „Was müssen Sie tun, daß ihr Sohn frecher wird?" Frage

an den Sohn: „Was mußt Du tun, daß Dein Vater sich immer mehr ärgert?"

– Die *Variablen „Zukunft" und „Zeit"* einführen, wenn alles statisch und eingefroren erscheint.
„Wie lange wird sich Ihr Sohn noch so aggressiv verhalten?"
„Angenommen, es würde alles schlimmer, wie es heute ist, wie würde Ihre Familie in fünf Jahren aussehen?"

– Nach *Erklärungen* fragen.
„Wie erklären Sie sich, daß Ihr Sohn in diesem Moment die Teller an die Wand wirft?"

– *Dritte* die Situation beschreiben lassen
Frage an die Tochter: „Wie streiten aus Ihrer Sicht Vater und Sohn miteinander?"

– *Kontexte* einbeziehen.
„In welcher Situation und Umgebung verhält sich Ihr Sohn aggressiv?"

– *Differenzieren, Präzisieren* und Abstraktes *konkretisieren*
„Wie hat sich Ihr Sohn genau verhalten? Was meinen Sie mit aggressiv?"

– Nach *Ich-Botschaften* fragen.
„Wie reagieren Sie persönlich auf das Verhalten Ihres Sohnes? Was empfinden Sie, wenn Ihr Sohn aggressiv ist?"

Wir begannen diesen Abschnitt damit, vor allzuvielem Fragen zu warnen. Fragen, die sich nur mit der Vergangenheit auseinandersetzen, verstellen den Blick für die Zukunft. Allzu direktes Fragen kann großen Widerstand beim Ratsuchenden gegen Problemlösungen hervorrufen.
Dem Problemrahmen möchten wir deshalb einen Zielrahmen gegenüberstellen, mit dem Entwicklungen angeregt werden können.

Zielrahmen	*Problemrahmen*
1. Was möchtest Du? Wir formulieren positiv und in eigener Kontrolle das *Ziel*.	1. Was ist Dein Problem?
2. Was tust Du dann? Wir beschreiben die *Zukunft* möglichst in allen Wahrnehmungskanälen.	2. Warum hast Du das Problem?
3. Wann, wo, wie, mit wem möchtest Du das tun? Wir beziehen den *Kontext* ein.	3. Wer, was ist schuld und hindert mich?

4. Wie verändert sich dadurch Dein Leben? Wie verändern sich Deine Beziehungen, die Dir wichtig sind? Wir beachten die soziale *Ökologie.*

4. Wie läßt sich die Diagnose interpretieren?

5. Welche *positive Absicht* steckt hinter dem gegenwärtigen Problem, die auch im wünschenswerten zukünftigen Zustand erhalten bleiben soll?

Der Zielrahmen schließt den Problemrahmen nicht aus, wenn wir in der Beratung den Ratsuchenden am Problem und möglichen fehlgeschlagenen Lösungsversuchen abholen. Mit der Entwicklung in Richtung Zielrahmen versuchen wir, die positiven Ressourcen des Ratsuchenden zu wecken.

1.7 Problemaspekte der Beratungssituation

Als wir das Dilemma unterschiedlicher Wahrnehmungen in der Beratungssituation schilderten, haben wir schon auf eine Reihe von Hindernissen hingewiesen, die nicht einfach mit Gesprächstechniken zu beseitigen sind. Neben organisatorischen Verbesserungsmöglichkeiten erfordern sie immer wieder den selbstkritischen Umgang mit den Beratungssituationen. Minsel (1974, S. 141) hat in einer Tabelle eine ganze Reihe schwieriger Situationen zusammengestellt, die wir nur exemplarisch abhandeln können.

„Schwierige" Situationen entstehen z.B. aus Bedingungen			
der äußeren Situation	beim Klienten	aus der Interaktion zwischen Berater u. Klient	beim Berater
Telefon läutet in der Stunde Anfang der Behandlung/des Kontakts Tonbandgerät soll nicht laufen Abbruch der Behandlung/des Kontakts etc.	lange Pausen, vieles und schnelles Reden, Mitbringen von Notizen Stellen direkter Fragen, Bitten um Rat, Information Aggression gegen B., Weinen Sprechen über Dritte, Externales; äußere Umstände, Vergangenheit etc.	Kl. reagiert nicht auf Formulierungen des Beraters Kl. wünscht persönlichen Kontakt mit B. Kl. droht B. mit Selbstmord etc.	B. ist vom Problem des Kl. persönlich betroffen B. findet Kl. unsympathisch B. hat persönlich ganz andere Werte etc.

Eine Auflistung von Variablen, wie Zimmereinrichtung, Erscheinungsbild der Beteiligten, Alter und Geschlecht, Status und soziale Rolle, Intelligenz,

Gewohnheiten und Vorurteile kann nie vollständig sein. Es kann schwer Allgemeingültiges gesagt werden, da sich die Interaktionspartner in diesen Variablen selbst und in der Einstellung gegenüber diesen Variablen unterscheiden.

1.7.1 Der zeitliche Rahmen

Selbstverständlich sollten die Gesprächspartner nicht unter zeitlichem Druck stehen, aber die Beratungszeit sollte auch begrenzt werden, damit der Berater den überzogenen Zeitaufwand dem Ratsuchenden nicht unbewußt zum Vorwurf macht. Zudem kann der Ratsuchende lernen, daß menschliches Leben immer Zeitbegrenzungen unterliegt. So signalisiert das Ende eines Beratungsgesprächs die Möglichkeit, Problemprozesse zumindest zeitweilig abzuschalten, d. h. der Ratsuchende erfährt, daß internale Prozesse nach dem Motto „Alles hat seine Zeit und seinen Ort" zu steuern sind. Beratungsgespräche beginnen sich auch oft nach einer Stunde wie das Problem selbst im Kreis zu drehen. Der Zeitpunkt des Gesprächsendes sollte von vornherein festgelegt werden. Da manche Berater unter institutionellem zeitlichem Druck arbeiten, müssen sie sich überlegen, ob sie möglichst schnell Problemfälle weiter delegieren.

1.7.2 Äußere Störungen

Natürlich sollte das Gespräch nicht durch Telefonate, Betreten des Beratungsraumes durch Unbeteiligte, u. a. unterbrochen und gestört werden. Es bietet sich an ein Schild „Bitte nicht stören" vor die Tür zu hängen.

1.7.3 Erwartungskonkordanz

Notwendig ist auch, daß die Erwartungen zwischen Berater und Klient übereinstimmen oder in Übereinstimmung gebracht werden. Diese Art von Beziehungsklärung und Definieren der Situation muß nicht immer nur am Anfang einer Beratung geschehen, sondern kann immer wieder ein Teil des Beratungsprozesses sein.
Der Berater sollte sich öfter Feedback geben lassen, d. h. den Ratsuchenden fragen, wie er mit der Situation zufrieden ist, was er erwartet und welche Probleme er mit dem Berater hat.

1.7.4 Gesprächseinstieg und äußere Bedingungen

Für den schwierigen Gesprächseinstieg empfiehlt der partnerzentrierte Ansatz die schon genannte nicht festlegende Aufforderung, z. B. „Sie sind zu mir gekommen, weil Sie ein Problem haben". Daß diese Aufforderung allein nicht genügt und noch andere Bedingungen zu beachten sind, bis eine vertrauensvolle offene Gesprächssituation geschaffen werden kann, soll noch einmal betont werden.

Der Amerikaner Labov (1970) ließ beispielsweise schwarze Kinder aus Slums von weißen Erwachsenen zu bestimmten Fragen interviewen. Mit den Antworten, wenn überhaupt welche gegeben wurden, hatte er solange Pech, bis die Interviewsituation geändert wurde. Erst als er schwarze Interviewer einsetzte, die die Kinder auf dem Boden sitzend empfingen, befragten und ihnen dabei Cola und Kartoffelchips anboten, öffneten sich die Kinder und sprudelten mit ihren Aussagen heraus.

1.7.5 Gesprächsunterbrechung und -ende

Es gibt natürlich auch Ratsuchende, die nicht mehr aufhören wollen zu reden, so daß der Berater Schwierigkeiten haben kann, alles zu verstehen und zu verarbeiten. Wenn wir den Redefluß durch abwehrende Mimik, die wir oft unbewußt zeigen, einschränken, wird der Gesprächspartner evtl. glauben, daß er nicht verstanden wird oder der Berater kein Interesse an seinem Problem zeigt. Das kann zur Folge haben, daß er noch mehr redet. Besser ist, wenn der Berater fragt, ob er das bisher Gesagte einfach nochmals zusammenfassen dürfe, oder wenn er versucht, den roten Faden aufzuzeigen, Argumente zu wiederholen und Verständnisfragen zu stellen. Der Berater strukturiert mit dem Ratsuchenden das Gespräch durch die Unterbrechungen. Indem der Berater aufsteht, signalisiert er dem Ratsuchenden das Ende der Beratung.

1.7.6 Gefühlsausbrüche

Die Bedeutung des Gefühlsausdrucks wurde beim Verbalisieren emotionaler Erlebnisinhalte schon besprochen.

Wenn der Ratsuchende weint, ist es wichtig, daß der Berater das Weinen annimmt und nicht versucht, es zu entwerten. Es kann sogar geschehen, daß der Berater aus Rührung mitweint. Weinen wirkt krampflösend. Physiologisch gesehen, werden mit den Tränen Streßhormone aus dem Körper geschwemmt. Wir können von einem Karthasisprozeß sprechen, d. h. der Druck innerer Gefühle wird abgelassen.

Spontane Körperkontakte, wie die Hand des Ratsuchenden drücken, oder ihn in den Arm nehmen, können emotionale Wärme und annehmenden Trost ausdrücken. Was macht aber der Berater, wenn sich Gefühle gegen ihn wenden, wenn z. B. Ratsuchende aggressiv gegen den Berater werden? Hier ändert sich etwas in der Beziehung zwischen Ratsuchendem und Berater. Derartige Probleme in der Berater-Klient-Beziehung werden in der klassischen Psychoanalyse erwartet und im therapeutischen Prozeß genutzt. Die klassische Psychoanalyse spricht von Übertragungsprozessen und Widerstand, die sich nicht unbedingt in Aggressionen, sondern beispielsweise auch im Fernbleiben äußern können.

Übertragung heißt, daß frühere Konflikte des Ratsuchenden mit Autoritätspersonen (Eltern, Lehrer) unbewußt in die Beratungssituation eingebracht werden. Der Berater sollte natürlich nicht mit Sanktionen, sondern mit Verständnis auf die Aggressionen des Gesprächspartners reagieren. Da er jetzt selbst im Konflikt mit dem Ratsuchenden steht, wird er mit ihm versuchen, die Beziehung zwischen sich und dem Ratsuchenden zu klären (siehe Metakommunikation, S. 108).

Ebenso kann in der Gegenübertragung der Berater Aversionen gegenüber dem Ratsuchenden oder dessen Situation empfinden. Der Ratsuchende weckt unbewußte Konfliktbeziehungen aus der Vergangenheit des Beraters.

Fühlt sich ein Berater mit einem Ratsuchenden überfordert, darf er sich nicht scheuen, mit anderen Beratern in Verbindung zu treten, um Hilfe zu erhalten oder auch den Ratsuchenden zu einem anderen Berater weiter zu verweisen. Auch der Ratsuchende soll die Möglichkeit erhalten, sich ohne Druck und Sanktionen an einen anderen Berater zu wenden.

1.7.7 Stimmung des Beraters

Der Berater ist nicht davor gefeit, daß seine eigene Stimmung das Beratungsgespräch beeinflußt. Daher soll er sich vor dem Gespräch seinen Zustand bewußt machen. Er achtet auf seine Körpersignale und Verspannungen, entspannt sich notfalls und versucht, sich vorher abzureagieren.

1.7.8 Induktion von Antworten: Antwort – wie erwünscht?

Für den Berater ist es während des Gesprächs schwierig, sofort zu analysieren, ob er nicht mit bestimmten Fragen und durch ein bestimmtes Auftreten ganz bestimmte Antworten induziert, ob also der Ratsuchende so antwortet, wie er glaubt, daß es der Berater gerne haben möchte.

Selbst wenn Sie sich als Berater vornehmen, keine eigenen Ziele und Werte in den Beratungsprozeß einfließen zu lassen, vermitteln Sie ihre Wertungen doch durch viele nicht-sprachliche Zeichen und Anker.

Zwei Interviewer erhielten unterschiedliche Antworten von denselben Interviewpartnern in einem Obdachlosenheim. Ein Interviewer war Alkoholgegner und ermittelte, daß 62% der Fälle durch Alkoholgenuß und 7% durch Arbeitslosigkeit sowie schlechte sozio-ökonomische Bedingungen verursacht werden. Der andere Interviewer, ein Sozialist fand, daß 22% der Fälle durch Alkohol und 39% der Fälle durch Arbeitslosigkeit bedingt waren. Die Interviewpartner hatten ohne Absicht ihre eigenen Wertvorstellungen den Interviewpartnern suggeriert. Menschen neigen also dazu, ihren Helfer nicht enttäuschen zu wollen und antworten in Richtung „Sozialer Erwünschtheit". Im Alltagsleben spielen sie meistens funktionierende Rollen. Nur gegenüber ihren engsten Bekannten lassen sie eventuell ihre Fassaden fallen. Doch auch da haben sie oft Schwierigkeiten, mit widersprüchlichen Gefühlen umzugehen. Wenn es deshalb dem Berater nicht gelingt, sich akzeptierend und nicht moralisch wertend gegenüber dem Ratsuchenden zu verhalten, wird er selten etwas über die inneren Konflikte des Ratsuchenden erfahren.

Die impliziten Haltungen und Vorurteile des Beraters können sich in vielen nonverbalen Gesten äußern. Der Berater hat sich Hypothesen über den Ratsuchenden, das Problem und Bedingungszusammenhänge gebildet, die er ihm nicht mitgeteilt hat. Reagiert der Ratsuchende so, daß sich diese Hypothesen zu bestätigen scheinen, ist der Berater in Gefahr, sofort den Ratsuchenden in diese Richtung zu verstärken. Tonbandkontrolle und Gespräche in Supervisionsgruppen können helfen, die impliziten Wertvorstellungen und Haltungen des Beraters gegenüber dem Ratsuchenden zu überprüfen und gegebenenfalls zu korrigieren.

Die nonverbalen Signale können allerdings auch bewußt als Anker eingesetzt werden, um den Ratsuchenden in eine Richtung zu verstärken.

1.8 Strukturieren von Gesprächen für bestimmte Zwecke

Der partnerzentrierte Beratungsprozeß wird oft dadurch erschwert, daß der organisatorische und zeitliche Rahmen so eng ist, daß sich die Entwicklung zur Einsicht nicht natürlich und der Dynamik des Ratsuchenden entsprechend entfalten läßt. Auch wenn Gruppen ein Problem haben und nicht in die partnerzentrierte Haltung eingeführt wurden, werden organisatorische Hilfen für Beratungsgespräche benötigt.

Werden außerdem schnell Informationen zur Problemanalyse benötigt, können bestimmte Strukturierungshilfen vorteilhaft sein.

1.8.1 Das diagnostische Gespräch

Im diagnostischen Gespräch werden möglichst viele Daten aus dem früheren und derzeitigen Leben des Ratsuchenden exploriert. Das Ergebnis ist eine Art skizzenhafter Lebenslauf und ein bestimmtes Bild vom Ratsuchenden. Hypothesen über mögliche Ursachen und Zusammenhänge zum Problem und zum Bild des Ratsuchenden werden gebildet. Dieses Ausfragen im Gespräch oder mit Fragebogen ist aber in mehreren Punkten problematisch:

1. Der Ratsuchende wird beabsichtigt oder unbeabsichtigt nicht ohne weiteres offen, sondern eher in Richtung sozialer Erwünschtheit die Fragen beantworten.
2. Mit den Informationen werden dem Ratsuchenden oft bestimmte Etiketten aufgeklebt, die ihn in der Beratung und eventuell auch außerhalb immer begleiten. Alle weiteren Informationen und Handlungen werden diesen Kategorien zugeteilt (Sich-selbst-erfüllende Prophezeiung).
3. Die Vielzahl der Informationen lenkt oft vom individuellen Problem ab.
4. Der Beratungsprozeß entwickelt sich entsprechend dem medizinischen Konzept (Für dieses Symptom diese Arznei). Der Berater behandelt das Problem schematisch (Das kenne ich schon – da muß man das machen).

Zweifelsfrei sind aber zur Bearbeitung spezifischer Probleme gezielte Informationen notwendig. Bestehen beispielsweise in einem bestimmten Unterrichtsfach Leistungsprobleme eines Schülers, wird der Berater diagnostische Mittel einsetzen und nach dem Leistungsverhalten fragen. Entscheidend ist, daß die Daten nicht zur Etikettierung und alleinigen Quantifizierung der Leistungsmängel erhoben werden, sondern aus einer qualitativen Fehleranalyse Hilfs- und Fördermaßnahmen abgeleitet werden. Berater müssen also fragen: Wem dient die Information? Welche hilfreichen Maßnahmen lassen sich davon ableiten? Wie kann bloße Etikettierung vermieden werden?

Das reine Ausfragen wurde in der bisherigen Darstellung schon als Kommunikationssperre für Gespräche beschrieben. Dagegen könnten offenere Strukturierungshilfen die Problemanalyse und -bearbeitung im Beratungsgespräch unterstützen. Solche Strukturierungshilfen stellen das Kooperative Problemlösen und die von Rogers beschriebenen Schritte dar.

Zur Analyse und Definition eines Problems, zur anamnestischen Exploration, gibt es viele informelle Fragebögen und Anregungen von Beratern. Fast immer lassen sich diese Informationen unter den Punkten zusammenfassen, die Kanfer und Saslow (1974) für ihre Verhaltensdiagnose formuliert haben. Diese Gliederungspunkte können einem Gespräch Struktur gegen, wenn sie nicht zu rigide gebraucht werden und der Ratsuchende sich aussprechen darf.

1. Verhalten und Gefühle genau beschreiben.

Der Ratsuchende beschreibt zum Beispiel konkret einen Tages- oder Wochenablauf. Eventuell beobachtet er eine Woche lang das problematische Verhalten und schreibt die Verhaltensraten auf.

2. Die problematische Situation genau beschreiben.

Wie sieht die Situation aus? Was geht dem problematischen Verhalten voraus, was folgt?

3. Motive beschreiben.

Was will der Ratsuchende mit dem problematischen Verhalten erreichen? Was bezwecken andere? Was will er in der Beratung?

4. Die Entwicklungsgeschichte des Problems beschreiben.

Wie fing alles an? Gab es früher schon ähnliche Erlebnisse? Ist das Problem stärker, schwächer geworden?

5. Selbstkontrollversuche beschreiben.

Wie haben der Ratsuchende oder andere versucht, das Problem beizulegen? Welche Erfolge hatten sie? Was verhinderte den Erfolg?

6. Soziale Beziehungen und die soziale, kulturelle und physikalische Umwelt beschreiben.

Soweit das nicht schon beantwortet ist, werden Beziehungen zu anderen Personen und zur Umwelt angesprochen. Beispielsweise werden Räumlichkeiten, der Arbeitsplatz konkret exploriert.

Diese Informationen können nicht nur im Gespräch, sondern auch vor Ort in der Umwelt des Ratsuchenden durch teilnehmende Beobachtung ermittelt werden. Zusammen mit den Ratsuchenden können einfache Bedingungsmodelle des Problems zusammengestellt werden, ohne daß verhaltenstherapeutische Termini aus der klinisch-psychologischen Praxis benutzt werden.

Für spezifische Beratungsprobleme wird sich ein Berater Fragenkomplexe bilden, die er auch als Vorfragebogen geben kann, wenn er das Beratungsgespräch mit Informationen vorbereiten will. Auf die Gefahren haben wir hingewiesen.

1.8.2 Vermitteln von Informationen

Ebenso wie die Ermittlung gezielter Informationen notwendig sein kann, steht in Beratungsgesprächen oft das Vermitteln gezielter Informationen im Vordergrund. Dabei sind vor allem folgende Probleme zu beachten:

Wie lautet die Fragestellung und Bitte um Informationen? Stecken dahinter verdeckt andere Fragen?

Wer ist der Adressat der Informationen und wie kann ich mich gegenüber dem Adressaten verständlich machen?

Welche Probleme der Verschwiegenheit werden bei Informationen über andere aufgeworfen?

Bevor wir auf diese Problemfragen eingehen, möchten wir daran erinnern, daß Informationen mit verschiedenen Mitteln und Medien dargestellt und weitergegeben werden können. So kann der Berater mit Gliederungen, Graphiken und Schaubildern die Informationen in einem Beratungsgespräch untermauern. Zur Vertiefung der Informationen kann er dem Ratsuchenden schriftliches Material auf den Weg geben.

Bei der bestmöglichen Gestaltung und Auswahl von Informationstexten können folgende didaktische Aspekte beachtet werden (Becker u. a. 1976):

- Sprachliche Formulierungen sollen einfach gehalten werden. Verschachtelte Sätze, zu viele Fremdwörter, unklare Begriffe sind zu vermeiden *(Einfachheit)*.
- Ein „roter Faden" und eine übersichtlich gegliederte Anordnung der Informationen erleichtern die Verständlichkeit *(Gliederung, Ordnung)*.
- Die Aussagen sollten das wesentliche herausheben und nicht durch viele Nebengedanken Verwirrung stiften. Allerdings kann auch ein zu kurz und abstrakt gehaltener Text die Verständlichkeit erschweren *(Prägnanz)*.
- Impulse und Abwechslung durch Beispiele, die nicht die Prägnanz vermindern, können das Interesse am Text wecken und aufrecht erhalten. Problemorientierte Fragen regen die Auseinandersetzung mit dem Text an. Mit Beispielen werden abstrakte Aussagen einprägsamer *(zusätzliche Stimulanz)*.

Solche methodischen Empfehlungen berücksichtigen wenig die persönliche Kapazität und Motivation des Ratsuchenden. Beim Gestalten einer schriftlichen Information werden die Fähigkeit des Ratsuchenden, die Information zu verstehen, sein Vorwissen, sein Wille und seine Einstellung, die Information wahrzunehmen, oft mehr erahnt als tatsächlich gekannt. Das Beratungsgespräch bietet dann die Möglichkeit, Information und Ratsuchenden einander anzupassen, d. h. zusammenzupassen und -zufügen, wenn der Berater flexibel genug ist, dem Ratsuchenden zuhört und sich zurückhaltend verhält. Mißverständnisse können vermieden werden. Der Ratsuchende wird nicht mit Informationen überschüttet, die er nicht mehr verarbeiten kann.

– Vielleicht ist der Ratsuchende nicht motiviert, bestimmte Informationen zu erhalten. Er wehrt bestimmte Aussagen ab und nimmt nur diese Mitteilungen heraus, die in seine Strategie und sein Selbstbild passen.
– Vielleicht ist die Fragestellung nur ein Vorwand des Ratsuchenden, um festzustellen, ob er Vertrauen fassen kann, von einem anderen Problem zu berichten
– Vielleicht weiß der Ratsuchende selbst nicht, daß sich hinter seinen Fragen andere Probleme verbergen.

Da Berater ihre Aufgabe gut erfüllen wollen, sind sie zweifellos in Gefahr, Fragestellungen so zu verstehen, daß sie möglichst viele kompetente Antworten anbieten können, statt zuzugeben, daß sie keine Informationen und Antworten auf die Fragen wissen.
Oft müssen Beobachtungen und diagnostische Ergebnisse im Beratungsgespräch mitgeteilt werden. Bei der Darstellung der diagnostischen Information geht es nicht darum, die Bedeutung und Leistungen der psychologischen Diagnostik hervorzuheben. Dagegen muß der Sinn und Zweck der diagnostischen Untersuchung und der diagnostischen Aussagen erklärt werden. Sprachbarrieren sind zu beachten. Fachtermini, Zahlen und abstrakte Testwertbegriffe wie z. B. der Intelligenzquotient (IQ) sind zu vermeiden.
Die Informationen können dem Ratsuchenden vielleicht helfen, einen realistischen Umgang mit seinem Problem zu gewinnen. Sie können ihn aber auch lähmen, wenn seine Befindlichkeit nicht berücksichtigt und nur starre Etikettierungen ohne Folgerungen angeboten werden.
Prinzipiell sind Etikettierungen gefährlich. Sie können sich von Gutachten zu Gutachten fortpflanzen. Der Ratsuchende wird nicht vorurteilsfrei eingeschätzt.
Man behandelt ihn erwartungsgemäß. Jede Information über ihn wird in die Etikette eingefügt. Die Informationen werden mißbraucht. Der Ratsuchende hat keine Chance mehr sich zu ändern.
Berater sollten es deshalb vermeiden, einen Ratsuchenden als ehrgeizig, faul, unintelligent, verhaltensgestört usw. zu bezeichnen. Es ist besser, das Verhalten und die problematischen Situationen im Hier und Jetzt genau zu beschreiben, damit die Zusammenhänge zwischen dem Verhalten des Ratsuchenden, der Situation und den anderen Interaktionspartnern gesehen werden können.
Abstrakte Adjektive und Begriffe brauchen eine genauere Definition und sind eher geeignet, allgemeinere Zusammenhänge darzustellen als Individuen zu beschreiben. Der Berater muß deshalb immer wieder seine Informationen konkret zu operationalisieren versuchen. Vermutungen sollten als Vermutun-

gen und nicht als Wahrheiten geäußert werden. Vor dem Interpretieren, Analysieren und Werten haben wir schon hinreichend gewarnt.

Bei der Vermittlung von Informationen ist letztlich wichtig, daß man positive Seiten der Informationen mit realistischen Entwicklungsmöglichkeiten des Ratsuchenden aufzeigen kann. Deshalb sind auch für vorstrukturierte Gespräche Einfühlungsvermögen, Wärme und Echtheit notwendig.

1.8.3 Kooperatives Problemlösen und Konferenzführung mit mehreren Ratsuchenden

Gemeinsame Problemlöseversuche haben Vorteile. So sind die, die bei Entscheidungsprozessen mitwirken dürfen, eher motiviert, die Entscheidung zu verwirklichen als wenn ihnen die Entscheidung verordnet wird.

Werden solche Entscheidungsprozesse nicht von „Killerphrasen" („Das geht nicht", „Das haben andere schon vergeblich versucht") zerstört, sondern kreativ gestaltet und werden die Erfahrungen sowie der Verstand aller genutzt, können bessere Lösungen gefunden werden, zu denen alle Beteiligten Vertrauen entwickeln können.

Auch die sozialen Beziehungen werden herzlicher. Vorgesetzte müssen ihre Entscheidungen nicht mit aufwendiger Zeit den Untergebenen verkaufen, wie Gordon (1979) in seiner „Manager-Konferenz" schreibt. Wenn alle am Problem Beteiligte in den Problemlöseprozeß mit einbezogen werden sollen, bedarf dies Strukturierungshilfen, damit der Entscheidungs- und Diskussionsprozeß für die Gruppenmitglieder durchschaubar ist.

Während die reine Durchsetzung von Macht, Zeit, Energie, Entfremdung, Einfluß und letztlich Autorität kostet, fördert kooperatives Problemlösen kreative Entscheidungen, Motivation und Selbstverantwortung der Mitarbeiter.

Hinter den Wahrnehmungseinschränkungen autoritären Führungsstils stecken energieraubende Nachteile, wie

„– Einschränkung der nach oben gerichteten Kommunikation
 – Speichelleckerei und andere liebesdienerische Reaktionen
 – Schädliche Konkurrenz und Rivalität
 – Unterwürfigkeit und Konformismus
 – Auflehnung und Trotz
 – Suche nach Verbündeten und Koalitionen
 – Rückzug und Flucht" (Gordon 1979, S. 165 ff.)

Intrigen fallen hier auf fruchtbaren Boden und sind ein wichtiges Mittel um Interessen durchzusetzen. Wenn Konflikte nicht fair ausgetragen werden, entstehen Ressentiments. Gefühle werden auf andere Menschen, Dinge und ganze Institutionen übertragen. Meckern, Tratschen, Klatschen und allgemeine Unzufriedenheit sind die Folgen für ein schlechtes Betriebs- und Arbeitsklima.

Mit dem Kooperativen Problemlösen, bei dem es keine Verlierer sondern nur Gewinner geben soll, sind allerdings keine endlosen, führungslosen Diskussions- und Entscheidungsrunden gemeint (Jeder-Gewinnt-Methode, Gordon 1979).

Zunächst ist *eine klare Definition einer Besprechung* hilfreich, um falsche Erwartungen abzubauen. Handelt es sich um eine *Problemlösekonferenz,* in der um eine Lösung und Entscheidung gerungen werden soll, oder geht es in einer *Informationskonferenz* nur darum, Ergebnisse mitzuteilen? Vielleicht planen Sie auch eine *Koordinationskonferenz,* auf der die Durchführung einer Lösung abgesprochen wird?

Der Gesprächsleiter sollte auch mit *methodischen Hilfsmitteln* in die Konferenz gehen. Wandtafeln, Flip-charts, Tageslichtprojektor und andere Visualisierungsmittel ermöglichen ein konzentrierteres Arbeiten. Diskussionsbeiträge gehen nicht verloren, sie sind leichter einzuordnen und zusammenzufassen, der Fortgang der Diskussion wird sichtbar und bietet Rückmeldung über das Geleistete, unnötige Wiederholungen und Mißverständnisse können vermieden werden.

Andere Strukturierungsmittel liegen in seiner Art der Gesprächsführung, zu der wieder das genaue Zuhören gehört. Mit folgenden inhaltlich unabhängigen aber funktionalen Beiträgen kann er das erreichen:

– Mit der *Forderung nach Konkretisierung und Präzisierung* von Diskussionsbeiträgen („Könnten Sie das genauer beschreiben oder ein konkretes Beispiel nennen?");
– durch *Zusammenfassen* („Wenn ich die Beiträge richtig verstanden habe, kann man die Aussagen auf folgenden Nenner bringen...");
– durch *Beobachten, Beschreiben und Deuten* des Diskussionsprozesses („Meinen Sie folgendes damit? Ich habe den Eindruck, daß wir jetzt das Problem definiert haben und Problemlösungen suchen.");
– mit der *Forderung nach Rückmeldung,* die der Rückversicherung dient, daß er und die Gruppe sich in dieselbe Richtung bewegen, der Diskussionsprozeß nicht gestört ist oder heimlich auseinanderläuft („Sind Sie mit dieser Vorgehensweise einverstanden? Wollten Sie noch etwas zu diesem Punkt sagen? Wie sind Sie mit dem Diskussionsverlauf zufrieden?").

Der gute Diskussionsleiter und Berater wird in der Runde auch dafür Sorge tragen, daß die Teilnehmer als *Individuen akzeptiert* werden, Widerspruch und Kritik als eigene Ansicht und Erfahrung, d. h. als *Ich-Botschaften* und nicht als unumstößliche Wahrheiten betrachtet werden. Dies ist wichtig, wenn man den Teufelskreislauf (Interpunktion) gegenseitiger Schuldvorwürfe unterbrechen will („Wegen dir verhalte ich mich so!")

Auch mit seiner *Körperhaltung* wird der Gesprächsleiter die Diskussionsrunde steuern. Er muß vor allem die „Schweiger" anschauen, wenn er erreichen will, daß diese auch etwas sagen. Vielredner werden nämlich oft von der Gruppe zum Weiterreden durch Blickkontakte angeregt. Möglichst *alle Beteiligten* in die Diskussion und den Entscheidungsprozeß mit *einzubeziehen,* ist eine wichtige und fruchtbare Gesprächsleiterfunktion.

Problemlösekonferenzen beinhalten Phasen, die je nach Autor unterschiedlich bezeichnet werden, aber gewöhnlich dasselbe meinen. In der „Problemphase", der „Phase der Bildgestaltung", der „Urteilsphase" und der „Entschlußfassung" finden wir wieder die uralten Buddhistischen Wahrheiten und die anscheinend universale Problemlösestruktur.

Diese Struktur kann als *Diskussions- und Konferenzstrategie* genutzt werden.

Der Berater kann sie als Vorgehensweise den Teilnehmern vorschlagen. Er wird dann auf deren Einhaltung flexibel achten, da Diskussionen immer wieder an Punkte zurückkehren können. Mit einer Wandtafel, auf der jeweils Punkte zu den Phasen gesammelt werden, kann er sogar Beiträge festhalten, die nicht in die gerade laufende Phase passen.

1. Schritt: *Problemdefinition/Problem wahrnehmen und beschreiben.*

Die verschiedenen Sichtweisen der Interaktionspartner zum Problem sollen dargestellt werden. Das Problem soll konkret beschrieben werden. Welche Gefühle und Gedanken habe ich dabei?
Ist es wirklich notwendig diesen Konflikt zu lösen? In welchen übergreifenden Zielen stimmt man immer noch überein? Wie muß man die gegenwärtigen Unterschiede im Lichte dieser Ziele sehen?

Effekt: Das Problem kann anders gesehen werden.

2. Schritt: *Bedingungsanalyse/Problem in Zusammenhänge stellen und analysieren.*

Die Bedingungen müssen geklärt werden, die zu dem Problem führen oder das Problem aufrecht erhalten, z. B. wann tritt das Problem auf? Was geht voraus? Was folgt danach?

Effekt: Veränderbare Bedingungen können erkannt werden.

3. Schritt: *Zielanalyse und Lösungsauswahl/mögliche Ziele aufstellen und Lösungen sammeln, danach auswählen.*

Was wollen *alle* Beteiligten erreichen? Welchen Weg, welches Verhalten wählen die Beteiligten?
Der Ratsuchende kann sich jetzt darüber klar werden, ob er überhaupt eine Problemlösung möchte, nachdem er das Problem genauer sieht. Jetzt werden die Ziele möglicher Veränderungen aufgestellt. Entsprechende Lösungen sollen ungezwungen und zunächst ohne Wertung gesammelt werden. Auch außergewöhnliche Lösungen werden beachtet. Anschließend werden die Lösungs- und Fehlmöglichkeiten theoretisch auf Brauchbarkeit hin bewertet und ausgewählt; es wird gefragt, ob die Lösungen durchführbar sind und die Ziele angestrebt werden können.

Effekt: Mögliche Ziele und Lösungsmöglichkeiten werden erkannt. Es entwickelt sich Einsicht.

4. Schritt: *Lösungsrealisation/Lösungen durchführen.*

Die Bedingungen für die Durchführung der Lösungen werden geplant und organisiert. Danach wird versucht die Lösung durchzuführen.

Effekt: Möglicher Problemlösungserfolg.

5. Schritt: *Lösungskontrolle/die Lösung wird von allen bewertet.*

Ziel und realisierte Lösung werden verglichen. Wenn das Ziel nicht erreicht wird, wird überprüft, bei welchen Schritten mögliche Fehler gemacht wurden.

Effekt: Erfolge werden kontrolliert. Scheinerfolge werden eher vermieden.

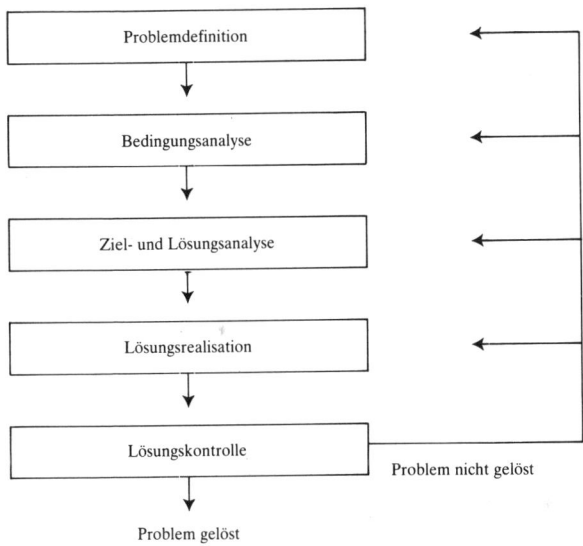

Bei jedem Schritt kann der Prozeß abgebrochen werden, wenn die Einsicht vorliegt, daß das Problem kein Problem mehr ist.

1.8.4 Probleme der Systemberatung von Gruppen und Organisationen

Viele dynamische Interaktionen kommen in Gruppengesprächen ins Spiel. Bestimmte Gruppenmitglieder dominieren, andere hören nicht zu und wenden sich frustriert ab. Die Anwesenheit eines Konferenz- und Gesprächsleiters weckt bei vielen Beteiligten das Bedürfnis, Verantwortung für den Gesprächsverlauf und die Ergebnisse allein an den Leiter zu delegieren. An die gemeinsame Verantwortlichkeit aller Gruppenmitglieder appelliert die partnerzentrierte Grundhaltung. Damit wird nicht ausgeschlossen, daß Strukturierungshilfen genutzt werden und Mitglieder bereit sind, bestimmte Führungsaufgaben zu übernehmen.

Da aber Konflikte in Gruppen und Institutionen an der Tagesordnung sind, muß der Berater mögliche Ursachen und Zusammenhänge auf der Metaebene reflektieren (s. Kap. 3 Kommunikationsprozesse in der Beratung).

Ein Grund für erfolgloses Beraten ist die, trotz gegenteiliger Beteuerung, fehlende Bereitschaft vieler Gruppen und Organisationen, etwas ändern zu wollen. Problemanalysen werden verschleiert und verdrängt.

Wenn die oberste Regel die ist, daß keine neue Regeln mehr eingeführt werden dürfen, ist Entwicklung nicht mehr möglich.

So gibt es Systeme, die eine so harte autoritäre Beziehungsrealität haben, daß dort nur eine Entweder-Oder-Logik „Entweder Du machst das so, oder Du fliegst heraus" herrscht. Mit diesem ständigen Damoklesschwert der Bestrafung und Trennung wird eine Pseudo-Harmonie erzeugt und Ambivalenz nicht zugelassen.

Im Gegensatz dazu kann die oberste Regel, daß es keine neue Regel geben darf, auch so verfolgt werden, daß nichts festgelegt wird. Man vermeidet es, Beziehungen zu definieren. Es gibt keine Regeln, Kompetenzen und gesicherte Bedeutungen.

Man übernimmt keine Verantwortung und versucht, andere dadurch zu kontrollieren, indem man sich unangreifbar macht.

Während sich Spannungen in der harten Beziehungswirklichkeit als psychosomatische Störungen entladen können, werden im weichen Umfeld psychotische Verhaltensweisen beobachtet.

Um ja nichts falsch machen zu müssen, hört man im Extremfall auf zu handeln und zu sprechen. In solchen Gruppen spricht man gewöhnlich im Konjunktiv, per „man" („man macht das so") oder in Allgemeinplätzen. Diese beiden Beziehungsrealitäten wirken deshalb so rigide und krankmachend, weil sie mit dem Anspruch und dem Glauben verbunden sind, daß man die richtige Wirklichkeit kennt und weiß, wie sich die anderen verhalten sollen. Das schließt letztlich dritte Wege und Sowohl-als-auch-Lösungen aus. Unter diesen Prämissen werden Beziehungsklärungen zu einer immer wiederkehrenden Frustration und bringen kein Ergebnis. Das muß sich der Berater vor Augen halten. Mit Hilfe von Schuldzuschreibungsprozeduren wird in solchen Gruppen ein Sündenbock für das Problem gesucht, der als Indexpatient dem Berater oder Therapeuten „zur Reparatur" übergeben wird. Auch eine ungenügende Problemanalyse mit vorschnellen Lösungsversuchen ermöglicht das Abwälzen von Problemen auf andere.

Solche Konflikte werden auch in einem andauernden Kompetenzgerangel und Konkurrenzkampf sichtbar. Jeder meint die „richtigere" und „bessere" Sichtweise zu haben. In einem solchen Klima wird man jede Aussage abwägen, um nicht zuviel von sich selbst zu offenbaren und um sich keine Blöße zu geben. Unter Konkurrenzdruck und Kontrolle eventuell anwesender Vorgesetzter können solche Gespräche sehr anstrengend werden. Es ist nicht erstaunlich, wenn in solchen, an Prüfungssituationen erinnernden Gesprächen mit Imponiergehabe Punkte gesammelt werden oder mit anderen Fassadentechniken, wie Schweigen, gute Miene zum wenig vertrauensvollen Spiel gemacht wird.

Wir warnen davor, die genannten Probleme sofort direkt und frontal anzusprechen. Es bestünde die Gefahr, daß sich Mitglieder dieses Systems zusammenschließen, um gegen den Berater zu koalieren. Ist die Position des

Beraters noch nicht gefestigt, können solche Koalitionen sogar mit Unterstützung der Leitung und Mächtigen der Institution laufen. Systemtheoretisch liegt der erste entscheidende Schritt für den Berater darin, einen *Zugang zu allen Beteiligten* zu schaffen, bevor irgendwelche Änderungen angestrebt werden, denn eine erfolgreiche Neustrukturierung erfordert häufig, daß die Strukturen, die letzten Endes angegriffen werden sollen, zunächst einmal gestützt werden (Minuchin 1983).

Zugang zum System, einer Familie, Gruppe oder Institution zu finden, heißt nichts anderes als Rapport herzustellen.

Ist der Rapport hergestellt, kann der Berater mit Hilfe von Strukturen, wie dem kooperativen Problemlösen, versuchen, eine funktionale Kommunikation zu fördern, um dann das System zu anderen Deutungen und Lösungsmöglichkeiten zu führen.

Dabei darf der Berater nicht die Freiheit aufgeben, Interventionen vorzunehmen, die das System zwingen, sich seinerseits so an ihn anzupassen, daß sich etwas bewegen läßt. Wenn wir als abhängige Berater in einer großen Institution beschäftigt sind, kann diese Freiheit allerdings schnell eingeschränkt und unser Zugang und damit unsere Arbeitsweise durch die Organisationsleitung und hierarchische Ordnung so definiert werden, daß wir keine verändernden Interventionen anregen dürfen, sondern nur Legitimationszwecken dienen. Mit einer abwartenden, passiven Haltung können wir dann ebenso schnell an den Rand und in die Isolation gedrängt werden, wie mit zu viel Initiative. Berater müssen also flexibel ihre Position und Person in der Organisation reflektieren.

Verlangt die Leitung vom Berater alles zu machen, wird er schnell zum Ventil der dysfunktionaler Kommunikation und Konflikte innerhalb der Organisation. Er kann nicht die Zauberer- und Magierrolle spielen, die man von ihm erwartet.

Im ungünstigen Fall versuchen die Beteiligten, statt an den „mächtigen" Vorgesetzten die Verantwortung zurück an den Berater zu delegieren. Man projiziert die eigene Einfluß- und Hilflosigkeit gegenüber den Entscheidungsprozessen auf den einflußlosen Berater. Da aber Vorgesetzte in autoritären Systemen selten den Mut haben, gegenüber Untergebenen systemimmanente Probleme anzusprechen, sondern eher auf Harmonie mit den Untergebenen, eventuell sogar durch Feindbilder und Schuldprozeduren abheben, wird der Berater entweder unerwartet selbst als ein Sündenbock oder Werkzeug zwischen den Blöcken zerrieben.

So kann er beispielsweise den Auftrag bekommen, die Probleme der Mitarbeiter direkt anzusprechen. Läßt er sich instrumentalisieren, d. h. macht er dies und kommt so in den Konflikt mit den Untergebenen, die sich nichts vom Berater sagen lassen wollen, tritt der Vorgesetzte unerwartet als Retter und Beschützer seiner Untergebenen auf.

Wie sollte er zur Achtung und Klärung von Kompetenzgrenzen beitragen können, wenn die Leitung der Organisation seine eigenen Kompetenzgrenzen nicht anerkennt?

Wie soll er an einem Vertrauensklima mit positiven Beziehungsaspekten und Kooperation mitwirken können, wenn ihm die Mächtigen der Institution mißtrauen und die Schwachen ihn als Verbündeten der Mächtigen erleben?

Wie sollen flexible statt starre Regeln entwickelt werden können, wenn in einer Organisation keine Fehler gemacht werden dürfen?

Gerade in Einrichtungen mit einer ausgeprägten Helferideologie wird eigenes Versagen, schnell auf die Fehler der Abhängigen projiziert. Wenn ich als Erzieher, Lehrer oder Ausbilder beispielsweise nicht mal „aus der Haut fahren" und schlecht gelaunt sein darf, mir das aber trotzdem passiert, muß ich mein „Versagen" doch mit noch stärkerem Fehlverhalten des Abhängigen begründen.

Wenn Selbstoffenbarungsängste reduziert, wenn Schuldzuschreibungen für neue Lösungs- und Verhaltensschwierigkeiten durchbrochen werden sollen, muß ein positives Betriebsklima vorhanden sein, für das der Berater aber alleine keine Verantwortung tragen kann.

Berater werden schnell durch die Menge von allgemeinen und relativ unkonkreten Problemangeboten oder die Erwartungshaltung der Ratsuchenden überfordert.

Oft soll er wie ein Magier wissen, wo es im Betrieb oder der Einrichtung überall brennt. Während man von ihm eine Informationspflicht erwartet, wird er selbst nicht sofort informiert, sondern er erfährt auf Umwegen von problematischen Ereignissen. Er wird schnell zum Legitimationsmittel für Nicht-Verändern-Wollen, wie „wenn der Berater sich darum kümmern würde, dann würden wir...". Da der Berater aber nicht überall sein kann, muß er sich vor unrealistischen Arbeitserwartungen schützen und für die Beratungssituation fordern, daß sich die Mitglieder des Systems an ihn wenden müssen, wenn sie ein Problem sehen oder sich etwas Problematisches ereignet und nicht umgekehrt.

Gelingt es ihm, das in seiner Arbeitsdefinition mit dem System festzulegen, schlägt er zwei Fliegen mit einer Klappe: Das System ist so gezwungen, seine Bereitschaft zur Zusammenarbeit nicht nur verbal (Lippenbekenntnis), sondern auch praktisch zu bekunden, indem es sich an den Berater mit einem konkreten Problem wendet. Außerdem verzettelt sich der Berater nicht in Scheinproblemen, die ihm eher gezwungenermaßen vom System angeboten werden, weil er gerade da ist.

Unsere Chance wächst einerseits mit dem Leidens- und Veränderungsdruck, den ein Problem unausweichlich hervorruft, gerade wenn alte Problemlösungen nicht mehr funktionieren, und andererseits mit dem Verständnis, das die Beteiligten unserer Arbeit entgegenbringen.

Mit dem kooperativen Problemlösen haben wir den Versuch angesprochen, das Problem offenzulegen und möglichst alle Beteiligten zur Mitarbeit auf der Suche nach einer Problemlösung zu bewegen.

Der Berater sollte dabei

1. die hierarchische Ordnung beachten, wenn er seine Beziehungen und Rolle definiert,
2. die Beteiligten der Institution über seine Funktionen und Arbeit im Pro-blemlöseprozeß unterrichten und
3. aktiv offene Allianzen und kooperative Problemprozesse, die zeitlich begrenzt sind, anregen.

Um Zugang zur Gruppe oder zur Organisation zu gewinnen, um an einem Vertrauensklima mitzuwirken, in dem negative Beziehungsaspekte und Konkurrenz zurücktreten, und um eine funktionelle Kommunikation zu fördern, müssen die „Mächtigen" des Systems hinter der Arbeit des Beraters stehen. Sonst kann dieser nichts ausrichten. Obwohl der Berater daher die „Mächtigen" für seine Arbeit gewinnen muß, darf er mit ihnen keine *verdeckte Koalition* eingehen, da er sonst den Zugang zu den anderen Beteiligten verliert.

Gerade bei dysfunktionalem Arbeits- und Betriebsklima wird der Berater viele verdeckte Koalitionsangebote und vertraulich zugespielte Informationen erhalten.

Verdeckte oder verleugnete Koalitionen sind als Interaktionen zwischen Personen unterschiedlicher hierarchischer Ebenen gegen eine andere Person definiert, z. B. wenn sich der Leiter einer Einrichtung mit einem Untergebenen gegen dessen Abteilungsleiter verbündet oder wenn der Leiter einer Einrichtung mit dem Berater gegen den Untergebenen oder der Berater mit dem Untergebenen gegen den Leiter arbeitet. Solche Koalitionen werden gewöhnlich geleugnet und führen zu starken emotionalen Abhängigkeiten und Wahrnehmungen der Koalitionspartner. Wir finden sie in autoritären Systemen vor allem als *Prinzip Intrige*.

Dem Prinzip Intrige kann man das kooperative Problemlösen mit offenen Allianzen entgegenstellen.

„Wer also ausgleichen will, muß faire Besprechungen führen und geduldig überzeugen. Sicherlich hilft vorbildliches Verhalten des Managements, nämlich jedem klarzumachen, daß Intrigen zu den unfeinen Verhaltensweisen gehören und als Foul gewertet werden. Bereits ein offener Appell, ‚nicht gegeneinander zu intrigieren', kann das Signal dazu setzen. Wirksam wird das aber erst, wenn man der Konfliktauflading nicht nur als Vorbild und verbal entgegenwirkt, sondern auch dadurch, daß man modernen Methoden z. B. des sogenannten ‚Entscheidungstrainings' Raum gibt. Die Vertreter dieser Idee, eines Planes jenseits der Barrieren zwischen Menschen, gehen davon aus, daß es nirgendwo bessere Kenner der Sachprobleme eines Systems gibt als im System selber. Beratung von außen sei vergeblich, weil sie noch mehr Widerstände im System erzeuge. Vielmehr müsse man diese widerstreitenden Meinungen mit gruppendynamischen Methoden transparent machen und die Gruppe so moderieren, daß auch der letzte Widersacher in der Gruppe sich überzeugen lassen will. Die Verfechter sagen: Gewiß, die Tatsachen sind komplex, aber was die Probleme verschlimmert, sind die eifernden, miteinander zerstrittenen Menschen. Sie zu einer gegenseitigen, neuen Zielorientierung zu bringen, dafür wurde diese Methode entwickelt." (Pourry 1986) Der Berater kann in Abstimmung mit der Hierarchie nach einer angemessenen Beobachtungszeit ein Arbeitsprogramm aufstellen, in dem seine Kompetenzen und seine Funktionen deutlich werden und sich nicht als „Koalitionen gegen" ... oder „Bundesgenossenschaft mit ..." definieren lassen.

„Er tritt als ‚Bundesgenosse' auf, was die Bemühungen um die Lösung des anstehenden Problems angeht und zwar als ein Bundesgenosse, der auf die Meinungen und Standpunkte aller Mitglieder der Institution achtet, unabhängig von ihrer jeweiligen institutionellen Rolle. Diese Botschaft bildet die Grundlage für Beziehungen, die ihrerseits auf Allianz gründen. ... Wir können von einer Allianz sprechen, wenn zwei oder mehr Personen ihre Beziehung zueinander auf der Basis eines gemeinsamen Zieles definieren, das sie anstreben. Das Ziel ist allen Mitgliedern der Institution deutlich bekannt, und die Beziehung zwischen den Allianzpartnern ist eine Zwitternatur. Zudem bilden die Allianzpartner keine schwache und geschlossene, sondern eine offene Gruppe, die auch weiteren Mitgliedern Zutritt bietet, soweit diese ihre grundsätzlichen Annahmen jedenfalls teilen" (Selvini Palazzoli u. a. 1984, Seite 264 ff.). Der Berater darf sich nicht hindern lassen, sein System der Allianz zu verändern, wenn sich die Situation und das Problem gewandelt haben.

Fassen wir zusammen:
Kooperatives Problemlösen benötigt funktionale Kommunikation mit relativ offenen Informationsangeboten und Allianzen, die mit Hilfe der hierarchischen Ordnung organisiert werden. Wenn alle am Problemlöseprozeß Beteiligten Verantwortung für ihren Teil übernehmen sollen, muß man das ihnen zutrauen und ihnen entsprechende Hilfen in Form von Feed-back, Anregungen, organisatorische Mittel, Fortbildung usw. anbieten. Dazu müssen die Organisationsleiter Verständnis für die Probleme und die Hilflosigkeit der Beteiligten entwickeln und unreflektierte Besserwisserei zurückstellen. Denn die „Mächtigen", d. h. das Management ist für funktionale Kommunikation zuständig und darf sich nicht mit einem vorgeschobenen Berater aus der Verantwortung ziehen. Der Berater kann hier nur Hilfestellung geben, nicht aber die Verantwortung übernehmen.

1.9 Einwände gegenüber der partnerzentrierten Gesprächsführung

Wesentliches Ziel des partnerzentrierten Ansatzes ist es, den Ratsuchenden zur eigenen Einsicht, zur Selbsthilfe und Verantwortung anzuregen. Der Ratsuchende soll ernst genommen werden und im Mittelpunkt des Beratungsprozesses stehen. Wenn man diese Ziele betrachtet, ohne dahinter liegende Beratungsprozesse zu beachten, könnte der Eindruck entstehen, als ob der Berater nur das Problem zurückgibt und sich jeglicher Verantwortung entledigt.

– Kann ein Klient, der jahrelang gehorchen lernte, durch Situationsdruck geleitet wurde und wenig Spielraum für individuelle Selbstverwirklichung hatte, plötzlich Probleme selbstverantwortlich lösen?
– Kann er überhaupt sein Problem verbal ausdrücken und sich mit ihm kognitiv auseinandersetzen?
– Erlaubt der zeitliche und organisatorische Rahmen überhaupt eine Lösung durch Selbsthilfe?
– Erfordern nicht viele Probleme Experteninformationen?
– Kann ein Berater, der Lösungen kennt und gerne Ratschläge erteilt, sich zurückhalten?
– Widersprechen sich nicht oft gesellschaftliche zwingende Lösungen und Lösungen, die sich der Klient wünscht?

Das Zuhören als aktiver Prozeß ist mehr als nur das Zurückgeben, Abwehren des Problems und ein sich Selbstüberlassen des Ratsuchenden. Im Berater spiegelt sich das Problem des Ratsuchenden. Der Ratsuchende kann das Problem quasi in diesem Spiegel sehen, der nicht sofort wertet, abblockt und Lösungen aufdrängt. Dieser Spiegel gibt das Problem verändert wieder. Er entzerrt Gefühle und Bedingungszusammenhänge. Diese Prozesse, ausgelöst durch die partner-zentrierte Grundhaltung, können in unterschiedlichen Beratungssituationen genutzt werden.

Wir haben deshalb auf den Ausdruck „nicht-direktive Beratung" verzichtet, da die partnerzentrierte Grundhaltung eines Beraters auch in Konfliktgesprächen und anderen eher direktiveren Beratungsansätzen (wie z. B. Verhaltensthera-pie) notwendig ist, wenn sich zwischen Berater und Ratsuchenden eine tragfähige vertrauensvolle Beziehung entwickeln soll. Eine tragfähige ver-trauensvolle Beziehung ist Voraussetzung, daß sich die Ratsuchenden einen persönlichen Notstand eingestehen und zu sich selbst Kontakt aufnehmen können.

Sicher will der partnerzentrierte Ansatz nicht nur das Bewußtsein bei Ratsuchenden verändern und ansonsten alles beim Alten lassen. Wenn der Ratsuchende selbst bereit und überzeugt ist, etwas zu verändern, können ihm Hilfestellungen (z. B. verhaltenstherapeutischer Art) angeboten werden. Er wird allmählich zur Verantwortung geführt.

Probleme sind allerdings durch schichtspezifische Sprachbarrieren gegeben, denen der Berater wahrscheinlich nur dadurch begegnen kann, daß er Situationen schafft, in denen der Ratsuchende zu freiem Ausdruck ermutigt wird. Der Berater muß die schichtspezifischen Differenzen und kognitive Struktur des Ratsuchenden anerkennen (Akzeptanz).

Berater, wie z. B. Beratungslehrer, können unter zeitlichem Druck stehen, die eine langwierige klientenzentrierte Beratung behindern, aber an seiner klientenzentrierten Grundhaltung nicht rütteln müssen. Ebenso müssen infor-matorische Beratungen der Grundhaltung nicht widersprechen. Sie beinhalten den Anspruch, daß sich der Berater Rückmeldung darüber verschafft, wie der Ratsuchende die Information aufgefaßt und verstanden hat.

Damit diese Grundhaltung nicht durch bloße Gesprächstechnik erstarrt und jegliche Spontaneität in der menschlichen Kommunikation verloren geht, wurde als wichtige Beratervariable die Echtheit eingeführt, die dem Berater vor allem außerhalb des Beratungsprozesses nicht verloren gehen darf, besonders wenn er persönlich in einen Konflikt verwickelt ist und ehrliche Antworten erwartet werden.

Ratsuchende sollten freiwillig zur Beratung kommen, fordert Rogers. Es ist allerdings fragwürdig, von Freiwilligkeit zu sprechen, wenn man überlegt, daß viele Ratsuchende unter einem enormen Leidensdruck und sozialen Druck stehen, viele Kinder und Jugendliche regelrecht in Beratungsstellen abgeliefert werden oder andererseits oft das Wissen über Beratungsmöglichkeiten fehlt und Furcht oder Abneigung vor einer Beratung bestehen.

Organisationen, Familien usw. haben als Systeme die Tendenz, sich soweit zu bewegen, daß es möglich ist, sich eben nicht zu verändern, heißt es in einer Systemregel.

○ Oft wird ein sogenannter schwieriger Fall oder das Problemkind beim Berater „abgegeben". Der soll es in Ordnung bringen, um es wieder in das System zu integrieren. Dabei ist doch klar: Jeder lehnt für seine Person die Definition des „Klienten" und Nutznießers des Beraters ab.

○ Durch Schuldzuschreibungsprozeduren werden der schwierige Fall oder sein Berater zum Sündenbock erklärt, wenn sich das Problem nicht lösen und wieder integrieren läßt. Lehrer suchen das Problem im betreffenden Schüler oder in seiner Familie, selten in der Schule oder der Unterrichtsgestaltung begründet. Umgekehrt schreibt die Familie der Schule und dem Lehrer alle Schuld zu...

○ Das System sucht sich die Bestätigung des eigenen Standpunktes durch den Berater. Der Berater wird in eine Richterrolle gedrängt, in der er möglichst wissenschaftlich das Problem und dessen Unlösbarkeit bestätigen soll.

Letztenendes wird dann der Problemschüler in einer besonderen Einrichtung zur Reparatur überwiesen, wenn es dem Berater nicht gelingt, Zugang zu allen am Problem Beteiligten zu gewinnen und das Problem kooperativ in die Mitte zu legen. Der Berater darf deshalb weder als Ankläger und Kritiker, noch als Therapeut, noch als pädagogischer „Überfachmann" auftreten.

Der Berater sollte sich vom Ratsuchenden versichern lassen, daß er zur Mitarbeit bereit ist. Setzt er damit den abwartenden Ratsuchenden nicht selbst unter Druck? Vielleicht ist es besser, wenn der Berater mit dem Klienten zunächst die Situation definiert und dem Ratsuchenden zeigt, wer ihm helfen kann und will.
Der Berater soll und kann nicht die Anlaufstation sein, die im Notfall die Probleme übernimmt, um andere damit zu entlasten. Kollegen und Eltern zur Mitarbeit zu gewinnen, ist eine schwere, aber entscheidende Überzeugungs- arbeit, die beim Berater die Bereitschaft voraussetzt, seine Rolle offen darzulegen und seine bescheidene Kompetenz als Vermittler zu verdeutlichen. Er muß davon ausgehen, daß Mißerfolge auf ihn zurückgeführt werden und die „Problemanden" Erfolge sich selbst zuschreiben.

1.10 Einführende Anmerkungen zum Praxisteil

1.10.1 Absichten und Ziele

Der vorliegende Praxisteil zur Gesprächsführung in Beratungssituationen ist der umfangreichste und detaillierteste von allen anderen Kapiteln. Zum einen wollen wir damit einen eindeutigen Schwerpunkt unserer Arbeit setzen, daß nämlich der Erwerb von Beraterkompetenz nicht durch das „Anlesen" von Fachliteratur zustandekommen kann, sondern erst durch gemeinsames Erarbeiten, Erproben und Erfahren in einer kleinen Gruppe eine Basis erhält. Beraten als soziale Kompetenz kann nur durch Interaktion mit zumindest einem Ansprechpartner auf seine Wirksamkeit überprüft und kritisch hinterfragt werden. Zum anderen wollen wir anhand konkreter und ausführlicher Darstellungen der praktischen Gesprächsführung all jenen behilflich sein, die entweder in Gruppen ohne Leiter (z. B. Studenten, Lehrer) oder als Ausbilder von Gruppen mit Übungsmaterial umgehen wollen oder müssen.

1.10.2 Gliederung

Die Verwendung von praxisnahen Übungen versuchen wir durch eine straffe inhaltliche Strukturierung zu unterstützen, zugleich wird damit eine kognitive Orientierung über den Lern- bzw. Vermittlungsstoff ermöglicht. Der Praxisteil Gesprächsführung gliedert sich in sechs Arbeitseinheiten, die inhaltlich jeweils einen Schwerpunkt in der Gesprächsführung repräsentieren:

Arbeitseinheit 1: Ausschalten von groben Fehlern
Arbeitseinheit 2: Zuhören und Verstehen
Arbeitseinheit 3: Paraphrasieren
Arbeitseinheit 4: Verbalisieren emotionaler Erlebnisinhalte
Arbeitseinheit 5: Strukturierte Gespräche
Arbeitseinheit 6: Umgang mit schwierigen Beratungssituationen.

Die Reihenfolge der Arbeitseinheiten hält sich eng an den theoretischen Vorspann und soll in Wechselwirkung zu diesem stehen, d. h. das Arbeiten mit dem Übungsmaterial ist ohne die einführenden Theoriekenntnisse „bodenlos" und umgekehrt bleibt das bloße Lesen der Theorie farblos und trocken und vermittelt höchstens Wissenskompetenz statt Beraterkompetenz. Jede Arbeitseinheit enthält Angaben
– über den Arbeitsschwerpunkt (z. B. Paraphrasieren)
– über die angestrebten Lernziele
– über die verwendeten Lerngruppierungen und Methoden
– über die Durchführung
– über die Auswertung.

1.10.3 Zeitangaben

Die am Ende jedes Übungsschritts vermerkte Zeit darf nur als Richtwert gesehen werden. Eine Über- bzw. Unterschreitung der Übungsdauer kann zustandekommen durch das unterschiedliche Engagement der Teilnehmer, durch die Zahl der Gruppenmitglieder und durch die Zeit, die einem Gruppenleiter zur Arbeit zur Verfügung steht.

1.10.4 Medieneinsatz

Die Verwendung von audiovisuellen Medien hat sich für Ausbildungsgruppen sehr bewährt, weil die mittlerweile unkomplizierte Bedienung ein beliebiges Aufnehmen, Konservieren und Abrufen von Information ermöglicht.
Gespielte Beratungssituationen bleiben somit keine flüchtigen Augenblicke, die im Nachhinein von den Teilnehmern unterschiedlich wahrgenommen und beurteilt werden, sondern bieten allen die gleiche Grundinformation. Über die gemeinsame Analyse dieser Information (z. B. Beraterverhalten) ist es möglich, Prozesse wahrzunehmen, zu benennen und gegebenenfalls Verhalten zu korrigieren. Erst der Einsatz von Medien, dazu gehört auch das Tonband für das Festhalten von sprachlicher Kommunikation, gewährleistet in Verbindung mit Selbst- und Fremdbeobachtung die Reflexion eigenen Handelns.

1.10.5 Methoden und Lernarrangements

Das vorliegende Übungsmaterial ist auf Lernen in Gruppen hin konzipiert und kann deshalb alle Spielarten sozialer Gruppierungen einbeziehen, einschließlich der für diese Personengruppen geeigneten didaktischen Verfahren. Im folgenden werden diese Arbeitsformen aufgezählt und begründet. Sie sind hierarchisch geordnet und werden zunehmend komplexer und personenzentrierter hinsichtlich der Aktivität und der Selbstbetroffenheit der Teilnehmer.

Plenum

Das gemeinsame Betrachten eines Videofilms, Diskussion oder das Anhören von Lehrvorträgen (die in unserer Konzeption ganz fehlen) sind im Plenum möglich. Diese Arbeitsform ist eher auf Konsum denn auf Aktivität bedacht und schafft eine persönliche Distanz zu dem jeweiligen Thema.

Kleingruppe

Das Engagement der Teilnehmer kann bei dieser Arbeitsform stark ansteigen (z. B. durch größere Redezeit für jeden). Interpersonelle Beziehungen und ihre Dynamik werden spürbar und garantieren somit die Basis für den Erwerb sozialer Kompetenzen (siehe auch Kapitel 5). Die nachfolgend angeführten Methoden sind nur in dieser Kleingruppenformation ergiebig.

Erfahrungsberichte

Die Teilnehmer berichten über Erfahrungen aus der zeitlichen und räumlichen Distanz, reflektieren über Vergangenes und mobilisieren damit Vorerfahrungen zu einem bestimmten Thema. Die Vorgänge der Berichterstattung (z. B. „mein erstes Beratungsgespräch mit einem Verwandten") entziehen sich der Kontrolle durch andere und wirken damit angstreduzierend beim Berichterstatter.

Schriftliche Einschätzübungen

Vorbereitetes Material muß inhaltlich ergänzt werden, entweder nach vorgegebenen Antwortkategorien (sehr-mittel-weniger-gar nicht) oder frei, z. B. „Nennen Sie 3 Beispiele für bewertendes Beraterverhalten". Die persönliche Entscheidung und Stellungnahme wird bei diesem Verfahren erforderlich und kann entsprechend der Aufgabe öffentlich dargelegt werden, z. B. im Partnergespräch oder vor der Kleingruppe. Diese Arbeitsform wirkt entlastend für den einzelnen, denn sein soziales Handeln „steht noch auf dem Papier" und bewegt sich entlang vorgegebener Denk- und Lösungsmuster.

Rollenspiele

Das Einüben und Überprüfen sozialen Handelns in der Realität geschieht sehr effektiv durch das Rollenspiel, das von zwei oder mehr Personen, mit oder ohne Beobachter, durchgeführt wird. Bei Rollenspielern in der Gesprächsführung wird es sich zumeist um Berater und Ratsuchende handeln, die sich im Anschluß an die Spielphase Auskunft über ihr gegenseitiges Erleben und Erfahren geben können. Kommt ein Beobachter hinzu, wird damit eine Kontrollinstanz eingeführt, die soziale Prozesse und Wahrnehmungen distanzierter rückmelden kann. Was sich sonst zwischen zwei Rollenspielpartnern gewissermaßen „intim" abspielt, wird damit einer winzigen „Öffentlichkeit" zugänglich. Dies wirkt auf viele Teilnehmer anfangs angstauslösend, besonders wenn es sich um erste Gehversuche im Beraterverhalten handelt.

Rollenspiele sind zwar unerläßlich in der Gesprächsführung, müssen aber sorgfältig und allmählich eingeführt werden, um Gefühlen der Inkompetenz und natürlichen Hemmungen gerecht zu werden. Das „hemmungslose" Agieren der Teilnehmer stellt sich erst nach gewisser Zeit ein.

Eine besondere Variante des Rollenspielens ist das Modellrollenspiel: In der Beratung erfahrene Gruppenleiter oder -teilnehmer spielen modellhaft jene Interaktionen vor, die gerade thematisiert werden. Dabei kann sich der Zuschauer zwar auf eine rezeptive Haltung zurückziehen, die aber, positiv gewendet, gleichzeitig durch die nichtrepressive Situation angstabbauend wirken kann.

1.10.6 Warming-up

Dieser gruppendynamische Begriff hat bei der Ausbildung in Gesprächsführung eine besonders zentrale Bedeutung. Das darunter zu verstehende „Anwärmen", „miteinander Warmwerden" kann auf vielfältige Weise realisiert werden, z. B. durch gemeinsames Biertrinken, über sich selbst erzählen oder aber durch gezielte gruppenpädagogische Interventionen.

Warum ist das warming-up für eine Gruppe, die längere Zeit miteinander arbeiten will, so notwendig? Weil das schrittweise Einüben in die Beratungstätigkeit nicht einfach nur Stoff vermitteln bzw. Stoff erlernen bedeutet, sondern weil jeder einzelne dabei etwas von sich persönlich einbringen muß: seine Vorerfahrungen, seine Erwartungen, seine Befürchtungen, seine Ängste, sein noch mangelhaftes Beraterverhalten usw. Damit gibt der künftige Berater Auskunft über sein persönliches Basisverhalten, das die Grundlage für modifizierbare Beratergespräche abgibt. Denn dem Lernwilligen soll niemals grundsätzlich neue und befremdende, professionelle Kommunikation „übergestülpt" werden wie ein Fremdkörper, sondern er soll für ihn akzeptable Elemente in sein natürliches und für ihn typisches Verhalten integrieren. Damit löst er auch im wesentlichen die Roger'sche Klientenvariable der sog. „Echtheit" des Beraters ein. Angstfrei, echt und spontan agieren (z. B. im Rollenspiel) kann nur der, der sicher ist, daß die anderen Teilnehmer ebenso offen sind und einander mit Vertrauen begegnen und nach außen hin verschwiegen sind. Dies erfordert die Aufhebung der anfangs hemmenden Anonymität in Lerngruppen. Die Formation einer Kleingruppe erleichtert dies durch die überschaubare Zahl ihrer Mitglieder.

Vorschläge zur Warming-up-Phase:

Kennenlernen mit der Bildkartei: Im Buchhandel erhältlich ist eine umfangreiche Fotosammlung, die Ausgangspunkt für eine vielfältige gruppenpädagogische Aktivität sein kann. Das Arbeiten mit diesen großformatigen Schwarzweißfotos empfiehlt sich immer dann, wenn Personen miteinander ins Gespräch kommen sollen, aber noch keinen rechten Zugang zueinander haben. Wir haben die Teilnehmer, jeden für sich, beliebig Fotos auswählen lassen, die sie dann nach erfolgter Partnersuche sich gegenseitig vorstellten. Die Motive bei der Bildwahl und das anschließende gemeinsame Gespräch enthalten eine Fülle von persönlichen Daten, die die gegenseitige Anonymität abbauen helfen. Weiter wird durch das Zusammenfinden von jeweils zwei Paaren diese persönliche Information weitergegeben; geschieht dies durch gegenseitige Partnervorstellung („ich spreche jetzt für Klaus, was ich über ihn erfahren durfte ..."), fördert dies das gegenseitige aufmerksame Zuhören und das zeitweise Einfühlen in den anderen, beides grundlegende Elemente der nichtdirektiven Gesprächsführung. Wir nutzten das Medium „Bildkartei", um damit längerfristige Arbeitsgruppen zusammenzustellen.

Gesprächsregeln für eine Gruppe: Wichtigstes Medium bei der Gruppenarbeit zur Gesprächsführung ist die Sprache. Diese verbalen Interaktionen sollen bewußt gemacht und erlebt werden, da sie Teil der gemeinsamen Arbeit sind. Dies wird erleichtert durch einen Regelkanon, der Richtlinien abgibt, nicht aber dogmatisch einengen soll (Themenzentrierte Interaktion, Seite 138).

Gruppendynamische Übungen zum „Auftauen"

Die Auswahl gruppendynamischer Übungen in dieser Phase hängt wesentlich davon ab, ob sich die Teilnehmer untereinander schon kennen und welche Vorerfahrungen hinsichtlich der Gesprächsführung mitgebracht werden. Im folgenden werden zwei Übungen vorgestellt, die unabhängig von den genannten Kriterien eine aufgelockerte Ausgangssituation herstellen und den kreativen Umgang mit wenig Material erfordern.

Haus – Baum – Hund

Die Teilnehmer schließen sich paarweise zusammen, nehmen jeweils gegenübersitzend an einem Tisch Platz und erhalten pro Spielerpaar einen Stift und einen Bogen nicht zu kleines Papier. Die Spielanleitung zu dieser nichtsprachlichen Übung lautet: „Bei dieser Übung soll nicht gesprochen werden und keine Information mit dem Partner ausgetauscht werden, z. B. durch Nicken, Fingersprache, usw. Diese Spielregel ist sehr wichtig. Wenn ich das Zeichen gebe, nehmt bitte gleichzeitig gemeinsam den Stift und zeichnet nacheinander gemeinsam auf das Blatt einen Baum, ein Haus und einen Hund. Wartet dann bitte auf meine nächste Anweisung. Jetzt los!" Der Spielleiter achtet auf die Einhaltung der Regeln und gibt, wenn alle Paare fertig sind, die nächste Anweisung: „Nun gebt Euch bitte eine Note für diese gemeinsame Zeichnung. Eine Ziffernote. Schreibt diese gemeinsam unter Eure Zeichnung."
Im Anschluß werden die Zeichnungen paarweise ausgewertet nach Gesichtspunkten wie: – Wie habe ich das Zeichnen mit nur einem Stift erlebt? Den Hautkontakt? – Wie sehr konnte ich mich durchsetzen, wie sehr mußte ich mich, wollte ich mich unterordnen? – Was ist mir schwergefallen, was leicht gefallen? – Wie beurteile ich meine Zeichnung, wie mein Partner? – Geht es mir bei anderen Situationen ebenso? Erfahrungsgemäß löst dieses Spiel eine ungeheure Heiterkeit bei den Mitspielern aus, denn die Zeichnungen werden meist sehr skurril, witzig und kindlich ausfallen. Diese Übung ist für den Einstieg und für alle Altersgruppen geeignet.

Zeitungserwartung

Etwas ernster ist die folgende Übung, die aus dem Herstellen von Symbolen besteht. Der Spielleiter legt einen Stoß Zeitungspapier auf den Tisch und sagt: „Jeder von Euch nimmt sich ein doppeltes Zeitungsblatt und versucht damit, seine Erwartungen bezüglich dieses Seminars symbolisch darzustellen. Weitere Hilfsmittel gibt es nicht. Mit dieser Zeitung könnt Ihr machen, was Ihr wollt, sie zerreißen, falten, zerknüllen, usw. Euer Symbol soll die Erwartung darstellen, die Ihr mit diesem Seminar verbindet. Ihr habt dazu zehn Minuten Zeit." In der sich anschließenden Auswertungsphase soll jeder reihum zu seinem Symbol Stellung nehmen, es erklären und seine Erwartungen daran sprachlich darstellen. Mit dieser Übung wird viel über den einzelnen Teilnehmer in Erfahrung gebracht, über sein Vorwissen, seine Befürchtungen, seine Hoffnungen, seine Wünsche, seine Motive für das Seminar, usw.

1.11 Übungen

Arbeitseinheit 1: Ausschalten von groben Fehlern beim Beratungsgespräch

Lernziele:

1. Der Berater soll erkennen, daß es sowohl ungünstige Beratungsumstände als auch störendes Verhalten beim Berater selbst gibt, die von vornherein einen positiven Gesprächsverlauf in Frage stellen.
2. Durch bewußte Konfrontation mit störendem Beraterverhalten soll der Berater einerseits seine Wahrnehmung schulen und andererseits erleben, welche Gefühle beim Klienten damit ausgelöst werden.
3. Störendes Beraterverhalten soll eliminiert werden.

Methoden:

1. Stillarbeit: Sich erinnern an Gespräche, in denen die Teilnehmer selbst Ratsuchende waren, schriftliches Festhalten der Punkte, die sich als störend während des Gesprächs erwiesen.
2. Gruppenarbeit: Sammeln und Kategorisieren der Teilnehmerbeiträge nach einem einfachen Schema.
3. Modellrollenspiel durch den Gruppenleiter.
4. Gruppendynamische Übung: „Ballspielen ohne Ball". Auswertung der Übung und Transfer auf das Beratungsgespräch.
5. Einschätzübungen mit und ohne vorgegebene Antwortkategorien.

Durchführung:

1. Schritt: Die Teilnehmer werden aufgefordert, sich mit geschlossenen Augen an ein „Beratungsgespräch" in der Vergangenheit zu erinnern, in dem sie selbst Ratsuchender waren. Anschließend soll jeder für sich auf einem Blatt notieren

– um welche Situation und um welches Thema es sich handelte,
– welches störende Beraterverhalten erinnert wird,
– welche Gefühle dieses Verhalten beim Ratsuchenden ausgelöst hat (15 min.).

2. Schritt: Jeder Teilnehmer berichtet frei über seine Erinnerungen. Bei genügend großer Teilnehmerzahl wird das Spektrum der als störend erlebten Bestandteile des Beratungsgesprächs groß sein, weil unangenehme Erinnerungen als bleibende innere Spannung empfunden werden.
Ordnen und aufschreiben (Wandtafel, Wandzeitung) der Teilnehmereindrücke nach einem einfachen Raster.
Das Kategorisieren der Erinnerungen kann in ein freies „brainstorming" übergehen, d.h. die Liste wird beliebig erweitert (45 min.).

störende Beratungssituationen	störendes Beraterverhalten
zum Beispiel: – Gespräch im Lehrerzimmer – auf dem Gang – andere Zuhörer – Telefonanrufe – zeitliche Begrenzung – keine Sitzgelegenheit vorhanden	zum Beispiel: – Berater bleibt mit Namen und Funktion unbekannt – schaut auf die Uhr – ist abgelenkt, blättert in Papieren – Blickkontakt fehlt – Schweigen – abwinken („das ist Ihnen ein Problem"?) – weiß auf jede Frage eine Antwort – ablehnender Gesichtsausdruck, Körperhaltung – jammert über eigene Probleme – Probleme des Ratsuchenden nicht akzeptieren

3. Schritt: (Kann auch als Alternative zu Schritt 2 gesehen werden): Um allen Teilnehmern die gleiche Ausgangsbasis (Erleben von störendem Beraterverhalten und seine Auswirkung auf den Ratsuchenden) zu geben, demonstriert der Gruppenleiter im Rollenspiel mit einem Teilnehmer mehrere extreme Beratungssituationen, die jeweils nur wenige Minuten dauern sollen:

Berater – wertet und moralisiert
– redet selbst am meisten
– hat sofort eine Vielzahl von Ratschlägen parat
– zeigt desinteressierte Gesichts- und Körperhaltung
– wirkt abgelenkt und unter Zeitdruck.

Zwischen jeder Beratungssequenz sollen die Teilnehmer ihre Eindrücke schriftlich notieren (siehe Raster Schritt 1). Anschließend wird gesammelt, geordnet und die Liste beliebig ergänzt (siehe Schritt 2) (60 min.).

4. Schritt: Die folgende Übung dient der körperlichen Auflockerung und ermöglicht den Teilnehmern eine ungewöhnliche Selbsterfahrung, die eine zentrale Bedeutung für das Beraterverhalten hat: „Ballspielen ohne Ball".

Die Gruppe verteilt sich über den Raum. Der Gruppenleiter wirft einem Mitglied einen „gedachten" Ball zu, dessen Form er durch Hand, Körper und Wurfhaltung definiert, z. B. einen großen Medizinball. Der Empfänger nimmt den Ball entsprechend seiner Gestalt auf, formt ihn in seinen Händen um (z. B. umschließen die Hände jetzt einen kleinen Schlagball) und wirft ihn weiter. Der nächste fängt ihn, formt ihn um und gibt ihn weiter, und so fort. Möglich sind Faustball, Handball, Ping-pong-Ball, Wurfscheibe, Ball mit Schlaufe, Eisenkugel usw. Das Spiel geht etwa fünf Minuten.

Die Auswertung durch alle Teilnehmer klärt, welche Schwierigkeiten es gab, ob der Ball so aufgefangen wurde wie er abgeschickt wurde (präzise Wahrnehmung), und welche Empfindungen es beim Werfenden auslöste, wenn dies nicht der Fall war. Der Gruppenleiter zeigt anschließend die Gemeinsamkeit auf: Ball werfen – zu jemandem sprechen (Transfer). Ein abschließendes Gruppengespräch soll die Bedeutung dieser Übung für eine Beratungssituation zusammenfassen: was geschieht mit dem Ratsuchenden, wenn sein Problem, seine Fragen beim Berater nicht richtig „ankommen", nicht richtig „angenommen" werden? Wie sensibel reagieren wir auf das, was uns jemand sagt? Hören wir richtig zu? Verstehen wir richtig? Drückt auch unsere Körperhaltung Interesse aus?

Durch den weiten Transferbereich ist diese Übung auch hervorragend als Einstieg zu Arbeitseinheit 2: „Zuhören und Verstehen" geeignet, wenn eher die positiven, gelungenen Aspekte des „Zuwerfens" thematisiert werden sollen (30 min.).

5. Schritt: Nach dieser Demonstration von „Probleme des Ratsuchenden nicht sensibel genug annehmen" wird den Teilnehmern schriftliches Material ausgegeben, das Antworttendenzen enthält, die ein Berater unterlassen sollte. Solche Antworttendenzen sind: (nach Mucchielli, o. J.).

1. Wertende Antworten: Sie zeigen einen moralischen Standpunkt, beinhalten ein ablehnendes oder zustimmendes Urteil über den anderen;

2. Interpretierende Antworten: Der Berater versteht nur das, was er verstehen möchte; er drückt das aus, was ihm wichtig erscheint, läßt „Unwichtiges" weg; er verzerrt dadurch die Aussage seines Gesprächspartners. Oder er beginnt, gleich die Äußerungen seines Gesprächspartners zu deuten;

3. Tröstende Antworten: Sie sollen den Gesprächspartner ermutigen, beruhigen oder ablenken; das Problem wird etwas kleiner gemacht, der Gesprächspartner soll von extremen Reaktionen (Weinen, Wut etc.) abgehalten werden;

4. Nachforschende Antworten: Der Berater verlangt zusätzliche Informationen, die er für wichtig erachtet; er fordert den Gesprächspartner auf, nichts zu verschweigen, auch Einzelheiten können wichtig sein;

5. Antworten, die das Problem lösen: Sie enthalten einen Vorschlag, drängen den Gesprächspartner zum Handeln; sie nehmen dem Gesprächspartner die Verantwortung, zeigen ihm, wo's lang geht;

Anschließend erhalten die Teilnehmer ein weiteres Blatt mit einem winzigen Ausschnitt eines Fallbeispiels Nr. 1. Sie sollen jeder vorgefaßten Antwort eine der negativen Antworttendenzen (s. o.) zuordnen. Dies soll in Stillarbeit erfolgen ohne nachfolgenden Austausch und ist nur als Hinführung zum folgenden Übungsmaterial gedacht (20 min.).

6. Schritt: Die Teilnehmer sollen nun bewußt negative Beraterreaktionen auf den Fall Nr. 2 äußern.

Die Aufgabe lautet: „Füllen Sie die offenen Stellen gemäß den Antworttendenzen aus und suchen Sie sich dann einen Partner, dem Sie alle Ihre Antworten vorlesen. Dieser gibt Ihnen nach jeder Antwort eine Rückmeldung, welche Gefühle und welches Verhalten Ihre Worte bei ihm auslösen. Nach Beendigung dieser Aufgabe tauschen die Partner die Rollen und verfahren ebenso. Damit können Sie Ihre gedachte Wahrnehmung mit der tatsächlichen geäußerten Wahrnehmung Ihres Partners vergleichen" (60 min.).

Beispielblätter (nach Muccielli, o. J.):

Fall Nr. 1: 40jährige Frau (müde Stimme) Sprechstunde des Fachlehrers

„Ich weiß nicht, was ich mit dem Jungen machen soll. Ich weiß nicht, ob ich ihn von der Schule nehmen soll ..., das macht mich so nervös, es ist kaum auszuhalten ..., aber dann hätte ich wenigstens meine Ruhe. Oder soll ich das lassen, wie es ist, aber dann hätte ich weiterhin die Schwierigkeiten mit ihm ... Ich weiß nicht, was ich wirklich tun könnte."

Ihre Antwort:

1. Könnten Sie mir mehr über diese Dinge erzählen, die Sie gerade beschäftigen? Es ist sehr wichtig, vorher genau darüber nachzudenken.
2. Vorsicht, bevor Sie sich auf etwas Neues einlassen, müssen Sie sicher sein, daß es auch das Richtige ist.
3. Nun, wir werden sehen, es besteht noch Hoffnung. Wir müssen herausbringen, welche Möglichkeiten für den Jungen noch bestehen. Ich kann Ihnen ein Gespräch mit dem Klassenlehrer vermitteln.
4. Sie stehen unentschlossen vor beiden Möglichkeiten und können aus Nervosität keine rechte Entscheidung treffen.
5. Das ist wirklich keine leichte Entscheidung. Sie stehen vor der Wahl, entweder die Schwierigkeiten mit der Schule auf sich zu nehmen, oder aber ihn runterzunehmen und dann auch nichts weiter zu wissen.
6. Sie machen sich viel zu viele Sorgen. Sie werden Ihre Schwierigkeiten nicht beseitigen, wenn Sie sich so aufregen. Sie dürfen es sich nicht so schwer machen, es wird schon irgendwie gehen.

Fall Nr. 2: 27jähriger Mann (entschieden, kalte Stimme)

„Ich habe mich entschlossen, eine andere Stelle zu suchen, weil ich mit meiner Arbeit als Lehrer nicht zufrieden bin. Ich bin bis jetzt bei dieser Stelle geblieben, weil ich immer glaubte, auf der Schule nur Schwierigkeiten in der praktischen Anpassung zu haben, obwohl ich schon seit Jahren meine Lehramtsbefugnis habe. Aber jetzt weiß ich sicher, daß es für mich besser ist, den Lehrberuf aufzugeben und mich in einem ganz anderen Fach zu versuchen, auch wenn ich von unten auf neu anfangen muß."

Ihre Antwort:

1. Wertend: . . . .
   Beim Gesprächspartner löst dies folgende Gefühle aus: . . . .
2. usw.
bis
5. problemlösende Antwort.

Arbeitseinheit 2: *Zuhören und Verstehen*

Lernziele:

1. Der Berater soll erkennen, daß aktives Zuhören dem Ratsuchenden das Gefühl vermitteln kann, akzeptiert und verstanden zu werden.
2. Der Berater soll selbst erfahren, daß bei dieser Grundhaltung der Ratsuchende ermuntert wird, sein Problem in der Interaktion mit dem Berater präziser zu benennen.
3. Weiter soll er dafür sensibilisiert werden, daß er als Berater durch Mimik, Gestik oder Körperhaltung dazu beitragen kann, daß der Ratsuchende sich vertrauensvoll über seine Schwierigkeiten äußert.
4. Der Berater soll feststellen, wie sein beobachtbares Verhalten von ihm selbst nachträglich erlebt wird und seine Selbstwahrnehmungsfähigkeit registrieren.

Methoden:

1. Ein in der Beratungsstelle mit der Videokamera aufgezeichnetes Beratungsgespräch wird vorgeführt – 20 Minuten –.
2. Diskussion im Plenum über die Beobachtungen der Beratungslehrer – 60 Minuten –.
3. Rollenspiele in den Kleingruppen – 30 Minuten –.
4. Beratungsrollenspiele in den Kleingruppen mit festgelegten Beobachtungsaufgaben – 60 Minuten –.
5. Beratungsrollenspiele vor der Videokamera in den Kleingruppen – 25 Minuten –.
6. Auswertung der Rollenspiele anhand der aufgezeichneten Situationen – 30 Minuten –.

Durchführung:

1. Schritt: Im Plenum wird den Beratungslehrern ein Beratungsgespräch mit einer Mutter vorgeführt, die sich Gedanken wegen der weiteren Schulwahl ihrer Tochter macht (diese besucht derzeit die 4. Grundschulklasse). Dabei kündigen wir an, daß die Lehrer dies keineswegs als ein sehr gelungenes Beispiel für ein Beratungsgespräch betrachten sollen. Die Beratungslehrer werden gebeten, schriftlich für sich festzuhalten, was ihnen bei dem Gespräch auffällt.

2. Schritt: In dem Gespräch sind sowohl partnerzentrierte als auch direktive Gesprächsstile gleichermaßen vertreten. Die Beratungslehrer stellen fest, daß ein allmählicher Übergang von der mehr partnerzentrierten Verhaltensweise des Beraters bis hin zu seiner eher direkten Empfehlung gegen Ende des Gesprächs – im abschließenden Teil hat es sich um Empfehlungen für eine konkrete Schulwahl gehandelt – spürbar war. Sie fragen nach einer Reihe von Einzelheiten, wie z. B. der, ob sich der Berater vorher schriftlich eine Skizze vom Ablauf des zu erwartenden Gespräches macht oder ob der nicht im Gespräch vertretene Ehepartner nun zu einem weiteren Gespräch hinzugezogen werden muß. Sie beobachten eine Reihe von Details und sprechen darüber, welchen Eindruck sie von dem Verhalten des Beraters gewonnen haben.

3. Schritt: Bei dem Rollenspiel setzen sich zwei Teilnehmer einander gegenüber, wobei der Berater versucht, sich nur darauf zu konzentrieren, was das Anliegen des Ratsuchenden ist. Er bemüht sich ihn zu verstehen und ihm dies zu signalisieren. Es ist jedem Ratsuchenden freigestellt, was er zum Thema seiner Beratung machen will. Nach jeweils zwei Minuten übernehmen zwei andere Beratungslehrer diese Rollen als „Berater" und „Ratsuchender". Das Rollenspiel ist so kurz, daß jeder Lehrer in die Situation des Beraters kommt.

Die nicht am Rollenspiel beteiligten anderen Lehrer übernehmen nach eigenem Interesse Aufgaben als Beobachter und tauschen kurz ihre Eindrücke nach den Rollenspielen aus.

4. Schritt: In einem 10minütigen Rollenspiel üben zwei Teilnehmer ein Beratungsgespräch zu führen. Der „Ratsuchende" sollte ein reales Problem schildern, da die Beratungssituation auf diese Weise lebendiger gestaltet werden kann. Der Berater versucht, durch Mimik und Gestik (bejahendes Kopfnicken, dem anderen zugewandte Körperhaltung etc.) dem Ratsuchenden mit Verständnis zu begegnen.

Die restlichen Teilnehmer der Kleingruppe übernehmen nach eigener Auswahl Beobachtungsaufgaben, um anschließend über ihre Eindrücke zu sprechen. Sobald das Beratungsrollenspiel beendet ist, äußert sich der „Berater" darüber, wie er sich in der Beratungssituation fühlte und wie weit er nach seiner Einschätzung das Anliegen des „Ratsuchenden" verstand. Danach gibt der „Ratsuchende" seinen Eindruck darüber wieder, ob er meint, ganz, teilweise oder weniger gut verstanden worden zu sein. Die Beobachter schildern, was sie sahen und was ihnen auffiel.

Ein weiteres Rollenspiel von gleicher Dauer, mit zwei wieder freiwillig die Rollen übernehmenden Lehrern, schließt sich an. Nach Ende des Beratungsrollenspieles wird nach derselben Methode das Gespräch ausgewertet. Ohne irgendeine Kritik am Stil des Beraters wird immer wieder von Seiten des Spielleiters versucht, die Kompetenz der jeweiligen Berater zu erhöhen, indem er darauf hinweist, was jeweils seiner Beobachtung nach dem Berater besonders gut gelungen war. Von Seiten der Beobachter werden differenziertere Eindrücke wiedergegeben. So bemerken einige Beobachter beispielsweise die unterschiedliche Länge der Antworten des Beraters und äußern sich darüber, wie es dem Berater in verschiedenen Passagen des vorgeführten Gesprächs gelungen war, dem Ratsuchenden den Eindruck zu vermitteln, daß er mit seinem Anliegen verstanden wurde.

5. Schritt: Ausgehend von der Bereitschaft eines Teilnehmers, ein ihn selbst tangierendes umfangreicheres Problem vorzutragen, wechseln sich alle anderen Beratungslehrer im Drei-Minuten-Rhythmus auf dem Stuhl des „Beraters" ab und versuchen in dieser Zeit, dem „Ratsuchenden" verständnisvoll zuzuhören und durch Mimik oder Gestik von ihrer Seite zu signalisieren, daß sie Verständnis für sein Problem haben und sein Anliegen verstehen können.

Wir halten es für wichtig, daß die Beratungslehrer auch in der Gruppe einmal den Versuch riskieren, kurzfristig in die Rolle des „Beraters" zu schlüpfen. Der „Ratsuchende" äußert sich nach Ende dieses Rollenspieles darüber, was ihm beim jeweiligen „Berater" positiv in Erinnerung geblieben war und in welchem Ausmaß er glaubt, durch den „Berater" verstanden worden zu sein.

6. Schritt: Die Kurzberatungssituationen werden mit Hilfe des auf Kassette aufgezeichneten Films vorgeführt. Dabei sammeln die Beratungslehrer Erfahrungen mit der Auswertung eines Videofilms. Der Ton wird abgeschaltet, um speziell das nonverbale Verhalten des Beraters zu beobachten. Die Beratungslehrer sammeln ohne irgendeine Form der Bewertung erste Erkenntnisse über den jeweils eigenen Beratungsstil.
Nach einer abschließenden Stellungnahme jedes Beratungslehrers über die Erfahrungen mit dieser Ausbildungseinheit wird erneut die vorhandene Kompetenz jedes einzelnen Beratungslehrers vom Ausbilder hervorgehoben.

Arbeitseinheit 3: Paraphrasieren

Überblick:

Paraphrasieren heißt für den Berater, daß er sein Verstehen durch verbale Aussagen rückmeldet. Dies wurde zum Teil schon in der vorangehenden Einheit von einigen Teilnehmern praktiziert. Ebenso ist bei dieser Einheit zu erwarten, daß das Verhalten der nachfolgenden Einheit (Verbalisieren emotionaler Erlebnisinhalte) von einigen Teilnehmern vorweggenommen wird. Das ist verständlich, weil solche Abgrenzungen eher eine methodische Maßnahme sind. Im Beratungsprozeß haben alle Einheiten fließende Übergänge.
Wichtig ist uns, daß diese Art von Verhalten für die zukünftigen Berater nicht völlig neu und daher verunsichernd sein darf. Daher wollen wir auch hier dem einzelnen Teilnehmer aufzeigen, daß er eigentlich schon im Alltag mitunter solche Verhaltensweisen zeigt (natürliche Kompetenz).
Es ist anzunehmen, daß von den Teilnehmern Skepsis gegenüber dieser Art von Verhalten geäußert wird in Formulierungen wie „unnatürlich, unecht...". Oft drücken solche Bedenken nur die Angst vor dem neuen Verhalten aus. Die einzelnen Übungen können aber nur dann erfolgreich verlaufen, wenn immer wieder solche Bedenken besprochen werden, und zwar am besten im Anschluß an jede Übung, weil somit zuvor konkrete Erfahrungen gewonnen wurden.
Die Einheit baut sich folgendermaßen auf (es müssen jedoch nicht alle Übungen durchgeführt werden):

1. Schritt: Paraphrasieren operationalisieren (60 min.)
2. Schritt: Paraphrasieren erleben (45 min.)
3. Schritt: Theoriegespräch (30 min.)
4. Schritt: Ein Objekt nachbeschreiben (30 min.)
5. Schritt: Üben an schriftlichen Aussagen (90 min.)

6. Schritt: Der Leiter als Hilfesuchender (30 min.)
7. Schritt: Paraphrasieren bei „echten" Äußerungen (60 min.)
8. Schritt: Kontrollierter Dialog (30 min.)

1. Schritt: *Paraphrasieren operationalisieren (60 min.)*

Lernziel: Die Teilnehmer sollen erkennen, was Paraphrasieren ist, und es in bestimmte operationalisierte Verhaltensweisen zerlegen.

Vorüberlegungen: Das geforderte Verhalten kann entweder direkt demonstriert werden (z. B. Rollenspiel des Leiters) oder über ein Medium vorgeführt werden (z. B. Video). Für die Analyse des Verhaltens empfiehlt sich eine Videoaufnahme, weil hier das gleiche Verhalten wiederholt vorgezeigt werden kann.
Die Operationalisierung des Paraphrasierens in drei Arten von Verhalten kann dem zukünftigen Berater eine Hilfe beim Erlernen sein, weil damit Paraphrasieren faßbar wird. Zugleich besteht die Chance, daß er im Alltag eine von den drei Verhaltensweisen schon öfters praktiziert hat (natürliche Kompetenz).

Durchführung: Sequenzen aus einer Videoaufnahme eines realen Beratungsgesprächs werden vorgespielt mit paraphrasierendem Verhalten des Beraters. Stop-and-go-Verfahren: Nach jeder Aussage des Beraters sollen die Zuschauer aufschreiben, wie sie diese Aussage charakterisieren würden. Gemeinsames Gespräch darüber mit dem Ziel, für Paraphrasieren verschiedene Kategorien zu erstellen: Wörtliches Wiederholen, Umschreiben, Zusammenfassen.
Die Teilnehmer sollen erfahren, daß Paraphrasieren in Aussageform („Sie meinen...") oder in Frageform („Meinen Sie..., verstehe ich Sie richtig...?") erfolgen kann.

2. Schritt: *Paraphrasieren erleben (45 min.)*

Lernziel: Die Teilnehmer sollen selbst erfahren, wie sie als Ratsuchende das Paraphrasieren erleben.

Vorüberlegungen: Eigentlich bedeutet die Umsetzung des Lernziels, daß ein Berater, der Paraphrasieren beherrscht, mit jedem einzelnen Teilnehmer ein Gespräch über ein persönliches Problem führt. Dies ist jedoch kaum praktikabel. Daher reduzieren wir unsere Zielsetzung auf ein Modellgespräch vor der Gruppe mit einem Teilnehmer, wobei sich die anderen Teilnehmer in die Rolle des Ratsuchenden einfühlen sollen. Möglich wäre auch ein wiederholtes Anschauen des Videofilms mit der Anweisung, sich diesmal in die Rolle des Ratsuchenden zu versetzen. Jedoch ist beim Anschauen des Videofilms die emotionale Beteiligung der Zuschauer geringer als beim persönlichen Erleben in der Gruppe.
Mit dieser Übung wollen wir erreichen, daß die Teilnehmer eigene emotionale Empfindungen einbringen können statt nur rational zu überlegen, wie wohl Paraphrasieren auf einen Ratsuchenden wirkt.

Durchführung: Ein Teilnehmer und der Gruppenleiter setzen sich abseits der Gruppe. Der Berater (Gruppenleiter) nennt als sein Ziel, den anderen möglichst genau in seinem Problem zu verstehen. Der Ratsuchende (Teilnehmer) bringt ein persönliches Problem vor (Achtung: nicht zu intim), der Gruppenleiter paraphrasiert. Nach 15 bis 30 min. wird das Gespräch beendet, wobei darauf geachtet werden muß, daß das Gespräch in sich abgerundet wirkt.
Besprechung in der Gruppe: Die beiden Rollenspieler erzählen, wie sie sich beim Gespräch gefühlt haben und wie sie sich im Moment fühlen. Die Zuhörer bringen dann ein, wie sie sich an Stelle des Ratsuchenden gefühlt hätten.

Auswertung: Die Teilnehmer machen die für sie überraschende Feststellung, daß sie an bestimmten Stellen Paraphrasieren als angenehm und hilfreich empfinden konnten, obwohl sie wußten, daß es „ja nur eine Technik ist", daß es also nach ihren Maßstäben nicht echt ist. Sie erkennen zum Teil die Diskrepanz zwischen dem, was sie sich vor dem Gespräch für das Empfinden des Ratsuchenden vorstellten („Nachgeplappert werden") und ihrem aktuellen Empfinden während des Gesprächs. Sie erleben es als unbefriedigend, daß mit dem Ende des Gesprächs nicht auch das Problem gelöst ist.

3. Schritt: *Theoriegespräch (30 min.)*

Lernziel: Bezug zu theoretischem Hintergrund herstellen.

Vorüberlegungen: Nachdem die Teilnehmer eigene emotionale Erfahrungen mit der Wirkung von Paraphrasieren gemacht haben, dürfte eine Aufgeschlossenheit gegenüber der zugrunde liegenden Theorie vorhanden sein. Die Theorie sollte aber grundsätzlich bei jeder praktischen Übung mit einfließen.

Durchführung: Lesen des Textes zu „Paraphrasieren" S. 28.

4. Schritt: *Ein Objekt nachbeschreiben (30 min.)*

Lernziel: Der einzelne Teilnehmer soll anhand einfacher Beschreibungen Paraphrasieren erlernen.

Vorüberlegungen: Bevor Paraphrasieren an komplexen Erlebnissen und Problemen geübt wird, soll zuerst einmal an möglichst einfachen Beschreibungen von Objekten grundlegendes Verhalten erlernt werden.

Durchführung: Auf einer Wandzeitung werden die operationalisierten Verhaltensweisen (wörtliches Wiederholen, Umschreiben, Zusammenfassen) angeschrieben.
Bilden von Paaren.

Der Leiter gibt etwa folgende Erklärung für die Übung: „Wie in der Schule in Mathematik zuerst die Grundrechnungsarten einzeln geübt werden, bevor sie später in Textaufgaben zusammen angewandt werden, so ist die folgende Übung eine Grundübung. Eure Aufgabe ist: Einer beschreibt ein Objekt (z. B. sein Haus, Garten...), der andere zeigt nach jeweils 3 bis 5 Sätzen durch Wiederholen oder Umschreiben oder Zusammenfassen an, inwieweit er die Beschreibung nachvollziehen kann. Dies kommt dem Malen eines Bildes gleich."

Nach 5 min. Rollentausch.

Besprechung in der Gruppe.

Auswertung: Die Teilnehmer bemerken bei dieser Übung eher als bei Problemgesprächen, ob sie noch Paraphrasieren oder schon ihre eigene Meinung einbringen. Als hinderlich empfinden sie aber, daß die Situation sehr künstlich ist. Sie würden sich lieber über einen Garten unterhalten als seine Beschreibung nachzuvollziehen.

5. Schritt: *Üben an schriftliche Aussagen (90 min.)*

Lernziel: Paraphrasieren soll an Problemsituationen geübt werden.

Vorüberlegungen: Das Paraphrasieren kann streßfreier geübt werden, wenn dabei Zeit zum Überlegen einer Äußerung besteht (wenig komplexe Situation). Dies ist bei schriftlichen Arbeiten eher gegeben als bei Rollenspielen. Anschließend erfolgt die Überleitung zum Rollenspiel durch das spontane Antworten in der Gruppenrunde.

Durchführung: Der einzelne Teilnehmer bekommt sechs schriftliche Aussagen. (Beispiel: „Gestern habe ich mich wieder aufgerieben. Die Schüler waren überhaupt nicht zur Mitarbeit bereit...")
Auf drei Aussagen soll er eine paraphrasierende Antwort hinschreiben (Stillarbeit von 10 min.), entsprechend einer der drei operationalisierten Verhaltensweisen, die auf der Wandzeitung sichtbar sind.
Besprechung der Antwort in der Gruppe.
Die restlichen drei Aussagen werden dann folgendermaßen bearbeitet: Der Leiter liest eine Aussage vor und alle (oder mehrere) Gruppenteilnehmer geben spontan eine Paraphrasierung. Nach jedem Durchgang kurzes Besprechen der Antworten in der Gruppe. Es empfiehlt sich, den zweiten Teil der Übung auf Tonband aufzunehmen, damit die einzelnen Antworten noch einmal abgehört werden können.

Auswertung: Diese Übung ist sehr zeitintensiv, weil die Nuancen der einzelnen Beiträge zu heftigen Diskussionen zwischen den Teilnehmern führen können.

6. Schritt:	*Der Leiter als Hilfesuchender (30 min.)*

Lernziel: Paraphrasieren an „echten" Aussagen.

Vorüberlegungen: Die bisherigen Übungen sollten die zukünftigen Berater langsam von ihrer vorhandenen „natürlichen Kompetenz" hinüberführen zum Paraphrasieren in komplexeren Situationen. Es ist dabei ganz wichtig, daß die zukünftigen Berater sofort die Rückmeldung darüber bekommen, ob ihr Verhalten als Paraphrasieren bezeichnet werden kann. In einer Realsituation ist dies meistens nicht gegeben. Mit der folgenden Übung bekommt der einzelne Teilnehmer sofort die Rückmeldung durch den Leiter auf seine Aussage. Zugleich erlebt er auch die Aussagen anderer Teilnehmer als Modell für sein eigenes Verhalten.

Durchführung: Der Leiter setzt sich in die Mitte der Gruppe und gibt an die Gruppenmitglieder folgende Aufforderung: „Ich werde in den folgenden 15 min. von mir persönlich erzählen. Nach jeweils drei bis fünf Sätzen werde ich stoppen und einer von Euch (in freiwilliger Reihenfolge) soll das von mir Gesagte paraphrasieren, also wiederholen oder zusammenfassen oder umschreiben. Es können auch mehrere Personen nacheinander auf meine Äußerungen paraphrasieren. Ihr dürft aber dabei nicht Eure eigene Meinung zu meinen Problemen bringen, sondern Ihr sollt *nur* paraphrasieren. Wenn Euer Paraphrasieren das ausdrückt, was ich zuvor ausdrücken wollte oder sagte, werde ich es bestätigen durch ‚ja', ‚genau', und in meiner Problemschilderung weitermachen. Wenn es nicht zutrifft, werde ich noch einmal die zuvor gesagten Sätze wiederholen."

Dann beginnt der Leiter mit der Schilderung eines persönlichen Problems, oder aber er trägt seine Sichtweise zur Arbeit mit dieser Gruppe vor o. ä. Auf jeden Fall muß er dabei persönliche Betroffenheit empfinden.

Anschließend erfolgt die Besprechung in der Gruppe.

7. Schritt:	*Paraphrasieren bei „echten" Äußerungen (60 min.)*

Lernziel: Paraphrasieren vertiefen.

Vorüberlegungen: Das in Schritt 6 praktizierte Rollenspiel sollte bei dem Einzelnen die Sensibilisierung schaffen zum Paraphrasieren in „echten" Situationen. Dies kann vertieft werden durch die Gelegenheit zu weiterem Üben in Dreier-Gruppen, weil hier der einzelne Teilnehmer eher zu Wort kommt als in der größeren Gruppe. Ein Beobachter ist jedoch notwendig, da der Inhalt des Problems den Ratsuchenden und den Berater mitunter so stark beschäftigt, daß sie nicht mehr auf die eigentliche Anweisung, zu paraphrasieren, achten können.

Durchführung: Bilden von Dreiergruppen.
Analog Schritt 6 gilt als Spielregel: Einer spricht über ein persönliches Anliegen, der Partner paraphrasiert jeweils nach drei bis fünf Sätzen. Der Beobachter achtet darauf, daß Paraphrasieren eingehalten wird.

Besprechung in der Dreiergruppe.
Rollenwechsel nach 10 min.
Besprechung in der Dreiergruppe.
Rollenwechsel nach weiteren 10 min.
Besprechung in der Gruppe.

8. Schritt: *Kontrollierter Dialog (30 min.)*

Lernziel: Transfer des Paraphrasierens auf eine komplexe Situation (Alltag).

Vorüberlegungen: Mit dieser Übung wird das Paraphrasieren in eine Situation eingeführt, in der sonst die Teilnehmer ein anderes Verhalten zeigen (Diskutieren, Meinung vertreten). Dies sollte eine Vorübung sein für die Integration von Paraphrasieren in das Alltagsverhalten der zukünftigen Berater. In der Gruppe kann diese Übung immer wieder bei Diskussionen durchgeführt werden, um ein Zuhören der Gruppenmitglieder zu garantieren.
Durchführung: Diskussion in der Gruppe zu einem Thema (z. B. „Für und wider die nicht-direktive Gesprächsführung"). Die einzelnen Redner sind verpflichtet, jeweils den Beitrag ihres Vorredners mit eigenen Worten zu wiederholen oder zusammenzufassen, bevor sie selbst ihre Meinung äußern. Nach dem Wiederholen bzw. Zusammenfassen muß der Vorredner mit einer Kopfbewegung rückmelden, ob er richtig verstanden wurde.
Besprechung in der Gruppe.

Auswertung: Die Teilnehmer empfinden es als hemmend und gekünstelt. Daher sollte die Übung am Anfang der Ausbildung nicht länger als 15 min. gehen. Die Übung sollte wiederholt in der Gruppe geübt werden, so daß sie allmählich „entschärft" wird.

Arbeitseinheit 4: Verbalisieren emotionaler Erlebnisinhalte

Lernziele:

1. Der zukünftige Berater soll Gefühle des Ratsuchenden, die dieser auf der nonverbalen (Mimik, Gestik, Körperhaltung, usw.) oder indirekt auf der verbalen Ebene äußert, erkennen und benennen können.
2. Der zukünftige Berater soll mehr Sicherheit darin erhalten, diese vom Ratsuchenden geäußerten indirekten oder unklaren Gefühle im Beratungsgespräch klarer und direkter anzusprechen und formulieren zu können.

Methoden:

1. Schritt
Berater-Modellverhalten im Videofilm (ca. 60 min.).

2. Schritt
Schriftliche Übungen an Transskripten (Klientenäußerungen, ca. 30 min.).

3. Schritt
Mündliche Beraterantworten auf kurze Klientenäußerungen (ca. 30 min.).

4. Schritt
Zweierrollenspiel ohne Beobachter (ca. 30 min.).

5. Schritt
Zweierrollenspiel mit einem Beobachter (ca. 30 min.).

6. Schritt
Komplexeres Rollenspiel vor der Gruppe (ca. 30 min.).

7. Schritt
Übungen zur Wahrnehmung von Gefühlen, die auf der Körperebene ausgedrückt werden (je Übung ca. 10 min.).

Durchführung:

1. Schritt: *Berater-Modellverhalten im Videofilm*

Um den angehenden Beratern das angestrebte Zielverhalten vorzuführen, empfiehlt sich der Einsatz eines auf Video aufgenommenen Beratungsgesprächs, in dem relativ viele Verbalisierungen emotionaler Erlebnisinhalte durch den Berater vorkommen. In Frage kommt dabei ein im Handel befindlicher Lehrfilm, besser wäre jedoch ein Film, den der Trainer selber hergestellt hat. Letzterer bietet zum einen die Möglichkeit einer größeren Identifikation zwischen einem angehenden Berater und dem Ausbilder, zum anderen kann der Ausbilder in dem von ihm hergestellten Videofilm eine *extreme* Ausprägung der Variable „Verbalisieren emotionaler Erlebnisinhalte" vermeiden, da sein Ziel ja nicht die Ausbildung zukünftiger Gesprächstherapeuten ist (wie dies in den käuflichen Lehrfilmen intendiert wird).

Zunächst einmal sollte ein entsprechender Film nur vorgeführt und anschließend kurz besprochen werden, wobei die Beobachter ein besonderes Augenmerk auf diejenigen Sequenzen des Filmes richten, in denen der Berater Gefühle des Klienten verbalisiert.

In einer späteren Lernphase kann dieser Videofilm noch einmal im Stop-and-go-Verfahren so eingesetzt werden, daß er jeweils nach einer entsprechenden Klientenäußerung angehalten wird und die Gruppenteilnehmer aufgefordert werden, auf diese Klientenäußerung eine Beraterantwort zu formulieren. Anschließend erfolgt der Vergleich mit der tatsächlichen Antwort des Beraters.

2. Schritt: *Schriftliche Übungen an Transskripten (Klientenäußerungen)*

Den Teilnehmern werden Blätter ausgeteilt, auf denen eine ganze Reihe von schriftlichen Klientenäußerungen steht. Sie erhalten dabei die Aufforderung, sich vorzustellen, sie säßen diesem Klienten in einer Beratungssituation gegenüber und müßten als Berater Antworten formulieren, die die indirekt ausgedrückten Gefühle des Klienten klarer zum Ausdruck bringen.

Beispiel:

Klient: „Es fällt mir schwer zu sagen, was mich bedrückt".
Berater: „..."
In einer anschließenden Auswertungsrunde werden die schriftlich
gegebenen Beraterantworten auf die entsprechenden Klientenäußerungen abgestimmt und, falls notwendig, korrigiert.

3. Schritt: *Mündliche Beraterantworten auf kurze Klientenäußerungen*

Der Trainer, bzw. bei Gruppen ohne Trainer ein Gruppenmitglied,
liest eine Klientenäußerung vor und bemüht sich dabei auch durch
Stimmodulation sowie Mimik und Gestik dieser Klientenäußerung
eine gewisse emotionale Tönung zu geben. Daraufhin antwortet ein
Gruppenmitglied mit einer Gefühle verbalisierenden Beräteräußerung, die anderen Gruppenmitglieder können sich diese Beraterantwort notieren. Im Anschluß daran teilt der Trainer bzw. das Gruppenmitglied, das die Klientenäußerung gegeben hat, mit, inwiefern
der damit geäußerte Gefühlszustand durch die Beraterantwort richtig wiedergegeben wurde. Als nächstes wiederholt sich der Prozeß
mit einem weiteren Gruppenmitglied, usw.

4. Schritt: *Zweierrollenspiel ohne Beobachter*

Die Gruppenmitglieder bilden Klient-Berater-Paare. Der Klient
spricht über sich, indem er möglichst emotionale Inhalte in
versteckter oder indirekter Form mitteilt.
Der Berater versucht nun, diese Klientenäußerungen emotional zu
verbalisieren.
Die Rollenspiele sollen maximal je drei Minuten dauern. Nach jeder
Äußerung des Beraters soll der Klient nicken oder den Kopf schütteln, je nachdem, ob die Beräteräußerung sein Gefühl getroffen hat
oder nicht. Danach werden die Rollen getauscht.

5. Schritt: *Zweierrollenspiel mit einem Beobachter*

Der Ablauf des Rollenspiels ist ähnlich wie im 4. Schritt, nur mit der
Änderung, daß nun ein Beobachter mit dabei sitzt und nach Beendigung jeder Interaktion dem Berater Rückmeldung gibt, wie genau
bzw. ungenau seiner Meinung und Beobachtung nach die Beraterver-
balisierungen waren. Anschließend Rollenwechsel.

6. Schritt: *Komplexeres Rollenspiel vor der Gruppe*

Da dieses Rollenspiel möglichst realitätsnah nachgestaltet werden
soll, werden der räumliche, der zeitliche sowie der soziale Kontext
miteinbezogen.
Berater und Ratsuchender werden aus der Gruppe ausgewählt. Die
anderen Gruppenmitglieder sind Beobachter. Der Ratsuchende
beschreibt die Räumlichkeiten sowie andere für die Beratungssitua-

tion relevante Rahmenbedingungen. Das Beratergespräch dauert höchstens 10 min. (Ein Beobachter achtet auf die Zeiteinteilung!)
Nach Spielende „Doppeln":
Der Berater-Spieler stellt sich hinter den Ratsuchenden und versucht, sich mit dessen Gefühlen zu identifizieren und diese in Ich-Form auszudrücken. Diese Technik heißt „Doppeln" und kommt aus dem Psychodrama. Sie ermöglicht, als der *Betroffene* selbst zu sprechen und *nicht über* ihn oder *zu* ihm zu sprechen.
Die Beobachter können sich anschließend dabei ebenfalls beteiligen.
Der Ratsuchenden-Spieler spricht dabei nicht, sondern nickt, wenn er sich richtig verstanden fühlt, bzw. schüttelt den Kopf, wenn die Äußerung für ihn nicht zutreffend ist.
Der Ratsuchenden-Spieler sagt dann selbst, welche Gefühle ihn bewegt haben.
Der Berater-Spieler sagt, wie er sich gefühlt hat.
Die Beobachter ergänzen, wenn sie sich mit dem Berater identifiziert haben.

7. Schritt: *Übungen zur Wahrnehmung von Gefühlen, die auf der Körperebene ausgedrückt werden.*

– Alle Gruppenmitglieder versuchen, allein mit den Händen Gefühle zum Ausdruck zu bringen, wie z. B.: Jetzt fühle ich mich erleichtert, das macht mich aber ärgerlich, wie soll ich das wissen, usw.

– Alle Gruppenmitglieder versuchen, verschiedene Gefühle nur mit ihrer Körperhaltung auszudrücken.

– Der Berater nimmt jeweils eine beim Ratsuchenden wahrgenommene Körperhaltung ein, übertreibt sie und berichtet daraufhin, welche Gefühle diese Körperhaltung bei ihm ausgelöst hat. Anschließend werden die dabei zustandegekommenen Gefühle des Beraters mit denjenigen des Ratsuchenden verglichen.

– Sculpturing: Der Berater und der Ratsuchende „erstarren" in einer beliebigen Körperhaltung und tauschen sich anschließend über die Gefühle aus, die sie in dieser Körperhaltung empfanden.

– Ein auf Video aufgenommenes Beratungsgespräch wird im Stop-and-go-Verfahren ohne Ton abgespielt, wobei die Zuschauer auf die Körpersprache des Ratsuchenden achten und versuchen sollen, die Empfindungen, die er in einer ganz bestimmten Körperhaltung zum Ausdruck bringt, zu verbalisieren. Anschließend wird die Stelle zurückgespielt und es wird verglichen, welche Aussagen der Ratsuchende dem Berater auf der verbalen Ebene mitteilt und inwiefern der Inhalt des Gesagten und die Körperhaltung übereinstimmen.

Arbeitseinheit 5: Strukturierte Gespräche

Diese Lerneinheit rekurriert auf ein Verhalten, das bei vielen Beratern, hauptsächlich bei Lehrern, schon durch die Art der Berufstätigkeit besonders ausgeprägt sein kann. Darunter fallen Bereiche wie gezieltes Nachfragen, Ordnen, präzise Informationen weitergeben, usf.

Diese „Gespräche" z. B. mit Schülern oder Schülereltern verlaufen zwar meist planmäßig, lassen aber dem Ratsuchenden für das Ansprechen von persönlichen Problemen kaum Platz. Auch wenn im Schulbereich ziemlich jeder Intervention (Elternabend, Lehrer-Eltern-Gespräch, Schulkonferenz) zeitliche Grenzen gesetzt sind, hilft doch eine ausgewogene „Mischung" von strukturiertem und partnerbezogenem Gespräch, jede Atmosphäre zu verbessern. Dies zu erfahren und zu üben soll übergeordnetes Lernziel dieser Einheit sein.

Jeder künftige Berater steht vor der Aufgabe, einerseits gezielte *Informationen erfragen* zu müssen („Welche pädagogischen Einrichtungen hat ihr Sohn bisher besucht?") und andererseits präzise *Auskunft zu geben* über schriftliche oder sonstige Ergebnisse („Die mündlichen Noten im letzten Halbjahr waren . . ."). Wir haben die beiden Bereiche in dieser Arbeitseinheit getrennt aufgeführt, um daran schrittweise das Einbeziehen der partnerzentrierten Gesprächsführung zu demonstrieren. Die künftigen Berater sollen selbst *den Weg* finden, der ein Eingehen auf den Ratsuchenden trotz Strukturierung ermöglicht.

1. Schritt: *Diagnostisches Gespräch: Möglichst viele Informationen erfragen (30 min.)*

Lernziel:

– Die Teilnehmer sollen erkennen, daß das diagnostische Gespräch nicht zu einem Ausfragen führen darf.
– Sie sollen an sich selbst erfahren, wie es einem Ratsuchenden geht, der mit Fragen „bombardiert" wird.

Methode: Rollenspiel mit Ratsuchendem-Berater. Die übrigen Teilnehmer sind Beobachter.

Durchführung: Der Leiter oder ein Teilnehmer trägt einen konkreten Fall aus seiner Praxis vor und übernimmt dabei die Rolle des Ratsuchenden. Ein weiterer Teilnehmer spielt den Berater, die restlichen Teilnehmer bekommen als Beobachter die Aufgabe, sich mit dem Ratsuchenden zu identifizieren und dabei auf ihre Gefühle zu achten.
Der Berater erhält die Aufgabe, zu einem konkreten Problem möglichst viele Informationen aus dem Ratsuchenden „herauszufragen". Er sollte dabei eben nicht partnerzentriert und verständnisvoll sein, sondern die volle Wucht der Fragerei wirken lassen.

Auswertung: Die Berater in unseren Gruppen zeigten das von uns erwartete Verhalten: Sie stellten eine Unmenge von Fragen, unterbrachen den Ratsuchenden, führten das Gespräch sehr schnell auf vermutete Ursachen für das Problem hin. Viele Fragen hatten keinen direkten Bezug zum eigentlichen Problem, sondern sollten dem

Berater nur helfen, sein Gegenüber insgesamt besser kennenzulernen.
Die Ratsuchenden bzw. Beobachter konnten an sich folgende Ver-
haltenstendenzen feststellen:

- widerwillig auf alle Fragen antworten,
- sich zur Antwort gezwungen fühlen,
- bereitwillig erzählen mit der Hoffnung, der Berater wird die
  Lösung wissen und am Ende servieren,
- immer weniger sagen wollen, je mehr gefragt wird.

2. Schritt: *Diagnostisches Gespräch: Suchen von engumrissenen Fragebereichen (60 min.)*

Lernziel: Die Teilnehmer sollen als Berater ihre Fragen gezielt auf engumrissene Bereiche beschränken.

Methode: Stillarbeit, Auswertung in der Kleingruppe.

Durchführung: Den Teilnehmern wird noch einmal das Problem von Schritt 1 gegeben. Sie sollen sich überlegen, welche Bereiche mit dem Problem zusammenhängen können. Schriftliches Festhalten der gefundenen Bereiche.

Auswertung: Wir haben bei unseren Kursen das Thema „Übertritt nach der 4. Klasse in weiterführende Schulen" gewählt. Dazu trugen die Teilnehmer folgende Bereiche und Fragen zusammen, aus denen sie als Berater Informationen benötigen:

Schulbereich

- gegenwärtige Schulleistung
- Arbeitshaltung und Lernbereitschaft
- bisherige Schullaufbahn
- Verhalten im Unterricht
- Stellung des Schülers in der Klassengemeinschaft, Kontaktfähig-
  keit
- Abhängigkeit der Schulleistung von Lehrerkontakten
- Macht der Schüler seine Hausaufgaben selbständig?

Elternhaus

- Anspruchsniveau und Zukunftsperspektiven der Eltern
- Einstellung der Eltern zur Schule
- Mögliche Hilfestellung durch die Eltern
- waren schon Geschwister auf Realschule oder Gymnasium?
- Reaktion des Kindes und der Eltern auf schulische Mißerfolge
- Freizeitinteressen des Kindes
- Informiertheit der Eltern über den jetzigen Leistungsstand des
  Kindes.

3. *Schritt:*   *Diagnostisches Gespräch: Verbindung von strukturierter mit partner-*
zentrierter Beratung (60 min.)

Lernziel: Integration von strukturierenden Fragen in ein partner-
zentriertes Gespräch.

Methode: Rollenspiel mit Rollentausch.

Durchführung: Bilden von Dreiergruppen: Ein Berater, ein Ratsuchender, ein Beobachter.
Der Ratsuchende stellt das in Schritt 1 und 2 erarbeitete Problem vor.
Der Berater versucht eine Integration von Fragen mit partnerzentriertem Beraterverhalten.

Nach 10 Minuten Besprechung in der Dreiergruppe.
Rollenwechsel.
Nach 10 Minuten Besprechung in der Dreiergruppe.
Rollenwechsel solange, bis alle Teilnehmer den Berater spielen
konnten.

Auswertung: Nach Ablauf dieses Gesprächs war den Teilnehmern
klar, daß zuerst einmal eine längere Pause des verstehenden Zuhö-
rens erfolgen muß, bevor sich der Berater mit Fragen spezielle
Informationen beschaffen kann. Die Teilnehmer schlagen zum Verbinden von Fragen und partnerzentriertem Gespräch vor, daß der
Berater auf eine Antwort jeweils erst einmal versucht zu paraphrasieren oder den dahinterstehenden emotionalen Erlebnisinhalt wieder-
zugeben. Ebenso wurde die Bedeutung von „Sprechpausen"
erkannt. Beide Partner sollen genügend Zeit zum Nachdenken
während des Gesprächs bekommen.

4. *Schritt:*   *Ergebnismitteilung: Eine Demonstration ungünstigen Verhaltens*
(15 min.)

In der Beratungspraxis entstehen immer wieder Situationen, in
denen der Berater Ergebnisse mitteilen muß (z. B. Noten, Testergebnisse, Informationen von Dritten, usw.). Dabei sollte sich der
Berater immer so verhalten, daß es der Ratsuchende als hilfreich
empfindet.

Lernziel: Die Teilnehmer sollen fühlen, wie eine rein technische
Ergebnismitteilung auf den Ratsuchenden wirkt.

Methode: Rollenspiel ohne Wechsel.

Durchführung: Dem Gruppenmitglied, das den Berater spielt, stehen vorher abgeklärte Daten, über die er informieren soll, zur
Verfügung (z. B. Zeugnisse, Testergebnisse). Zwei Teilnehmer spielen ein Elternpaar. Die anderen Teilnehmer sollen sich als Beobachter mit den Eltern identifizieren. Der Berater führt nun das Gespräch
(wie oben beschrieben), ohne sich um die Belange und den Kenntnis-
stand der Eltern zu kümmern.

Auswertung: Die Teilnehmer sollen aus dem ungünstigen Gesprächsverlauf Verhaltensregeln für den Berater entwickeln, die wie folgt aussehen können:

– Sprache: keine Fachtermini benutzen, statt dessen Alltagssprache oder eventuell Dialekt; schichtspezifische Sprachbarrieren beachten.
– Vermittlung der Daten: Vermeiden von Zahlen und IQ-Begriffen. Um Etikettierungen zu vermeiden, die Daten relativieren. Bezugsgruppe für die Normen angeben.
– Vorgehen: Schrittweises Vorgehen.
  Der Ratsuchende soll zunehmend Einsicht in das Zustandekommen einer möglichen Empfehlung bekommen. Der Ratsuchende soll selbst mit Hilfe der Daten entscheiden können.

5. *Schritt:*   *Ergebnismitteilung: Üben partnerbezogenen Verhaltens (90 min.)*

Lernziel: Die Teilnehmer sollen erfahren, daß ein partnerbezogenes Verhalten auch in der Phase der Ergebnismitteilung möglich ist.

Methode: Rollenspiel mit Rollentausch.

Durchführung: Bilden von Dreier-Gruppen: Berater, Ratsuchender, Beobachter. Der Berater hat die Aufgabe, Informationen an den Ratsuchenden weiterzugeben (unter Berücksichtigung der in Schritt 4 genannten Verhaltensregeln) und dieses Vorgehen mit partnerzentriertem Gesprächsverhalten zu verbinden.

Auswertung: Die abschließende Diskussion kann u. a. zeigen, daß an bestimmten „schwierigen" Stellen des Gesprächs ein intensives Eingehen auf den Partner notwendig ist, um die Gefühlslage des Ratsuchenden zu erfassen und daran zu arbeiten, z. B. bei unterdurchschnittlichen Testwerten, abweisendem Beschluß der Lehrerkonferenz, Nichtversetzung, Sonderschulzuweisung.
Solche und ähnliche Problemsituationen und deren Bewältigung sind Inhalt der Arbeitseinheit 6.

Arbeitseinheit 6: Umgang mit schwierigen Beratungssituationen

Diese Arbeitseinheit sollte erst dann durchgeführt werden, wenn die Teilnehmer eigene Beratungserfahrungen gesammelt haben.

Lernziele:

1. Der zukünftige Berater soll schwierige Beratungssituationen erkennen und analysieren können.
2. Der zukünftige Berater soll mit Hilfe des Durchspielens schwieriger Beratungssituationen besser auf diese vorbereitet sein und „leichter" mit ihnen umgehen können.

3. Der zukünftige Berater soll durch die Konfrontation mit schwierigen Beratungssituationen erkennen können, in welchen Bereichen er nach Beendigung seiner
Ausbildung an sich arbeiten sollte, wie z. B.:

– Schwierigkeiten, die aus dem Verhalten und Erleben ganz bestimmter Ratsuchender entstehen, wie z. B.: Vielredner, Schweiger, Aggressive, Depressive, usw.
– Schwierigkeiten in der Interaktion Ratsuchender – Berater, die durch Schwächen
der Beratungskompetenz oder durch Mängel in der „Beratungstechnik" zustande
kommen.
– Schwierigkeiten in der Person des Beraters wie mangelnde Sensibilität, Angst vor
eigenen Emotionen, eigene ungelöste Konflikte, usw.

Methoden:

1. Stillarbeit: Erinnern bzw. Vorstellen schwieriger Beratungssituationen und deren
schriftliche Fixierung (20 min.).
2. Gruppenarbeit: Sammeln und Kategorisieren der schwierigen Beratungssituationen nach einem einfachen Kategorienschema (20 min.).
3. Durchspielen schwieriger Situationen im Zweierrollenspiel ohne Beobachter mit
anschließendem Rollentausch (je Situation 20 min.).
4. Durchspielen schwieriger Situationen im Zweierrollenspiel vor der Gruppe (je
Situation 20 min.).
5. Durchspielen alternativen Beraterverhaltens, bis nach Rückmeldung von Klient
und Berater die schwierige Situation „entspannt" ist (je Situation 20 min.).
6. Festhalten der Schritte 3 bis 5 auf Tonband oder Video mit anschließender
Analysemöglichkeit im Stop-and-go-Verfahren.

Durchführung:

1. Schritt: Die Gruppenmitglieder werden aufgefordert, sich an schwierige
Beratungssituationen als Laienberater zu erinnern oder sich vorzustellen, welche Beratungssituationen ihrer Selbsteinschätzung nach
für sie zu Schwierigkeiten führen können. Diese Situationen werden
stichwortartig festgehalten.

2. Schritt: Sammeln, Ordnen und Kategorisieren der schwierigen Beratungs-
situation.
Dabei hat es sich als günstig erwiesen, die Probleme nach drei
Gesichtspunkten auszuwerten:
– Schwierigkeiten in der Person des Ratsuchenden
– der Interaktion Berater – Klient
– Person des Beraters

Schwierigkeiten, die in der äußeren Gestaltung der Beratungssituation begründet sind (Telefon klingelt, Zeitdruck u. ä.) werden hier
nicht berücksichtigt, da sie leicht auszuschalten sind und daher keiner
besonderen Übung bedürfen.

3. Schritt: Jeweils zwei Gruppenmitglieder wählen eine o. g. schwierige Beratungssituation aus. Im Rollenspiel (Berater – Klient) versuchen sie diese belastende Situation zu bewältigen. In der sich anschließenden ersten Besprechung gibt zunächst der Ratsuchende eine Rückmeldung darüber, inwiefern er sich in der schwierigen Beratungssituation akzeptiert, ernst genommen und verstanden gefühlt hat. Danach teilt der Berater mit, wie wohl oder unwohl, sicher oder unsicher er sich in seiner Rolle gefühlt hat. Der Berater hat nun die Möglichkeit alternatives Beraterverhalten durchzuspielen, gegebenenfalls in mehreren Durchläufen, bis er und der Ratsuchende zufrieden sind. Danach tauschen die Spieler die Rollen, wobei es sich empfiehlt, eine andere schwierige Situation auszuwählen, um ermüdende Wiederholungen zu vermeiden.

4. Schritt: Der Ablauf erfolgt analog zum 3. Schritt, allerdings mit den folgenden Veränderungen:
Es spielen lediglich zwei Gruppenmitglieder (Ratsuchender und Berater), die übrigen erhalten folgende Beobachtungsaufgabe:
Sie sollen bereits während des Rollenspiels die vermuteten Empfindungen und Vorstellungen, sowohl des Ratsuchenden als auch des Beraters, stichwortartig notieren.
Nach Beendigung des Rollenspiels lesen sie dann reihum ihre schriftlich festgehaltenen Beobachtungen vor und vergleichen sie mit den tatsächlichen Empfindungen und Vorstellungen der beiden Spieler, die erst ganz zum Schluß zu Wort kommen sollen.
Dieses Vorgehen bedeutet gleichzeitig ein Sensibilitätstraining, da die Beobachter ganz genau Körperhaltung, Mimik, Gestik und Tonfall der Rollenspieler, sowie den Inhalt des Gesagten registrieren müssen, um zu möglichst zutreffenden Einschätzungen zu gelangen.

5. Schritt: Im Anschluß an die erste Rückmeldephase können nun nacheinander verschiedene Beobachter die Beraterrolle übernehmen (mit demselben Ratsuchenden), um alternatives Beraterverhalten bis zur beidseitigen Zufriedenheit durchzuspielen. Es empfiehlt sich, die Schritte 3 bis 5 auf Ton- bzw. Videoband aufzuzeichnen und die dokumentierten Beratungssituationen in kurzen Sequenzen zu analysieren (Stop-and-go-Verfahren, s. o.).

2. Kapitel:
Gespräche mit Familien

Einleitung

Der Ratsuchende ist unserem Verständnis nach kein isoliertes Individuum mit persönlichen Schwierigkeiten, sondern ein Mensch, der in ein System von sozialen Beziehungen eingebettet ist. Er beeinflußt durch sein Verhalten die anderen Mitglieder seines jeweiligen Bezugssystems (zum Beispiel Familie), und dies hat wiederum Auswirkungen auf sein Verhalten usw. Seine Symptome entstehen folgerichtig stets im wechselseitigen Austausch zwischen ihm und anderen Personen.

Jede Form von Beratung, die nicht das relevante Bezugssystem des Klienten miteinbezieht, sei es die Familie, die engsten Freunde oder eine noch größere soziale Einheit, wird Schwierigkeiten haben, Veränderungen anzuregen. Ein Familienberater würde also die Ursache einer Legasthenie nicht ausschließlich im Individuum Schüler, sondern in den Bedingungen des Beziehungs- und Kommunikationsmusters, das in der Schule oder Familie gebildet wird, sehen.

Bestandteile des sozialen Systems eines Klienten könnten beispielsweise der Arbeitsplatz oder die Schule sein, und es wäre daher häufig wünschenswert, Arbeitskollegen oder Mitschüler in die Beratung miteinzubeziehen; in der Regel sind es aber die Familien, die den Klienten am stärksten geprägt haben.

Die amerikanischen Familientherapeuten Napier und Whitacker vertreten den Standpunkt: „Für uns ist nicht die Umgebung oder die soziale Gruppe die Einheit, von der die Entwicklung des einzelnen am meisten beeinflußt wird, sondern die Familie" (1979, S. 71).

Die Übergänge zwischen Familienberatung und Familientherapie sind fließend; sicher wären die Berater sowohl von der zur Verfügung stehenden Zeit her als auch aufgrund eines Mangels an qualifizierter Ausbildung überfordert, familientherapeutische Beratung durchzuführen. Der Berater könnte jedoch am Ende einer ersten Besprechung mit der Familie Hinweise erhalten, die es ihm ermöglichen, gemeinsam mit der Familie zu überlegen, ob eine Familientherapie an einer spezialisierten Beratungsstelle sinnvoll ist. Um die Frage einer solchen Empfehlung abwägen zu können, erhalten die Berater einen ersten Einblick in die Arbeit mit Familien.

2.1 Funktion und Ziele der Familienberatung

Seit wir in der schulpsychologischen Beratungsstelle dazu übergegangen sind, bei fast allen Schulschwierigkeiten die ganze Familie zu einem Beratungsgespräch einzuladen, hat sich unsere Sicht von Schulproblemen verändert. Waren wir zu einem früheren Zeitpunkt davon ausgegangen, daß das Problem eventuell nur bei einem auffälligen Schüler lag, so stellten wir nun fest, daß sich hinter dem Verhalten des Kindes sehr oft ein ungelöster Familienkonflikt verbarg. Der Zusammenhang zwischen problematischem Verhalten und sozialem System einer Familie blieb als Konflikt oft dadurch unaufgedeckt, daß sich die Aufmerksamkeit und damit auch die eventuelle Solidarität oder die Abwehr der Familie auf das für alle Mitglieder akzeptable, wenn auch störende Verhalten eines einzelnen Angehörigen richtete. So können zum Beispiel die andauernden gemeinsamen Sorgen wegen der schlechten Schulnoten des Sohnes es den Eltern ermöglichen, die zwischen ihnen bestehenden Beziehungskonflikte in den Hintergrund zu drängen und unbearbeitet zu lassen. Aufgabe des Familienberaters ist es nun, unter seiner Leitung die Familie herausfinden zu lassen, welche Funktionen für die Stabilität des Familiensystems die bisherigen Rollen der einzelnen Mitglieder und somit auch die des „Problemkindes" (Indexpatienten) haben. Dabei sollte von der Familie erkannt werden, daß die Probleme nicht isoliert zu sehen sind, sondern stets im gemeinsamen Familiensystem verstehbar sind. Das beinhaltet manchmal die bittere Erfahrung, daß das Verhalten aller Familienmitglieder überdacht und verändert werden muß und daß eine Problemlösung nicht durch alleinige Besserung des „Indexpatienten" erreicht werden kann. Die Aufgabe des Beraters ist es, im Gespräch die wechselseitigen Beeinflussungen herauszuarbeiten, wie beispielsweise die zwischen Kindern oder Eltern oder den weiblichen Familienmitgliedern (sogenannten Subsystemen). Der in unseren Familiengesprächen praktizierte Ansatz geht von dem Gedanken des in der Entwicklung befindlichen Systems einer Familie aus (Satir, 1975). Wir versuchen, der Familie durch die Beratung zu helfen, ihre eingefahrenen, unangemessenen Verhaltensweisen zu verändern.

2.2 Erstkontakt mit den Ratsuchenden

Beratung sollte freiwillig sein und setzt voraus, daß die an der Beratung Interessierten dazu selbst die ersten Schritte unternehmen, um wegen ihrer Schwierigkeiten an einem Beratungsgespräch teilzunehmen. Wird die Beratung durch Dritte eingeleitet und ein Ratsuchender gedrängt, daran beteiligt zu sein, wäre dieser wohl nur in den seltensten Fällen in der Lage zu sehen, was er selbst verändern könnte.
Für uns ergibt sich bei der Beratung von Schülern gelegentlich das Problem,

daß die Schule eher als der betroffene Schüler daran interessiert ist, sein auffälliges Verhalten zu ändern. Wenn eine Schule bei der Terminvereinbarung mit Schülern oder Eltern beteiligt ist, weisen wir darauf hin, daß es unumgänglich sei, die Ratsuchenden zu bitten, sich mit uns selbst in Verbindung zu setzen.

Wir legen Wert darauf, die Telefonate, mit denen sich Ratsuchende anmelden wollen, selbst entgegenzunehmen, um nicht bei der Anmeldung durch die Sekretärin wesentliche Informationen zu verlieren, die nur derjenige besitzt, der als Erster mit dem Ratsuchenden oder einem Mitglied seiner Familie redet. Es entwickelt sich dann ein Gespräch, in dem der Anrufende deutlich spüren soll, daß ihm der Berater zuhört und sein Anliegen zu verstehen versucht. Weiter sollte in diesem Telefonat geklärt werden, warum wir es für günstig halten, alle Familienangehörigen im Rahmen einer ersten Besprechung zu sehen. Wir begründen unser Vorgehen damit, daß wir die Meinungen aller zu dem anstehenden Problem hören wollen und alle Familienmitglieder als mögliche Mithelfer bei der Lösung des Problems betrachten. Dann vereinbaren wir einen für alle passenden Termin.

Im ersten gemeinsamen Gespräch wollen wir herausfinden, auf welche Weise die einzelnen Familienmitglieder bislang die belastende Situation erlebten, um auf ihre Erfahrungen zurückzugreifen. Dabei rechnen wir zur Familie alle Geschwister und die Eltern des Problemschülers, soweit sie in der gemeinsamen Wohnung mit diesem leben. Bei besonderen Bedingungen, wie einer unvollständigen Familie, vereinbaren wir entsprechende Abweichungen.

2.3 Ablauf des Familiengesprächs

Die folgende Unterteilung des Gesprächs geht im Wesentlichen auf Minuchin (1977) zurück und wurde nach unseren Erfahrungen modifiziert. Sie dient uns als Anhaltspunkt bei der Arbeit mit Familien, die zum ersten Mal in die Beratung kommen.

2.3.1 Kontaktphase

Zu Beginn des Gesprächs ist die Familie oft verunsichert, weil sie weder den Berater, noch den Raum kennt und nicht weiß, wie sie sich in der ungewohnten Situation verhalten soll. Der Berater sorgt dafür, daß sie sich in der neuen Umgebung wohl fühlt. Er stellt sich vor und unterstützt sie dabei, sich mit ihm bekannt zu machen. Dabei läßt er sich Zeit, jedes Familienmitglied mit Namen zu begrüßen und sagt eventuell etwas über seine momentanen Beobachtungen bei einzelnen Personen. In dieser Phase läuft die Kommunikation über den Berater, der versucht, positive Seiten der Familie zu verstärken und Kontakt zu allen aufzunehmen. Da er als „Gastgeber" die Regeln setzt, sagt er, wieviel Zeit für das Gespräch vorgesehen ist.

Das „Einfädeln" (Joining) des Therapeuten in das Familiensystem bedeutet, daß wir sowohl zu jedem einzelnen Familienmitglied als auch zur Gesamtfamilie einen Kontakt herstellen, der sich auf ihre Sprache, ihr Weltbild, ihre innere und äußere Struktur, ihren Entwicklungsstand usw. einstellt. Kurzum: Es geht darum, „die Familie dort abzuholen, wo sie steht". Andernfalls werden alle Bemühungen des Therapeuten an der Familie vorbeigehen und wirkungslos verpuffen.

2.3.2 Problemphase

Hat der Berater den Eindruck, daß die Familie mit der Beratungssituation vertrauter geworden ist, eröffnet er mit der Frage, warum sie eine Beratung wünscht, die Phase, in der über das Problem gesprochen wird. Er hört sich die Ansichten von möglichst allen Familienmitgliedern dazu an, variiert dabei die Fragestellung und spricht Übereinstimmungen oder verschiedene Einschätzungen einer geschilderten Verhaltensweise an. Beispiel dafür könnte die Unfähigkeit einer Person sein, Termine einzuhalten, auf die von jedem anders reagiert wird. Der Berater beobachtet speziell die nonverbalen Kommunikationen, also Blickkontakt, Stirnrunzeln, Gesten, kurz alle Signale, die darauf hinweisen, daß eine Aussage akzeptiert, abgelehnt oder anders gesehen wird. Unterschiedliche Standpunkte können der Beginn einer Umdefinition des Einzelproblems zu dem der ganzen Familie sein. Fragen von Seiten der Familie läßt er nach Möglichkeit zuerst durch andere Mitglieder beantworten. Gibt es unterschiedliche Standpunkte, so könnte er der Familie als eine Art Vorkontrakt anbieten, sich im Verlauf weiterer Gespräche mit diesem offensichtlich ungeklärten Problem zu befassen.

Die bisherigen Lösungsversuche bei Schwierigkeiten läßt er von möglichst allen Gesprächsteilnehmern schildern und erfährt dabei auch, wie stark die Belastungen sind, mit denen sie fertig zu werden versuchten, und wie sie auf diese reagierten. Hat die Mutter über Sorgen gesprochen, die sie wegen der Aufsässigkeit des Sohnes hat, könnte der Vater insofern diese Aussage relativieren, als er sagt, daß der Junge nur seiner Frau gegenüber nicht folge. Diese weiterführende Einschätzung kann ein Hinweis für den Berater sein, sich hier näher informieren zu lassen. Er erfährt vielleicht, daß der Vater die Mutter für zu wenig konsequent hält. Damit ist das Problem, welches von den Eltern anfangs als allgemeine Erziehungsfrage geschildert wurde, auf deren unterschiedlichen Erziehungsstil verlagert worden. Mit einem solchen Konflikt der Eltern könnte der Berater, je nachdem, für wie belastungsfähig er die Familie hält, weiterarbeiten. Sein Ziel könnte dann sein, den Streit eskalieren zu lassen, damit das Kind weniger ungehorsam erscheint. Gleichzeitig erhält er damit Auskünfte über das eheliche Subsystem.

Meint der Berater, es wäre im ersten Beratungsgespräch zu früh für eine Auseinandersetzung, könnte er lediglich festhalten, daß später noch einmal darüber gesprochen werden sollte. Er kann sich dann an ein anderes Familienmitglied wenden und neue Informationen einholen, um damit den Streit zu entschärfen.

In dieser Phase sollte der Berater jedes Familienmitglied ansprechen und selbst kleinen Kindern durch Worte oder Gesten zeigen, daß er Wert auf ihre Gegenwart legt. Alle Gesprächsteilnehmer erfahren so, daß sie gemeinsam mit dem Berater an der Erforschung der Schwierigkeiten beteiligt sind.

© Marie Marcks, aus: Krümm dich beizeiten, Heidelberg 1980.

Einige typische Beraterfragen während der Problemphase:

– Fragen zur Auslösesituation des Symptoms.
– Erklärungsmuster der Familie zur Symptomentstehung.
– Reaktionsweisen der einzelnen Familienmitglieder auf das Symptom.
– Was würde passieren, wenn das Symptom noch 3, 5 oder 10 Jahre weiterbesteht?
– Was ist das Positive am Symptom?
– Was könnte getan werden um das Symptom zu verschlimmern? usw.

Weitere wichtige Fragen in diesem Zusammenhang sind:
– Klärung des Überweisungsmodus und der Erwartungen.
– Fragen nach der Familienstruktur und Lebenssituation der Familie.
– Fragen nach bisherigen Problemlösungsversuchen.
– Was wäre ohne das Symptom anders?

2.3.3 Strukturphase

Wir verstehen die Familie als offenes soziales System mit sich einander ergänzenden Beziehungen aller Mitglieder. Es äußert sich in den Strukturen, also der Art und Weise, wie die Angehörigen der Familie miteinander umgehen.

Struktur einer Familie bedeutet auch, daß sie eine bestimmte Ordnung hat, in der Macht und Autorität unterschiedlich gehandhabt werden. Der Berater versucht, sich über die Stellung der Mitglieder in der Familie Klarheit zu verschaffen. Veränderungen vollziehen sich nicht nur im Individuum, sondern auch in der Kommunikation zwischen ihm und anderen Subsystemen der Familie.

Der Berater hat bis zu dieser Phase einen Eindruck von der Struktur der Familie gewonnen, indem er beobachtete, wie deren Interaktionen erfolgten. Er hörte beispielsweise, in welcher Reihenfolge gesprochen wurde, wer unterbrach und wie weit Aussagen im Zweiergespräch durch Anmerkungen eines dritten Familienmitgliedes undeutlich wurden.

Hat er bisher die Erwartung der Familie erfüllt und ihre Probleme angehört, um seine Position im Einklang mit den gegebenen Familienstrukturen zu stabilisieren, so ändert er jetzt sein Vorgehen. Er gibt angesprochene Schwierigkeiten oder unterschiedliche Stellungnahmen zu Problemen der Familie zurück und beobachtet, wie diese die Situation auf ihre Art angeht. Dadurch kann er das Familienmuster deutlicher erkennen, zumal belastende Interventionen – und dazu rechnen wir die Rückgabe von Problemen – von ihm als Angehörigen des Beratungssystems eher angenommen werden.

Der Berater sondiert die ihm bisher bekannten Subsysteme, indem er beispielsweise die Eltern anweist, miteinander zu verhandeln. Sobald das geschieht, und Vater und Mutter über Meinungsverschiedenheiten bezüglich des Verhaltens ihres Kindes diskutieren, braucht der Berater nicht mehr einzugreifen und kann beobachten, wie die anderen Mitglieder auf das Gespräch reagieren.

Der Berater läßt sich bei dieser Tätigkeit von seinen Vorstellungen einer gut funktionierenden Familie leiten und arbeitet als Regisseur, indem er strittige Themen anschneidet und Mitglieder von Subsystemen darüber reden läßt. Er kann positive Seiten des Indexpatienten feststellen, die Familie sich dazu äußern lassen und zeigen, welche Vorteile dieser von seinem oder die Angehörigen von dessen Verhalten haben. Weiter spricht er Koalitionen an, also Zweckbündnisse zwischen einzelnen Familienmitgliedern, oder er versucht, starre oder offene Grenzen zwischen den Subsystemen flexibler werden zu lassen.

Zum Abschluß dieser Phase kann er den Brennpunkt erweitern, also auf andere Probleme als das Anmeldeproblem eingehen. Er kann beispielsweise die Frage stellen, was jedes einzelne Familienmitglied in der Familie verändern möchte.

2.3.4 Kontraktphase

Wenn das erste Gespräch zwischen Berater und Familie erfolgreich geführt wurde, werden beide Seiten sehen, daß weitere Informationen über den Indexpatienten hinaus notwendig sind. Die Familie kann die Hoffnung mitnehmen, daß der Berater die Schwierigkeiten zu einer Lösung führen kann; denn er hat heute damit gearbeitet, Probleme anders zu sehen als sie, die bisher die Schwierigkeiten mit dem Indexpatienten nicht bewältigen konnte.

Im Rahmen eines Kontraktes, der evtl. erst nach mehreren Besprechungen möglich ist, sollte Übereinstimmung zwischen Berater und Familie bestehen, was als Problem angesehen wird und welche Veränderung wünschenswert wäre (inhaltlicher Kontrakt). Danach können mit Zustimmung aller Beteiligten bestimmte Gesprächsinhalte umrissen werden, die in einer vorläufig festgelegten Zahl von weiteren Sitzungen bearbeitet werden sollen. Dabei sollte von Seiten des Beraters klar gemacht werden, daß die Regeln für solche Kontrakte von allen am Gespräch Beteiligten als verbindlich angesehen werden müssen. Eine solche Regel könnte zum Beispiel sein, daß keiner ohne Absprache mit allen Beteiligten vorzeitig die Gesprächsreihe abbricht oder daß bei Terminveränderungen rechtzeitig gegenseitige Information erfolgt (formaler Kontrakt).

2.4 Schlußbemerkung

Für den familientherapeutisch nicht erfahrenen Berater ergibt sich keine Notwendigkeit einer Kontraktschließung, die mehrere Familiengespräche zur Folge hätte, da er im allgemeinen die Familie aus den vorher erwähnten Gründen nicht weiter betreuen wird. Es wird allerdings seiner Einschätzung überlassen bleiben, je nach dem, was das erste Gespräch ergeben hat, der Familie die Notwendigkeit einer familientherapeutischen Behandlung in einer entsprechend orientierten Beratungsstelle nahezulegen.
Der Berater sollte sich nicht unter unangemessenen Leistungsdruck setzen im Hinblick auf die Effektivität einer ersten Familienberatung. Schon die Aussprache über ein Problem kann für eine Familie hilfreich und entlastend sein, da der Berater als objektive Instanz gesehen wird. Sein aufmerksames Zuhören kann bereits klärend wirken und damit zur Veränderung innerhalb der Familie beitragen.

PRAXISTEIL

Da die Vorstellung einer echten Familie im Rahmen der Beraterausbildung nicht möglich ist, entschieden wir uns für die Vorführung eines mit Videotechnik aufgezeichneten Beratungsgesprächs aus unserer Beratungsstelle und die Simulation eines Familienberatungsgesprächs im Rollenspiel.

2.5 Vorführung eines Familiengesprächs

Lernziel: Die Teilnehmer sollen ein Familienerstgespräch kennenlernen und dabei Strukturen des Familiensystems ansatzweise erkennen.

Durchführung: Ein mit der Einwilligung der Beteiligten auf Videofilm aufgenommenes Beratungsgespräch (Erstgespräch) wird allen Ausbildungsteilnehmern im Plenum vorgespielt. Vorher geben die Ausbilder den Beratern die Informationen, die zu Beginn des Gespräches vorlagen (Zahl der Familienmitglieder, deren Alter, Anmeldeproblem). Außerdem erhalten die Teilnehmer *Beobachtungsaufgaben.* Ihre Aufmerksamkeit soll auf folgende Fragen gerichtet werden:

– Wer ist der Indexpatient?
– Wer hat Vorteile von dessen Existenz?
– Wer hat die Macht in der Familie?
– Wer kontrolliert diese gegebenenfalls?
– Erkennen Sie Ansätze zu Sprachregelungen in der Familie?
– Bemerken Sie wiederkehrende Interaktionsmuster?
– Zwischen welchen Familienmitgliedern vermuten sie Koalitionen?
– Welche Gefühle haben Sie beim Betrachten des Videofilmes?

Die Berater betrachten den Film (ca. 25 min). Sie beantworten die Frage nach ihren Gefühlen und tauschen ihre unterschiedlichen Erfahrungen aus. Von Seiten der Ausbilder wird darauf hingewiesen, welche diagnostische Bedeutung dieser Eindruck haben kann, da die Mitglieder dieser Familie eventuell ähnliche Empfindungen bei ihren ständigen Interaktionen miteinander haben könnten.
Die Beantwortung der oben beschriebenen Fragen ergibt erste Hinweise auf eine, zu diesem Zeitpunkt bestenfalls nur vermutbare, Struktur des Familiensystems. Die unterschiedlichen Beobachtungen der Teilnehmer werden hervorgehoben und besprochen.

2.6 Erneutes Vorführen im Stop-and-go-Verfahren

Lernziel: Die Berater sollen in Beobachtung non-verbaler Signale geschult werden.

Vorbereitung: Den Beratern wird folgende Beobachtungsaufgabe vorgegeben: „Achten Sie auf Mimik, Gestik, Körperhaltung!"

Durchführung: Um die Aufmerksamkeit der Beobachter auf die non-verbale Kommunikation der Familie zu lenken, wird erneut, allerdings ohne Ton, ein anderes Gespräch mit der Familie vorgeführt. Nach einer kurzen Sequenz wird der Film unterbrochen und die Beobachter stellen Hypothesen über die Gefühle der gezeigten Personen auf. Die sich anschließende Wiederholung der Sequenz, allerdings mit Ton, dient der Überprüfung ihrer Äußerungen.

2.7 Simulation eines Familienberatungsgesprächs

Lernziel: Die Teilnehmer sollen die Situation als Berater in einer Familie selbst erleben. Sie sollen die Empfindungen einzelner Familienmitglieder in einer Beratung durch eigenes Erleben nachvollziehen können.

Vorbereitung: Für die Simulation des Gesprächs mit einer Familie ist die Arbeit in Kleingruppen, deren Mitglieder miteinander vertraut sind, geeignet. Dabei ist zu beachten, daß alle Rollen nur freiwillig übernommen werden sollen. Spiele unter irgendeiner Form von Druck werden als gekünstelt erlebt und gestatten wenig Lernerfahrung. Schließlich riskiert nach den Aussagen der Teilnehmer jeder Rollenspieler etwas für ihn Neues, und das löst häufig Angst aus.

Die Kleingruppe besetzt eine Familiengruppe mit drei oder vier Personen, z. B. Vater, Mutter, Indexpatient, Geschwister. Diese sucht anschließend ein Nebenzimmer auf, die anderen Teilnehmer einigen sich über drei Rollenspieler, die als Berater mit der Familie arbeiten wollen. Die restlichen Gruppenmitglieder bekommen folgende Beobachtungsaufgaben:

– Sie sollen Reaktionen des Indexpatienten feststellen.
– Sie sollen nach eigenen Vorstellungen beobachten, was ihnen wichtig ist.
– Sie sollen ihre während des Gesprächs auftretenden Gefühle benennen.

Zur Aufzeichnung des Gesprächs wird ein Kassettenrecorder verwendet.

Durchführung: Die Familiengruppe wählt den jeweiligen Status der Familienmitglieder und deren Alter aus und bespricht kurz ihr Anmeldeproblem, mit dem sie sich an eine Beratungsstelle wendet. Sie plant ihr Vorgehen und nennt einen Familiennamen, mit dem sie in der Beratung angesprochen werden will. Nach den Erfahrungen der Ausbilder entwickelt sich in der Beratung selbst nach so kurzer Vorbereitung das Bild einer Familie mit Problemen.

Der Ausbilder erhält im Nebenzimmer die Anmeldeinformation. Er gibt diese der Beratungsgruppe und schlägt vor, um die anfängliche Zurückhaltung ihrerseits abzubauen, zunächst einen 3. Berater zu benennen und, sobald der sich gemeldet hat, findet sich der 2. und 1. Berater. Der 1. Berater bekommt die Empfehlung, freundlich die Familie zu begrüßen, um deren Anfangshemmungen zu überwinden. Er holt die Familie an der Tür ab und bittet sie, in der Mitte des Raumes, wo vier Stühle in einer Runde angeordnet sind, Platz zu nehmen. Die Beobachter und die beiden weiteren Berater sitzen am Rand des Zimmers. Die Beratung beginnt mit der Frage, warum die Familie in die Beratungsstelle gekommen sei. Nach fünf bis sieben Minuten lösen sich die Berater ab. Haben alle drei die Beraterrolle übernommen, welche jeweils aufgezeichnet wurde, wird das Rollenspiel abgebrochen. Nach einem Lob für alle Rollenspieler durch den Ausbilder folgt die Auswertung. Der jeweilige Berater äußert sich darüber, was ihm bei dieser Familie seiner Meinung nach gut gelungen ist. Jeder sagt auch etwas zu seinen Gefühlen, die er während des Familiengesprächs empfand. Danach erklären die Familienmitglieder, wie es ihnen in der Beratungssituation ergangen ist und sagen, was ihnen bei den verschiedenen Beratern jeweils gut gefiel und inwieweit sie sich mit ihrem Problem verstanden fühlten.

Die Beobachter berichten von ihren Eindrücken während des Gesprächs.

2.8 De-roling

Lernziel: Die Teilnehmer sollen unbelastet von vorangegangenen Erlebnissen in den Alltag gehen können.

Durchführung: Alle Teilnehmer sitzen in der Kleingruppe im Kreis. Der Ausbilder gibt allen die Anweisung zur Entspannung nach Jacobson, bei der der Reihe nach einzelne Muskeln entspannt werden. In der Phase völliger Entspannung fordert er die Teilnehmer auf, in Gedanken ihren „Rollenmantel", den sie als Familienmitglied, Berater oder Beobachter umgelegt hatten, abzunehmen und ihn neben sich zu legen. Er bittet die Teilnehmer, sich in Gedanken selbst anerkennend auf die Schulter zu klopfen und sich ein Lob für ihren Mut, die Rolle zu übernehmen, zu geben. Dann fordert er sie auf, noch einmal von oben herab auf ihren Rollenmantel zu sehen und von ihm Abschied zu nehmen. Der Ausbilder sagt dabei: „Es waren nicht eure Probleme, sondern die, welche ihr gespielt habt." Nach einer weiteren Entspannungsphase bittet er jeden, die Augen wieder zu öffnen und dann Blickkontakt mit den anderen aus der Gruppe aufzunehmen, wenn er sich dazu wieder bereit fühlt.

3. Kapitel:
Kommunikationsprozesse in der Beratung

Einleitung

Die Bedeutung der Kommunikationstheorie für die Beratung

Die bisherigen Ausbildungsthemen bezogen sich vor allem auf die Vermittlung von Handlungsanweisungen für das Verhalten als Berater. Das Thema „Kommunikationsprozesse in der Beratung" will einen Schritt weitergehen: Dem Berater soll mit den Kommunikationsregeln von Watzlawick (1969) ein Instrumentarium an die Hand gegeben werden, anhand dessen er seine Interaktion und Kommunikation mit dem Ratsuchenden analysieren kann. Mit diesen Regeln soll also von einer übergeordneten Ebene her (Metaebene) die Beratungssituation, insbesondere Störungen in der Beratungssituation, durchleuchtet werden. In einem weiteren Schritt wollen wir dem zukünftigen Berater Strategien vermitteln, mit denen er die auftretenden Kommunikationsstörungen beheben kann.

In der Beratungssituation stehen mindestens zwei Personen in einer Beziehung zueinander, Beratung ist eine kommunikative Situation. Es laufen dabei ständig Kommunikationsprozesse entsprechend bestimmter Regeln ab. Solange die Kommunikation, und somit auch die Beratung, positiv verläuft, werden diese Prozesse meistens nicht beachtet, sie sind den Kommunikationspartnern nicht bewußt. Mißlingt jedoch die Beratung, kann dem u. a. eine Regelverletzung zugrunde liegen. Unter unwissenden Kommunikationspartnern besteht dann Ratlosigkeit darüber, was sie falsch gemacht haben könnten. Es wird nur empfunden, daß etwas nicht stimmt, es kann aber nicht gesagt werden, was nicht stimmt.

Beispiel:

Eine Mutter will über weiterführende Schulen nach der 4. Klasse beraten werden. Als der Berater mit der Hauptschule beginnen will, sagt die Mutter: „Darüber brauchen Sie nichts zu erzählen, die wird eh' nur empfohlen, weil sie sonst ausstirbt."
Daraufhin entsteht eine Diskussion, in deren Verlauf der Berater aufzeigen will, daß die Hauptschule eben keine Sackgasse sei, und die Mutter nachweisen will, daß ihr Sohn zu begabt für die Hauptschule sei. Der Berater gibt sich endlich damit zufrieden, über die anderen beiden Schularten kurz zu informieren, die Mutter stellt keine weiteren Fragen mehr. Beide gehen unzufrieden aus der Beratung.

Mit den Watzlawickschen Kommunikationsregeln läßt sich im nachhinein analysieren, daß sich der Berater in seinem Selbstverständnis als neutraler Berater angegriffen fühlte durch die Unterstellung der Mutter, also sich auf der *„Beziehungsebene"* verletzt fühlte. Statt anschließend über den *„Inhalt* Hauptschule" zu sprechen, hätte er über sein „Verletzt sein" sprechen müssen. Damit wäre die anschließende

„symmetrische Eskalation", in der jeder dem anderen etwas beweisen will, vermieden worden.

Aufbau des Theorieteils

1. Der Begriff „Kommunikation"
   Wir versuchen eine Definition von Kommunikation und stellen ein Kommunikationsmodell vor.
2. Grundannahmen der Kommunikationstheorie
   Der Systembegriff als Hintergrund der fünf Watzlawickschen Regeln wird erklärt.
3. Darstellung der fünf Watzlawickschen Kommunikationsregeln
4. Kommunikationsstörungen
   Zu jeder einzelnen Regel werden Störungsmöglichkeiten in der Beratung aufgezeigt.
5. Alternatives Beraterverhalten bei Störungen
   Als Alternative wird Metakommunikation vorgestellt.

Aufbau des Praxisteils

Die Übungen des Praxisteils beziehen sich auf die Punkte 3–5 des Theorieteils.
Wir betrachten diese Ausbildungseinheit nur als Einstieg in die Kommunikationstheorie. Die Relevanz dieser Theorie wird sich für den zukünftigen Berater erst im Rahmen der Supervision zeigen, wenn er konkrete Erfahrungen mit Störungen in der Beratungssituation gemacht hat. Dann erst wird er seine Erfahrungen mit den Begriffen dieser Theorie beschreiben können.

THEORIETEIL

3.1 Der Begriff „Kommunikation"

In der Alltagssprache versteht man unter Kommunikation das „miteinander Sprechen". Hierbei wird Kommunikation reduziert auf rein verbales Verhalten, zugleich wird noch ein positiver Sinn unterlegt in Richtung „sich im Gespräch verstehen".
Kommunikation im wissenschaftlichen Sprachgebrauch ist dagegen ein weitaus umfassenderer Begriff. Unter Kommunikation versteht man hier auch die nichtsprachlichen Mitteilungen, also die Aussagen, die z.B. durch Mimik, Gestik usw. gemacht werden. Zudem versteht sich der Begriff Kommunikation als neutral, nicht reduziert auf ein „sich im Gespräch verstehen". Kommunikation beinhaltet somit auch das Nichtverstehen.
Demnach besagt Kommunikation in etwa, daß ein Verhalten vorliegt, das anderen etwas mitteilt, sei es sprachlich oder nichtsprachlich, und daß dieses Verhalten vom Verhalten anderer Personen beeinflußt wird und deren Verhalten wieder beeinflußt.

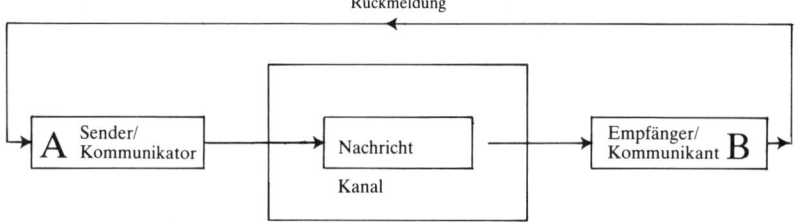

Bei jeder Kommunikation gibt es einen Sender, bzw. für die menschliche Kommunikation einen Kommunikator, und einen Empfänger, bzw. einen Kommunikanten. Zwischen ihnen wird eine Nachricht ausgetauscht. Die Nachricht wird auf einem Kanal übertragen und kann folgendermaßen übermittelt werden: sprachlich oder nichtsprachlich, mündlich oder schriftlich, in Wort oder Bild, über natürliche oder technische Wege.

Rückmeldung darüber, wie die Nachricht angekommen ist, erfolgt bei unserem Modell von B nach A. Im weiteren Verlauf einer Kommunikation würde dann A wiederum an B Rückmeldung zu dessen Rückmeldung geben.

3.2 Der Systembegriff als Grundlage der Kommunikationstheorie

Die Kommunikationstheorie geht von der Grundannahme aus, „daß die Beziehungen zwischen Menschen als Regelkreis betrachtet werden können – d. h.: das Verhalten jedes einzelnen wirkt auf die Verhaltensweisen der anderen Personen ein und wird selbst wiederum auch von den Handlungen aller anderen bedingt. Das Individuum ist also nicht aus sich allein heraus in seinen Handlungen zu verstehen, sondern seine Reaktionen sind nur im Zusammenhang mit den Reaktionen der übrigen Handelnden zu begreifen" (Bastine und Jacoby, 1977, S. 129).

Somit ist das Individuum eingebunden in ein *System von Verhaltensweisen*, es ist Teil eines Systems (z. B. Familie, Schulklasse). Hier handelt es sich um offene Systeme, d. h. diese Systeme sind bereit zu Veränderungen im weitesten Sinne. Jede Person innerhalb eines solchen zwischenmenschlichen Systems wirkt zugleich auf die anderen Personen des Systems ein und ist Empfänger der Einwirkungen von anderen. Wir haben damit nicht einfach ein Reiz-Reaktionsverhalten wie a → b → c, (d. h., a wirkt auf b, b wirkt auf c), sondern wir müssen davon ausgehen, daß vor der Einwirkung von a auf b ein anderer Reiz bereits auf a gewirkt hat, und daß b auf a zurückwirkt. Es existiert eine *Kreisförmigkeit des Verhaltens*.

Die Konsequenz dieses Systembegriffes ist für unser Denken noch ungewohnt. Wir müssen uns lösen vom Ursache-Wirkungs-Denken, vom „wer hat verursacht, wer hat angefangen" – Denken. An einem Beispiel aus der Schule läßt sich das verdeutlichen: Der störende Schüler in der Klasse ist in seinem Verhalten abhängig von dem Verhalten der ganzen Klasse und vom Verhalten des Lehrers. Die Abhängigkeit seines Verhaltens von anderen zeigt sich in der Tatsache, daß der störende Schüler vielleicht bei einem anderen Lehrer oder in einer anderen Klasse nicht stört. Zugleich beeinflußt er jedoch auch wieder die Klasse und den Lehrer, und dieser Einfluß auf andere zeigt sich daran, daß bei seiner Abwesenheit vielleicht zuvor unauffällige Schüler zu Störern werden. „Die Ursache eines Symptoms oder Problems ist nicht ein Funktionsfehler im einzelnen identifizierten Patienten, sondern primär eine Störung im sozialen System des Symptomträgers" (Watzlawick u. a., 1969, S. 48). D. h.: Ursachen für die Schulschwierigkeiten eines Kindes sind nicht allein beim Kind zu suchen, sondern vielmehr in der Familie oder/und in der Klasse.

3.3 Darstellung der fünf Regeln von Watzlawick

1. Regel:

Es ist unmöglich, nicht zu kommunizieren

„Verhalten hat eine Eigenschaft, die so grundlegend ist, daß sie oft übersehen wird. Verhalten hat kein Gegenteil, d. h. man kann sich nicht nichtverhalten" (Watzlawick u. a. 1969, S. 51). Daraus folgt: Alles Verhalten hat Mitteilungscharakter, jedes Verhalten ist Kommunikation.

„Immer wenn Menschen direkt in einer Situation sind, die es ihnen gestattet, sich zu sehen und sich aufeinander zu beziehen (face-to-face-Situation), ist es ihnen nicht möglich, nicht zu kommunizieren. Selbst wenn sie nicht miteinander sprechen oder sich voneinander abwenden und sich den Rücken zukehren, beinhaltet dieses Verhalten eine bestimmte Information für den jeweiligen Kommunikationspartner. Sie teilen sich dann nämlich mit, daß sie nicht in ein Gespräch eintreten und nichts voneinander wissen wollen. Jeder der in der face-to-face-Situation beteiligten Partner ordnet ständig das Verhalten der anderen Personen ein und interpretiert es. Alles was der eine tut, ist für den anderen bedeutungsvoll" (Wulf und Groddek, 1977, S. 220).

Beispiel:

Ein Schüler bringt einen inhaltlich falschen Beitrag zum Unterricht. Der Lehrer reagiert nicht, um dem Schüler nicht das Gefühl des Kritisiertwerdens zu geben. Das Nichtreagieren des Lehrers ist jedoch für den Schüler sehr wohl eine Reaktion, über deren Bedeutung er jetzt nachdenkt: „Warum sagt er nichts? War etwas falsch? Was war falsch? Was ist mit mir?" Der Lehrer konnte also *nicht* nichtkommunizieren.

2. Regel:

Jede Kommunikation hat einen Inhalts- und einen Beziehungsaspekt

Jede Mitteilung, die Menschen anderen gegenüber machen, hat einen Inhalt. Zugleich enthält jedoch die Mitteilung eine weitere Information, die über den Inhalt hinausgeht und die sich auf das Verhältnis zum Kommunikationspartner bezieht. So drückt der Sender aus, wie er sein Verhältnis, seine Beziehung zum Empfänger sieht.

Beispiel 1:

Ein Ratsuchender fragt den Berater: „Wie meinen Sie das genau, erklären Sie mir das bitte."
Mit dieser Frage geht es zum einen um einen Inhalt, um eine konkrete Sache. Zugleich drückt
der Fragende jedoch auch noch etwas aus zu seinem Verhältnis zum Berater, das etwa heißen
könnte: Ihnen traue ich zu, diese Frage beantworten zu können, zu Ihnen habe ich Vertrauen;
oder auch: Jetzt bin ich gespannt, ob Sie die Antwort schaffen, jetzt will ich einmal sehen, ob
Sie wirklich so klug sind!?

Je nach Hintergrund, entsprechend dem Verhältnis der beiden zueinander, kann in
der Frage eine andere Bedeutung mitschwingen.
Aus dem Beispiel wird deutlich, daß der Inhalt sehr stark von dem Beziehungsaspekt dominiert wird. Denn je nachdem, wie ich als Empfänger die Beziehung
definiere, werde ich auch den Inhalt einordnen und darauf reagieren. Aus dem
Beziehungszusammenhang erschließt sich erst der gemeinte Verwendungssinn der
einzelnen inhaltlichen Informationen.

Beispiel 2:

Hat der Berater bei der Frage den Eindruck, daß der Fragende ihm Vertrauen entgegen-
bringt, so wird er bereitwillig mit seiner Antwort auf den Inhalt eingehen. Hat er aber den
Eindruck, daß der Fragende ihm eine Fangfrage stellt, ihn „hereinlegen" will, so wird er den
Inhalt seiner Antwort so formulieren, daß er dieser Falle ausweichen kann.

Watzlawick erweitert daher diese Regel durch die Aussage:

„Jede Kommunikation hat einen Inhalts- und einen Beziehungsaspekt, derart, *daß
letzterer den ersten bestimmt, daher ein übergeordneter Aspekt ist*" (Watzlawick u. a.,
1969, S. 56).
Der Beziehungsaspekt ist somit dem Inhaltsaspekt übergeordnet und bestimmt
dessen Verständnis. Die Informationen, die auf der Beziehungsebene übertragen
werden, stehen daher auf einer *Metaebene* zur Inhaltsebene. Diese Bedeutung der
Beziehungsebene beeinflußt sehr stark den Umgang zwischen Kommunikationspartnern: „In der Regel sind sich Kommunizierende der Beziehungsebene in ihrer
Kommunikation kaum bewußt. Das gilt vor allem dann, wenn die Beziehung
zwischen den beiden Partnern intakt ist. In einem gestörten Beziehungsverhältnis
werden die auf der Beziehungsebene ausgesendeten und ausgetauschten Informationen allerdings sehr leicht zum Gegenstand des Verständigungsprozesses selbst.
Denn die Art, wie ein Partner seine Beziehung zu mir definiert, berührt mich in
meinem eigenen Selbstverständnis" (Wulf und Groddek, S. 221).

Beispiel 3:

Wenn beim obigen Beispiel die Aufforderung „Erklären Sie mir das bitte" vom Berater an
den Ratsuchenden kommt, wird sie in der Regel vom Ratsuchenden akzeptiert, weil es aus
seiner Sicht zur Beratung gehört, daß der Berater den Ratsuchenden zu einem bestimmten
Verhalten auffordert. Er ist mit dieser Beziehungsdefinition einverstanden. Kommt die
Aufforderung jedoch vom Ratsuchenden an den Berater, so fühlt sich der Berater möglicherweise in seiner Kompetenz angegriffen. Der Berater wird vielleicht eine Diskussion über die
Beziehung beginnen statt die Frage zu beantworten: „Was möchten Sie mit dieser Frage
erreichen?"

„Eine Störung auf der Beziehungsebene tritt dann ein, wenn einer der Partner die Beziehungsdefinition des anderen nicht akzeptiert und sich dagegen auflehnt ... In solchen Kommunikationssituationen häufen sich Mißverständnisse und falsche Interpretationen von Informationen. In einem gereizten Beziehungsklima entstehen leicht Kommunikationsverwirrungen. Einer der Partner bekommt etwas, wie wir in der Umgangssprache sagen, in den falschen Hals. Mit diesem Bild ist der Sachverhalt relativ genau bezeichnet: Zwei Ebenen der Kommunikation müssen zur Verständigung gleichzeitig betreten werden und miteinander übereinstimmen" (Wulf und Groddek, S. 221/222).

Der Inhalt der gesendeten Botschaft wird vom Empfänger aufgrund der unterschiedlichen Sichtweise der Beziehung anders (= falsch) eingeordnet oder kann wegen der gestörten Beziehung nicht akzeptiert werden. Beispiel: Man findet einen Vorschlag an sich gut, kann ihn aber nicht akzeptieren, weil ihn die falsche Person gemacht hat.

„Auch für die unterrichtliche Situation kommt der Beziehungsebene eine zentrale Bedeutung zu, die häufig nicht genügend erkannt wird. So enthält jede Kommunikation zwischen Lehrer und Schüler zugleich auch immer Aussagen über das Beziehungsverhältnis und die gegenseitige persönliche Einschätzung. Für die Entwicklung der sozialen und persönlichen Identität der Schüler ist gerade das wichtig, was auf der Beziehungsebene von seiten des Lehrers an Anerkennung oder Ablehnung, an Zuneigung oder Mißachtung vermittelt wird" (Wulf und Groddek, S. 222).

Beispiel 4:

Aus der praktischen Berufserfahrung weiß jeder Lehrer, daß die beste Unterrichtsvorbereitung vergeblich ist, wenn sein Verhältnis zu den Schülern nicht im gegenseitigen Sinne geklärt ist, also nicht in Ordnung ist. Umgekehrt kann bei einem geklärten Beziehungsverhältnis der Lehrer inhaltliche Fehler begehen, ohne daß ihm die Schüler sofort daraus einen Vorwurf machen.

Jede Kommunikation hat also einen Inhalts- und einen Beziehungsaspekt, wobei der Beziehungsaspekt den Inhaltsaspekt überlagert.

3. Regel:

Jede Kommunikation enthält in der unterschiedlichen Sicht der verschiedenen Partner eine Struktur, die als Interpunktion einer Ereignisabfolge erscheint

Jeder Partner setzt für den Beginn eines bestimmten Kommunikationsablaufes einen bestimmten eigenen Anfangspunkt (Interpunktion). Jede Kommunikation enthält aus der unterschiedlichen Sicht der verschiedenen Partner eine bestimmte Struktur. Bei Streitigkeiten kann das bedeuten, daß jeder Partner seinen eigenen Ansatzpunkt setzt und dem anderen den Vorwurf des ‚Angefangen habens' macht.

Beispiel 1:

Vor dem Berater meint die Mutter, sie müsse immer mit dem Kind schimpfen, weil es nie die Hausaufgaben machen wolle. Das Kind wehrt sich dagegen mit dem Argument, daß die Mutter nie mit der Hausaufgabe zufrieden sei und schimpfe, und daß es deshalb die Hausaufgaben nicht machen wolle.

Jeder von beiden macht seinen jeweiligen Anfangspunkt für den Beginn der Auseinandersetzung geltend. Ein unbefangener Beobachter hingegen wird schnell erkennen, daß jede Handlung sowohl auf eine vorausgehende reagiert als auch auf die folgende auslösend wirkt. In diesem Sinne hat die Kommunikation keinen Anfang und kein Ende. Sie ist kreisförmig.

Durch die Interpunktion der Partner erhält die Kommunikation eine subjektive Struktur (in dem Sinne: einer hat angefangen), die objektiv aber nicht gegeben ist.

Beispiel 2:

Ein Lehrer bereitet sich nicht mehr intensiv auf den Unterricht vor, weil die Klasse lustlos ist. Die Klasse dagegen ist lustlos, weil der Lehrer einen schlechten Unterricht macht. Die Beziehung zwischen beiden ist gestört, und es läuft ein Prozeß ohne Anfang und ohne Ende ab. Dieser Prozeß läßt sich folgendermaßen abbilden:

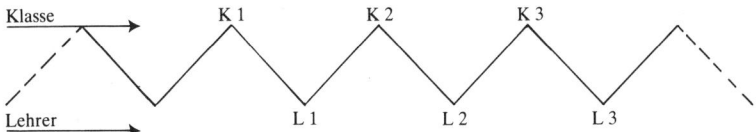

Läßt man die Frage nach dem Verursacher außer acht, so ergibt sich folgendes Interaktionsmuster: jeder der beiden Kommunikationspartner sieht jeweils nur das Verhalten des anderen und macht dieses zum Ausgangspunkt seiner eigenen Handlungsweise.
Der Lehrer sieht den Ablauf:

K 1 – L 1 – K 2 – ......,

die Schüler sehen den Ablauf:

L 1 – K 2 – L 2 – K 3 ......

Jede Partei nimmt ihr Verhalten nur als *Reaktion* auf, aber nicht als *Ursache* für die Haltung der anderen Partei. „Beide Partner sind unfähig, ihr eigenes Verhalten als Voraussetzung für das Verhalten des anderen zu begreifen. Lehrer und Schüler sind nicht in der Lage, die Interpunktion der Ereignisfolge so zu verändern, daß eine Kommunikation über ihre Kommunikationssituation, daß also eine Metakommunikation möglich wird" (Wulf und Groddek, S. 224).

4. Regel:

Die menschliche Kommunikation kann in digitaler (= genau bezeichenbarer) und analoger (= ähnlicher) Weise erfolgen

Die Unterscheidung digital/analog bezeichnet in der mathematischen Physik unterschiedliche Arten der Informationsverarbeitung. Digitale Kommunikation ist dann gegeben, wenn der Inhalt der Mitteilung in Zeichen verschlüsselt ist, deren gegenständliche und/oder begriffliche Bedeutung eindeutig ist (Sprache, Buchstaben, Zahlen); digitale Kommunikation ist daher meist verbaler Kommunikation (= Sprache verwendende Kommunikation) gleichzusetzen. Es besteht zwischen Kommunikationspartnern eine klare Regelung, wie diese Zeichen entschlüsselt werden sollen. Analoge Kommunikation ist dann gegeben, wenn die Information in Zeichen verschlüsselt ist, die nur eine ungefähre, indirekte oder übertragene Darstellung erlaubt (Bilder, Körpersprache...). Dies ist meist bei nonverbaler Kommunikation (Mimik, Gebärde, Blick) und bei paraverbaler Kommunikation (Tonfall, Sprachstil) gegeben. Es fehlt eine klare Regelung, wie die Zeichen entschlüsselt werden sollen. Verschiedene Kommunikationsempfänger können sie in unterschiedlicher Weise interpretieren.

Beispiel 1:

Ein Lächeln drückt nur ungefähr den zugrundeliegenden Gefühlszustand aus, ist also analog. Ein Lächeln kann bedeuten: Sympathie, Sicherheit, Verächtlichkeit, Zufriedenheit...

Wird der Gefühlszustand dagegen in Sprache ausgedrückt (digital) mit dem Satz: „Ich freue mich", so ist die parallel ablaufende analoge Kommunikation (Lächeln) eindeutig als zufriedenes Lächeln zu verstehen.
Die Unterscheidung zwischen analoger und digitaler Kommunikation ist deshalb wichtig, weil Beziehungsaspekte (siehe Regel 2) meist über analoge Kommunikation ausgedrückt werden, Inhaltsaspekte dagegen meist über digitale Kommunikation. Da analoge Kommunikation weniger eindeutig ist als digitale Kommunikation, entstehen gerade auf dem Gebiet der Beziehungen Unsicherheiten. Daher ist es gerade für die Beziehungsklärung nötig, dem anderen direkte, digitale Rückmeldung zu geben (s. Feed-Back-Regeln, S. 78, 83, 90, 139, 140).

Beispiel 2:

Der Lehrer lächelt nach einem Schülerbeitrag. Der Schüler weiß damit oft nicht, ob das Lächeln Akzeptieren oder Verächtlichkeit ausdrückt. Erst die direkte verbale Rückmeldung kann dem Schüler eindeutig machen, wie der Lehrer sein Lächeln verstanden haben will.

5. Regel:

Zwischenmenschliche Kommunikationsabläufe sind entweder symmetrisch oder komplementär, je nachdem, ob die Beziehung zwischen den Partnern auf Gleichheit oder auf Unterschiedlichkeit beruht

Bei einer symmetrischen Beziehung gehen beide Partner von einem ebenbürtigen Verhältnis zueinander aus oder versuchen zumindest die Rangunterschiede zwischen sich zu verringern. Sie verhalten sich zueinander sozusagen spiegelbildlich. Dies kann sich z.B. schon dadurch zeigen, daß beide etwa gleich viel reden.
Im Falle der komplementären Kommunikation dagegen stehen die Verhaltensweisen der Kommunikationspartner in einem Ergänzungsverhältnis. Dies kann sich darin zeigen, daß der eine viel redet, während der andere viel schweigt. „Eine komplementäre Kommunikation beruht auf unterschiedlichen, sich ergänzenden Positionen, wie sie z.B. im Verhältnis von Herr und Knecht ausgedrückt sind. Sie bestimmen den Kommunikationsverlauf. Entscheidend ist, daß in beiden Fällen die jeweiligen Kommunikationsverhaltensweisen ineinander verzahnt sind und sich gegenseitig bedingen. So kann z.B. der Knecht seine Position nicht ohne Bezug auf die seines Herrn definieren, wie umgekehrt der Herr seine Position nicht definieren kann, ohne sich auf den Knecht zu beziehen" (Wulf und Groddek, S. 224).

Unerschrocken durch den Kommunikationsdschungel

Symmetrische wie komplementäre Verhaltensweisen können ein Gleichgewicht zwischen den Kommunikationspartnern ausdrücken, wenn sie der Beziehungsdefinition der Kommunikationspartner entsprechen. Entsprechen sie jedoch der Beziehungsdefinition nicht, so kommt es zur Eskalation. Dies ist unter Störungen dargestellt (S. 88).

In der Beratungssituation ist aufgrund der äußeren Bedingungen eher ein komplementäres Verhältnis gegeben, weil der Berater einen Wissensvorsprung (= inhaltliche Komplementarität) hat und weil sich der Ratsuchende in der Rolle des Hilfesuchenden befindet (= Beziehungskomplementarität). Es muß dem Berater ein Anliegen sein, dem Ratsuchenden auf der Beziehungsebene das Gefühl der Symmetrie zu geben, d. h., ihm das Gefühl zu geben, als Person vom Berater voll anerkannt zu werden.

Zusammenfassung der 5 Regeln:

1. Regel: Es ist unmöglich, nicht zu kommunizieren.

2. Regel: Jede Kommunikation hat einen Inhalts- und einen Beziehungsaspekt, wobei der Beziehungsaspekt dem Inhaltsaspekt übergeordnet ist.

3. Regel: Jede Kommunikation enthält in der unterschiedlichen Sicht der verschiedenen Partner eine Struktur, die als Interpunktion (Gliederung) einer Ereignisabfolge erscheint.

4. Regel: Die menschliche Kommunikation kann in „digitaler" (= genau bezeichenbarer) oder in „analoger" (= übertragener) Weise erfolgen.

5. Regel: Zwischenmenschliche Kommunikationsabläufe sind entweder symmetrisch oder komplementär, je nachdem, ob die Beziehung zwischen den Partnern auf Gleichheit oder Unterschiedlichkeit beruht.

3.4 Kommunikationsstörungen in der Beratung (Regelverletzungen)

Mit den dargestellten fünf Kommunikationsregeln ist noch nichts darüber ausgesagt, ob die analysierte Kommunikation positiv oder negativ zu bewerten ist. Im folgenden soll daher aufgezeigt werden, wie diese „Prinzipien der menschlichen Kommunikation" (Watzlawick, 1969) Störungen unterliegen können, d. h. welche Verletzung der einzelnen Regeln zu Kommunikationsstörungen führen kann.

In der Beratung können für den Berater Störungen auf zwei Ebenen auftreten:
– Störungen in seiner Interaktion *mit* dem Ratsuchenden.
  Hier ist er als direkter Kommunikator mit dem Ratsuchenden, mit dem Kollegen usw. direkt in die Interaktion eingebunden, es geht um seine Kommunikation mit ihnen.
– Störungen, die in der Interaktion *zwischen* Ratsuchenden auftreten.
  Der Berater ist hier in der Situation des Beobachters, vor dem eine Kommunikation abläuft, z. B. zwischen Eltern/Kind, Lehrer/Schüler. Der Berater kann dabei versuchen, die vor ihm ablaufende Kommunikation als Beobachter zu analysie-

ren, um anschließend in das Geschehen einzugreifen mit dem Ziel einer Kommunikationsverbesserung. Selbstverständlich ist der Berater dabei auch immer in irgendeiner Form direkter Kommunikationsbeteiligter, allein schon durch seine Anwesenheit.

Wir können in der Beratungssituation eine Verletzung der einzelnen Kommunikationsregeln in folgender Form vorfinden.

(1) *Man kann nicht nichtkommunizieren*

– Oft ist der Ratsuchende nicht aus eigenem Antrieb beim Berater, sei es, daß er von einer Institution (z.B. Schule) geschickt wurde, oder daß er von anderen Personen (z.B. von seinen Eltern) zum Mitkommen gezwungen wurde. Er wird also durch eine Verweigerung der Kommunikation (wie z.B. Schweigen, einsilbige Antworten, Erzählen von unwichtigen Dingen) seinen Protest zeigen.
Der Berater darf dieses nicht als eine Kommunikationsstörung ansehen, die das Beratungsgespräch behindert, sondern er muß erkennen, daß mit dieser Art von Kommunikationsverweigerung etwas mitgeteilt werden soll. Der Berater muß also zuerst einmal diese Mitteilung zum Thema der Kommunikation machen.
– Der Berater reagiert manchmal mit Nichtbeachten auf eine wichtige Aussage des Ratsuchenden, sei es, daß er die Bedeutung der Aussage nicht sofort erkennt, oder daß er nicht weiß, wie er adäquat darauf reagieren soll (z.B. bei peinlichen Aussagen des Ratsuchenden). Das Übergehen der wichtigen Aussage ist jedoch für den Ratsuchenden wiederum ein kommunikativer Hinweis, auf den er reagieren wird, z.B. mit Themenwechsel. Der Berater kann die Änderung spüren, beide Seiten werden mit einem Unbehagen das weitere Gespräch fortführen.

(2) *Inhalt – Beziehung*

Die Beziehungsebene ist in der Beratung wichtig, denn hier ist ein besonders intensives Verhältnis gegeben. Der Inhalt (z.B. in Form eines Rates oder einer Empfehlung) kann nur vom Ratsuchenden akzeptiert werden, wenn er auch die Beziehung akzeptiert. Zugleich ist jedoch gerade bei dieser Regel eine große Verletzungsgefahr gegeben, weil Inhalt und Beziehung ineinander verzahnt sind.

a) Verletzungen können eintreten durch Uneinigkeit der Kommunikationspartner auf den Ebenen Inhalt/Beziehung.

– Die Kommunikationspartner sind sich auf beiden Ebenen uneins, d.h., sie akzeptieren sich gegenseitig auf beiden Ebenen nicht.

Beispiel 1:

Ein Lehrer findet die Leistung eines Schülers ungenügend (Inhalt) und sieht nicht ein, warum er sich darüber auch noch mit einem Berater unterhalten soll (= Beziehung). Der Berater betrachtet es als das Recht der Eltern, daß sie ihn zu einem Gespräch mit dem Lehrer bitten (= Beziehung zum Lehrer) und findet die Leistungen des Schülers ausreichend (Inhalt).

– Die Kommunikationspartner sind sich auf der Inhaltsebene einig, akzeptieren sich jedoch nicht auf der Beziehungsebene. Das bedeutet, daß jeder einverstanden ist mit dem, was der andere sagt, tut, denkt, jedoch nicht akzeptiert, daß gerade *der* das sagt, tut, denkt.

Beispiel 2:

Ein Lehrer ist zwar mit dem Vorschlag des eingeschalteten Beraters einverstanden (Inhalt), betrachtet es aber als einen Eingriff in seine Kompetenz, daß extra ein Berater eingeschaltet wurde (Beziehung). Der Lehrer wird daher dem Berater beweisen wollen, daß dessen Vorschlag doch nicht so gut ist, daß er selbst auch auf diese Idee gekommen wäre ... usw., er wird den Vorschlag des Beraters sabotieren.

– Die Kommunikationspartner akzeptieren sich auf der Beziehungsebene, sind sich jedoch beim Inhalt uneinig.

Beispiel 3:

Ein Lehrer findet es gut, daß ein Berater eingeschaltet wird (Beziehung), kann aber die Empfehlung des Beraters nicht akzeptieren (Inhalt).

Dies ist eine kommunikative Störung, die für beide Seiten fruchtbar sein kann: Jeder kann dem anderen sachlich erklären, warum er seine Ansichten hat, ohne daß sich der einzelne persönlich angegriffen fühlen muß. „Die Partner sind sich sozusagen einig, uneins zu sein" (Watzlawick, 1969, S. 81).

b) Weiterhin kann diese Regel verletzt werden durch die einfache Tatsache, daß eine der beiden Ebenen nicht genügend beachtet wird. Dies kann der Fall sein, wenn der Berater zu wenig die Beziehungsebene beachtet. Der Ratsuchende teilt dem Berater etwas auf der Beziehungsebene indirekt mit, z. B. zeigt er durch Schweigen, daß er nicht mit der Beratung einverstanden ist, der Berater jedoch geht darauf nicht ein und spricht nur über den Inhalt. Hier beachtet der Berater nicht die Beziehungsebene. Dem Ratsuchenden dagegen wird es nicht möglich sein, die Inhaltsebene zu akzeptieren.
Gerade für diese Art von Kommunikationsstörungen muß der Berater sensibilisiert werden, weil in der Regel der Ratsuchende in indirekter Form die Beziehungsebene abklären will. Der Ratsuchende spricht nicht darüber, wie er den Berater sieht, sondern er zeigt durch indirekte Äußerungen wie Zustimmung, Schweigen und sonstige nonverbale Signale seine Einstellung zum Berater.
Ebenso kann es eine Mißachtung der Inhaltsebene bedeuten, wenn es der Berater z. B. versäumt, auf eindeutige Informationsfragen des Ratsuchenden mit klaren Informationen zu antworten.

(3) *Interpunktion*

Die Verletzung dieser Regel findet in Form von gegenseitigen Vorwürfen statt, wer an was schuld sei. Dies ist für die Interaktion Berater/Ratsuchender kaum von Belang, da solche gegenseitigen Vorwürfe wohl ganz selten auftreten. Der Berater kann dies jedoch oft als Beobachter in der Interaktion zwischen Ratsuchenden erleben, z. B. wirft ein Elternteil dem Kind mangelnde Lernbereitschaft vor und das Kind führt seine Unlust zum Lernen auf das Verhalten des Elternteils zurück. Oder ein Lehrer bestraft eine Klasse, weil sie seinen Unterricht boykottiert, und die Klasse boykottiert, weil der Lehrer zuviel straft.

(4) *Digital-Analog*

Brunner u. a. meinen hierzu: „Ein wesentliches Störungsmoment bezüglich analoger und digitaler Kommunikation ergibt sich unter anderem durch die Uneindeutigkeit der analogen Kommunikationsformen. Nicht-Sprechen kann ein zufriedenes, ausgeglichenes Sich-zurück-ziehen bedeuten, es kann auch Ausdruck von Unsicherheit, Enttäuschung und Langeweile sein, oder aber eine Form des Widerstandes und Trotzes. Analoge Kommunikation, also im Prinzip jede nichtsprachliche Ausdrucksform, ist ein ständiger Kommunikationskanal, auf den man reagiert, ihn aber selten bewußt wahrnimmt.

Häufig führen widersprüchliche Botschaften zwischen analoger und digitaler Form zu den sogenannten ‚Beziehungsfallen‘ (‚double-bind‘).

Beispiel:

Der Lehrer sagt zum Schüler: ‚Das finde ich prima, daß du das gemacht hast‘ (digital), und wendet sich gleichzeitig mit seinem Blick desinteressiert (analog) einer anderen Sache zu. Der Schüler ist verunsichert und wird, wenn sich ähnliche Situationen öfters wiederholen, verhaltensunsicher bzw. seinerseits versuchen, die Beziehung ähnlich unklar zu definieren" (Brunner u. a. 1978, S. 65).

Daher gilt für die Beratung, daß sich der Berater bewußt sein muß, ob bei ihm selbst digitale und analoge Botschaften übereinstimmen. Denn der Ratsuchende merkt sehr schnell, wenn der Berater ihn mit Worten verstärkt und zugleich nonverbal durch seinen Gesichtsausdruck sein Desinteresse oder seine Mißbilligung ausdrückt.

Bei Wiederholungen solcher paradoxen (= widersprüchlichen) Situationen wird der Ratsuchende die Paradoxie in der Regel mit Abbrechen der Kommunikation lösen. Zurück bleibt ein frustrierter Berater, der sich das Verhalten des Ratsuchenden nicht erklären kann. (Hier kann ihm die Supervision der Kollegen eine Hilfe sein.)

(5) *Symmetrisch – Komplementär*

Grundsätzlich besteht in der Beratungssituation eine komplementäre Beziehung Berater/Ratsuchender auf der Inhaltsebene: Der Berater hat einen Vorsprung durch sein Fachwissen. Auf der Beziehungsebene dagegen kann ein Gleichwertigkeitsverhältnis bestehen: Beide akzeptieren sich als Personen. Kommunikationsstörungen in Form von Eskalationen fallen bei dieser Regel besonders auf: Eine symmetrische Eskalation könnte in der Beratung sein, wenn z. B. der Ratsuchende und der Berater sich gegenseitig ins Wort fallen und jeder seine Ansicht vortragen will. Eine komplementäre Eskalation in der Beratung dagegen würde dann möglicherweise so aussehen, daß der Ratsuchende desto mehr schweigt, je mehr der Berater redet.

Prinzipiell muß der Berater sich selbst im klaren sein, auf welche Verhaltensweisen des Ratsuchenden er symmetrisch bzw. komplementär reagiert.

Beispiel:

Der Berater muß wissen, wie er auf einen vielerzählenden Ratsuchenden reagiert, wie auf einen depressiven Ratsuchenden. Er muß sich bewußt sein, ob er auf eine vielerzählende Mutter ebenso reagiert wie auf einen vielerzählenden Vater. Seine Reaktionen hängen sehr stark mit seinen Wertvorstellungen und Verhaltensnormen zusammen.

3.5 Alternatives Beraterverhalten: Metakommunikation

Eines der Ziele der Ausbildung zum Berater ist es, die Grundlagen für eine gelungene Kommunikation zwischen Berater und Ratsuchendem zu schaffen. Der zukünftige Berater möchte mit der Gesprächsführung seine bisherige alltägliche Art von Kommunikation verbessern.

Dies ist mit der nichtdirektiven Gesprächstechnik zum Teil gegeben: statt sofort mit eigenen Ansichten zu reagieren, läßt der Berater den Ratsuchenden zuerst einmal sein Problem voll darlegen. Im Alltag hat der Ratsuchende bisher gerade das Gegenteil erlebt, nämlich die sofortige Reaktion seiner Kommunikationspartner in Form von Ratschlägen, Vorwürfen, Lösungsvorschlägen usw. Damit konnte er bisher keine befriedigende Lösung finden. Die nichtdirektive Gesprächstechnik bietet dem Ratsuchenden eine neue Art der Auseinandersetzung mit seinem Problem und die Möglichkeit der eigenen Lösungsfindung.

Keine Art von Gesprächsführung ist jedoch in der Lage, das Auftreten kommunikativer Störungen von vornherein auszuschließen. So ist z. B. die Verletzung von Regel 2 (Inhalt/Beziehung) typisch für nichtdirektive Gesprächsführung, weil häufig der Ratsuchende einen Rat (= Inhalt) bekommen möchte, während der Berater diese Art von Beziehung ablehnt, da sie Abhängigkeiten erzeugt.

Liegt eine Kommunikationsstörung zwischen Berater und Ratsuchendem vor, so muß die Kommunikationsstrategie geändert werden. Dies kann am ehesten durch den Berater geschehen, der durch seine Vorbildung ein Wissen über Störungsformen und Verhaltensalternativen hat. Der Ratsuchende dagegen wird wohl meist nur ein Unbehagen in der Kommunikation empfinden, ohne es auf einen konkreten Störungsgrund zurückführen zu können. Zudem wird er sich zu unsicher fühlen, sein Unbehagen offen zu äußern.

Aber auch für den Berater gilt, daß er sich im Augenblick blockiert fühlt und unfähig ist, spontan eine Strategie zum Beheben der Störung und somit zum Verlassen der Sackgasse zu finden. Daher kann ihm das Wissen einer Technik ein wertvoller Anker sein, mit dem er seine neuen Handlungsstrategien aufbaut. Als Anker für das Beheben von Kommunikationsstörungen dient uns der Grundsatz, wonach die Mitteilung des Beraters über die Störung nicht indirekt geschehen darf. Eine indirekte Mitteilung wäre z. B. das Ablenken durch ein Überleiten zu einem neuen Thema oder das Abbrechen durch Schweigen oder das Abschließen des Themas durch eine unverbindliche allgemeine Aussage. Zurück bliebe hier das ungute Gefühl auf beiden Seiten, daß etwas ungeklärt im Hintergrund steht.

Direkte Mitteilung dagegen wäre, wenn der Berater die Störung als solche anspricht, wenn er eine „explizite Beziehungsklärung" versucht (Fittkau u. a., 1977, S. 56). Damit tritt der Berater aus der bisher gelaufenen Kommunikation heraus und stellt sich über sie. Er sieht sich und seinen Kommunikationspartner gleichermaßen wie von oben, wie von einer übergeordneten Ebene (= Metaebene). Das Sprechen aus dieser Distanz über die Kommunikation ist dann Metakommunikation. Dabei darf der Berater auch sein ungutes Gefühl einbringen, weil es gerade sein Gefühl ist, das seine Aussage „echt" macht. Dies sollte aber in Form einer Ich-Botschaft geschehen. (Näheres über Ich-Botschaft in Th. Gordon: Lehrer-Schüler-Konferenz, 1977, S. 103–127.)

Beispiel:

Zwischen Berater und Ratsuchendem entsteht eine symmetrische Eskalation, beide fallen sich ins Wort, jeder will seine Meinung zum Thema loswerden. Der Berater spürt in sich eine Unzufriedenheit und drückt das aus: „Ich bin mit dem Gespräch unzufrieden. Ich erlebe mich, wie ich Ihnen ständig ins Wort falle. Umgekehrt sehe ich bei Ihnen ebenso, daß Sie mir ins Wort fallen. Wie sehen Sie das?"

Hier drückt der Berater sein Gefühl aus (Ich-Botschaft: „Ich bin unzufrieden"), geht dann aber über diese Ich-Botschaft hinaus. Er drückt explizit aus, wie er das Verhalten beider Kommunikationsbeteiligter erlebt (Metakommunikation: „Ich erlebe mich..., und ich sehe Sie..."). Metakommunikation ist somit eine direkte, explizite Aussage über das kommunikative Verhalten beider Partner. Der Kommunikationspartner soll dabei nicht das Gefühl haben, Vorwürfe gemacht zu bekommen, es soll ihm vielmehr Rückmeldung sein, wie ihn der andere in der Kommunikation erlebt. Dies ist nur möglich, wenn die Verhaltensweisen beider Partner gesehen werden. Eine indirekte Rückmeldung dagegen könnte etwa so aussehen: „Vielleicht sollten wir zu einem anderen Thema übergehen", und damit würde der Konflikt ungeklärt weiterhin das Gespräch untergründig beeinflussen.

Der Gesprächspartner wird auf eine Metakommunikation hin aus der bisher gelaufenen Kommunikation hinausgehen müssen und seine Sichtweise darlegen müssen. Damit ist auf jeden Fall gegeben, daß die störenden Verhaltensweisen für einige Zeit unterbrochen werden. Statt dessen ist die Art des miteinander Sprechens und des miteinander Umgehens zum gemeinsamen Thema geworden.

Auf die Gefahr der Anwendung von Metakommunikation als rein technisches Hilfsmittel (bezogen auf Lehrer-Schüler-Kommunikation) verweisen Brunner u. a.: „Einfach vorgeschriebene Metakommunikation hat keinen befreienden Charakter. Auch wenn die Metakommunikationsinterpretation wahr sein mag, hat sie nicht notwendig eine verbessernde Wirkung auf die Kommunikationsstrukturen. Dies hat aber für ein Kommunikationstraining, das Metakommunikation als ein Medium zur Verbesserung der Kommunikation zwischen Lehrer und Schüler benutzt, zur Konsequenz, daß metakomplementäre Herrschaft nur dann vermeidbar ist, wenn ein Interesse an einer Veränderung der Lehrer-Schüler-Interaktion auch bei den Schülern besteht, wenn also nicht von außen, gleichsam dirigistisch, eine sozialtechnologisch-funktionale Verbesserung im Sinne einer fehlerfreien Anwendung der pragmatischen Kommunikationsregeln erreicht werden soll, sondern mit allen Beteiligten ein Mehr an Selbstbewußtsein, Kongruenz, Authenzität und Identität, ein Mehr an Transparenz und Handlungsperspektiven zur Veränderung innerer und äußerer Zwänge angestrebt wird" (Brunner u. a., S. 68).

Diese Aussage läßt sich ebenso auf das Verhältnis Berater/Ratsuchender übertragen.

Vorüberlegungen:

Bei der Konzeption der folgenden Übungsschritte sind wir von der Überzeugung ausgegangen, daß eine gelungene Beratung mit einer störungsfreien Kommunikation nicht einfach kurzfristig „eingeübt" werden kann. Wohl aber lassen sich die *Mechanismen* aufdecken, die der Kommunikation eine *Struktur* verleihen (Regeln) und die Kommunikation *beeinträchtigen* (Störungen). Ferner kann, wie bereits im Theorieteil aufgezeigt, eine verfahrene Gesprächssituation durch den Berater „entschärft" werden, wenn es ihm gelingt mit dem Ratsuchenden über die Mißverständnisse zu kommunizieren (Metakommunikation). Letztendlich sind wir der Meinung, daß annähernd jede normale Diskussion auch konflikterzeugende Gesprächsmomente aufweist, die analysiert und bearbeitet werden könnnen. (Die Teamdiskussion beim Entstehen dieses Buches war uns dabei sehr aufschlußreich). Jede Arbeitsgruppe kann daher versuchen, ihre eigene Diskussionssprache zu untersuchen.

Diese oben genannten Grundgedanken haben die Konstruktion der im folgenden dargestellten Übungsschritte bestimmt:

– Einführung der Kommunikationsregeln (60 Min.)
– Erarbeitung der Regeln und ihrer Störungsformen an schriftlichem Material (90 Min.)
– Alternatives Beraterverhalten bei Kommunikationsstörungen (180 Min.)
– Analyse eines Gruppengesprächs unter kommunikationstheoretischen Gesichtspunkten (ohne Zeit)

3.6 Einführung der Kommunikationsregeln (60 Min.)

Lernziel:

Die Kommunikationsregeln nach Watzlawick sollen erkannt und benannt werden.

Methode:

Rollenspiel vor der Arbeitsgruppe.

Durchführung:

Die Leiter der Arbeitsgruppen versuchen in Form eines (vorbereiteten) Rollenspiels den Inhalt der verschiedenen Kommunikationsregeln zu demonstrieren. Wir schlagen ein Gespräch vor zwischen einem Beratungslehrer und einer Mutter. Die Rollenspieler achten dabei sowohl auf den Inhalt des Gesprächs (Vorschlag siehe unten) wie auf die Darstellungsform (Sprache, Gestus, Mimik usw.). Auch darf die Kommunikation etwas pointiert sein, um auf die Beobachter stärker sinnerhellend zu wirken. Wenn ca. ein bis zwei Regeln im Rollenspiel „verpackt" dargeboten wurden, kann in Form einer freien Diskussion gemeinsam nach der gesuchten Regel geforscht werden im Sinne des problementwickelnden Unterrichts. Wurden die Regeln hinreichend erkannt, wird zum nächsten Abschnitt weitergegangen (Fortführung des Rollenspiels), bis alle fünf Regeln erarbeitet sind. Der Vorteil dieser Methode liegt neben der sehr plastischen Darstellung auch in der Heiterkeit auslösenden Wirkung, weil durch die oft überspitzte Darstellung groteske Situationen erzeugt werden.

Vorschlag zur Fallgeschichte

Vorgeschichte: Eine Mutter will ihr Kind nach der 4. Klasse in die Realschule schicken, die Grundschule empfahl jedoch den Übertritt in die Hauptschule. Der Beratungslehrer wurde eingeschaltet, er führte einen Test durch und möchte jetzt auch die Hauptschule empfehlen. Die Mutter kommt in das Gespräch zum Beratungslehrer mit dem Vorurteil, daß der Lehrer eher zu seinem Kollegen als zu ihr steht. Das folgende Rollenspiel stellt das Gespräch Mutter/ Beratungslehrer dar.

Spielphase: Der Beratungslehrer schlägt Hauptschule vor, woraufhin die Mutter ihm sehr heftig Absprache und Komplizenschaft mit dem Klassenlehrer vorwirft. Sie akzeptiert seine Testergebnisse nicht, weil sie ihn nicht als Berater akzeptiert. Der Beratungslehrer verteidigt sich nur kurz und zaghaft gegen die Vorwürfe der Mutter und will dann seine objektiven Testergebnisse darstellen und seine Entscheidung begründen. (In dieser Spielphase lassen sich Regel zwei und vier darstellen).

Der Beratungslehrer macht jetzt der Mutter den Vorwurf, daß sie mit ihrer Voreinstellung von vornherein das Gespräch zerstöre, daß sie schuld an dem Streit sei. Die Mutter wiederum macht dem Beratungslehrer den Vorwurf, daß er bisher nicht ihre Vorwürfe der Komplizenschaft mit dem Klassenlehrer widerlegt habe, daß sie also berechtigterweise ihre Vorwürfe bringe und er also folglich schuld am Streit sei. Diese gegenseitige Schuldzuweisung läuft eine Zeitlang. (In dieser Phase lassen sich Regel drei und fünf darstellen).

Der Beratungslehrer beendet die gegenseitigen Schuldvorwürfe mit der Aussage. „Das bringt uns nicht weiter. Ich bin nicht bereit, mit Ihnen länger zu diskutieren. Ich werde Ihnen jetzt nur noch erklären, was Sie tun müssen, falls Sie Ihr Kind doch in die Realschule schicken wollen!" Die Mutter schweigt daraufhin verärgert, schaut den Beratungslehrer nicht mehr an, zeigt auch nicht, ob sie seinen folgenden Erklärungen zuhört. Er fragt dann wiederholt verunsichert dazwischen: „Haben Sie das verstanden?", ohne daß die Mutter daraufhin mit Bestätigung oder Verneinung reagiert. Der Beratungslehrer beendet kühl das Gespräch. (In dieser Phase lassen sich Regel fünf und eins darstellen).

Auswertung:

Es empfiehlt sich, die Diskussionsphase nach jeder Rollenspielsequenz durch folgende Fragen zu strukturieren:
– Was ist geschehen? (Inhaltswiedergabe des Rollenspiels)
– Welche Besonderheiten im Gespräch fielen auf?
– Welche Regeln lassen sich daraus ableiten?
Nach Ablauf aller Sequenzen (Spielphase-Diskussion, Spielphase-Diskussion usw.) sollen alle Regeln schriftlich fixiert sein.

3.7 Erarbeitung der Regeln und ihrer Störungsformen an schriftlichem Material (90 Min.)

(dieser Übungsschritt kann entweder als Alternative zur letzten Übung gelten oder aber in Kombination mit Übung 3.6 erkenntnisvertiefend eingesetzt werden)

Lernziel:

Analysieren von gestörten Beratungssituationen anhand von Kommunikationsregeln und ihren Störungsformen.

Durchführung:

Alle Gruppenteilnehmer erhalten den Basistext „Kommunikation". Anhand dieser schriftlichen Information werden in freiem Gruppengespräch die Verständlichkeit des Textes überprüft, der Sinn der einzelnen Kommunikationsregeln diskutiert und Beispiele und Erfahrungsberichte aus dem Alltag zu den einzelnen Regeln und ihren Störungsformen zusammengetragen.

Auswertung:

Die Überprüfung von Kommunikationsregeln einerseits und ihrem Auftreten im Alltag läßt die Gruppenteilnehmer im allgemeinen sehr aktiv werden, weil an dieser Stelle viele sogenannte Aha-Erlebnisse erinnert werden („Tatsächlich, das kenne ich! Ich hatte nur noch keinen Begriff dafür!"). Andererseits ist der Transfer auf Alltagssituationen oft schwierig, weil die Kommunikationsregeln doch eine ziemlich abstrakte kognitive Struktur haben. Dennoch bleibt das Suchen und Finden von Beispielen Grundlage dieses Übungsschritts.

3.8 Alternatives Beraterverhalten bei Kommunikationsstörungen (180 Min.)

Lernziele:

- Der zukünftige Berater soll die Auswirkungen von Kommunikationsstörungen auf den Verlauf eines Beratungsgespräches erleben.
- Der zukünftige Berater soll einige Beraterverhaltensweisen kennenlernen, die Kommunikationsstörungen beheben können.

Vorüberlegungen:

- Bei den folgenden Überlegungen legen wir das Schwergewicht auf verschiedene mögliche alternative Beraterverhaltensweisen bei Kommunikationsstörungen. Die Art der Kommunikationsstörung, die dann im Rollenspiel direkt erfahren werden kann, wird den Gruppenmitgliedern vorgegeben.
- Beispiele für die Mißachtung von Kommunikationsregeln in der Beratung entnehmen wir dem Basistext (Teil 3.4: Kommunikationsstörungen in der Beratung, Seite 85 ff.):

Regel 1: Eine Situation, in der der Ratsuchende schweigt.

Regel 2: Drei Situationen, in denen Uneinigkeit von Berater und Lehrer auf den Ebenen Inhalt und Beziehung besteht.

Regel 3: Entfällt, da in Beratungen selten eine Mißachtung dieser Regel vorkommt.

Regel 4: Wird in den Übungen nicht berücksichtigt, da Widersprüche zwischen digitalen und analogen Botschaften eher in der realen Beratungssituation deutlich werden.

Regel 5: Eine Situation, in der sich Berater und Ratsuchender immer ins Wort fallen.

Vorbereitung:

Die Teilnehmer werden über ihre Aufgabe informiert: Demnach müssen je zwei Partner eine Beratungssituation durchspielen, in der sie die Verletzung einer Kommunikationsregel demonstrieren. Der Berater erhält dabei die Erlaubnis, schon von sich aus zu versuchen, Auswege aus der gestörten Kommunikationssituation zu finden.

Desgleichen bekommen die Beobachter die Aufgabe, sich darüber Gedanken zu machen, wie sie als Berater aus einer „verfahrenen" kommunikativen Situation herausfinden können.

Durchführung:

Wir schildern kurz die „kommunikationsgestörte" Situation und bitten dann jeweils ein Paar, sich deren Vorführung im Rollenspiel zu überlegen.

Wir fangen dabei an mit Regel 1.

Nach Beendigung des Rollenspiels schildern die Rollenspieler, wie sie sich in der „verfahrenen" Situation fühlten, und ob der Berater wirksame Verhaltensweisen zur Reduzierung der Kommunikationsstörung zeigte.

Die Zuschauer nehmen anschließend mit ihren Beobachtungen und Beiträgen teil, wobei von ganz alleine Vorschläge kommen, wie sich der Berater hätte anders verhalten können. Aus diesen Vorschlägen kann sich dann ein Rollenspiel mit alternativen Beraterverhalten ergeben.

Somit können zu einer einzigen Regel ganz verschiedene Beraterverhaltensweisen durchgespielt werden.

Da der Gruppenleiter in diesem Fall gleichzeitig Beobachter ist, kann er Metakommunikation als eine mögliche Alternative einführen, die er freilich auch selbst demonstrieren muß.

Wie beschrieben spielen nun die Teilnehmer die fünf vorgegebenen Situationen, in denen es zu Kommunikationsstörungen kommt, durch, so daß alle Gruppenmitglieder aktiv an einem Rollenspiel teilnehmen können. Im Anschluß daran liest die Gruppe noch Seite 89 f. im Theorieteil (alternatives Beraterverhalten: Metakommunikation), um den Begriff der Metakommunikation als ein mögliches und sinnvolles alternatives Beraterverhalten zu vertiefen.

Auswertung:

Auf eine Gesamtauswertung am Ende der Arbeitseinheit soll hier verzichtet werden, da es sich als sinnvoller erwiesen hat, nach jedem Rollenspiel eine Auswertungsphase anzuschließen. Sind die Empfindungen und das Erleben der Spieler noch frisch, dann können sie am ehesten entscheiden, ob sie mit der jeweiligen Lösung des Kommunikationsproblems als Berater bzw. Ratsuchender zufrieden sind.

Rollenspiel 1:	Man kann nicht nicht kommunizieren
Situation:	Zwei Fahrgäste in einem Zugabteil
Rolle 1:	*Fahrgast A* Du sitzt in einem Eisenbahnabteil. Ein Fahrgast steigt zu. Er möchte mit dir ins Gespräch kommen. Du hast aber keine Lust, dich mit ihm zu unterhalten. Du möchtest deine Ruhe haben.
Beobachter 1:	Fahrgast A Versuche durch Beobachtungen den Satz zu begründen: Man kann nicht nicht kommunizieren. Wie verhält sich der Fahrgast A in der Situation?
Rolle 2:	*Fahrgast B* Du bist auf der Rückreise und in ausgelassener Verfassung. Du triffst in einem Zugabteil einen anderen Fahrgast mit dem du unbedingt ins Gespräch kommen möchtest.
Beobachter 2:	Fahrgast B Versuche durch Beobachtungen den Satz zu begründen: Man kann nicht nicht kommunizieren. Wie verhält sich der Fahrgast B?
Rollenspiel 2:	Kommunikation ist eine Ereignisfolge mit Interpunktionen.
Situation:	Teambesprechung – Übergangszeit. Sie trinken gemeinsam Kaffee. Seit einem halben Jahr arbeitet ein(e) Kollege(in) in ihrem Team. Er/Sie hat viele Ideen, vernachlässigt aber häufig die täglich anfallenden Aufgaben. Mal vergißt er/sie z. B. an einer Teambesprechung teilzunehmen, vergißt die Wäsche zu tauschen oder am Wochenende Jugendliche in der Küche vom Essen abzumelden. Wegen dieser Nachlässigkeit kam es schon mehrmals zu Auseinandersetzungen, in denen sich der/die Kollege(in) uneinsichtig zeigte. Nach der letzten Meinungsverschiedenheit meldete er/sie sich krank.
Rolle 1:	Der kritisierte Mitarbeiter. Immer wieder wirst du vom Gruppenleiter angemotzt und kritisiert, aber nie für deine Arbeit gelobt. Durch Passivität

und stillem Streik versuchst du dich zu wehren, denn du
verlierst immer mehr die Lust an der Arbeit.

Rolle 2: Der Gruppenleiter.
In deinen Augen sind einige Erzieher, aber vor allem der
neue Mitarbeiter passiv und wenig in der Arbeit engagiert.
Du glaubst, daß es wichtig ist, durch Kritik das Verhalten der
Mitarbeiter zu beeinflussen und zu ändern.

Rolle 3: Der kritische Erzieher.
Auch dir stinkt die Passivität einiger Erzieher und du
überlegst dir, wie man das ändern könnte.

Rolle 4: Der resignierte Erzieher.
Dir stinkt die Motzerei des Gruppenleiters und anderer
Erzieher im Team. Das Arbeitsklima geht dir auf die
Nerven.

Beobachterrollen: Achtet darauf, ob jeder sein Verhalten mit dem Verhalten
des anderen begründet, beispielsweise A sagt: Ich meide
dich, weil du nörgelst. B erwidert: Ich nörgle, weil du mich
meidest.

Rollenspiel 3: Neue Mitarbeiter

Situation: Erzieherbesprechung.
Das Erzieherteam besteht aus einem Gruppenleiter, einer
älteren Kollegin und 2 neuen Mitarbeitern.

Der Gruppenleiter hat einige organisatorische Fragen zu
klären. Ein neuer Mitarbeiter ist unzufrieden mit dem
pädagogischen Angebot für die Jugendlichen. Der andere
neue Mitarbeiter ist betroffen von dem aggressiven Umgang
der Jugendlichen untereinander und dem Erziehungsstil der
dienstälteren Kollegen.

Rolle 1: Gruppenleiter. Er ist etwas aggressiv distanziert und
autoritär zu Jugendlichen.

Anweisung: In Ihrem Team kam es vor 2 Monaten zu einem Personal-
wechsel. Ein Mitarbeiter hatte gekündigt und ging in ein
anderes Heim, eine Mitarbeiterin fiel durch eine schwere
Krankheit aus. Es wurden 2 junge Kollegen eingestellt.
Die beiden neuen Mitarbeiter sind bestrebt, gewissenhaft
ihren Dienst zu tun. In gemeinsamen Gesprächen bemühen
sie sich um eine theoretische Absicherung ihrer Handlungen. Gegen diese Gesprächsbereitschaft ist grundsätzlich
nichts einzuwenden. Doch werden Ihrer Meinung nach
durch endlose Diskussionen andere wichtige Aufgaben
vernachlässigt.

In dieser Teambesprechung möchten Sie einige organisatorische Fragen abklären.

Rolle 2:   Die ältere Kollegin.
Sie sind der dienstälteste Mitarbeiter und etwas resigniert.
Sie sind gegen Neuerungen und wollen, daß alles beim Alten
bleibt.
Mit dem Erziehungsstil Ihrer neuen Mitarbeiter sind sie
nicht so sehr einverstanden. Beispielsweise sollten die neuen
Mitarbeiter dafür sorgen, daß die Jugendlichen nach 22 Uhr
in ihren Zimmern sind. Sie sind der Auffassung, man müsse
die Jugendlichen ermahnen und für Ruhe sorgen.

Rolle 3:   Ein neuer Mitarbeiter.
Sie suchen pädagogische Gespräche zur theoretischen Absicherung ihrer Handlungen. Sie möchten, daß die Jugendlichen mehr Verantwortung tragen und in Entscheidungsprozesse einbezogen werden. Beispielsweise meinen Sie, daß
Jugendliche nach 22 Uhr selbst entscheiden sollten, ob sie in
ihrem Zimmer sind und bleiben.

Ihr Gruppenleiter praktiziert einen Erziehungsstil, der Ihren
Vorstellungen und Erfahrungen in keiner Weise entspricht.
Selbst bei geringfügigen Anlässen – einer Unachtsamkeit,
Nachlässigkeit oder Unpünktlichkeit – wird er aggressiv,
schreit die Jugendlichen an oder bestraft sie unangemessen
hart. In Teambesprechungen macht er immer wieder ironi-
sche und sarkastische Bemerkungen über einen Jugendlichen. Das Gruppenklima wird durch sein Verhalten vergif-
tet.
Einige Jugendliche sind verschüchtert und gehemmt, andere
wehren sich gegen den Druck durch aggressive Handlungen.

Rolle 4:   Der andere neue Mitarbeiter.
Sie möchten, daß das pädagogische Angebot in der Gruppe
attraktiver gestaltet wird. Zwischen Ihnen und der älteren
Mitarbeiterin bestehen große Unterschiede hinsichtlich der
Ausbildung, des Erziehungsstils und der Einstellung zu den
Jugendlichen.
Anfangs konnten Sie mit ihr gut zusammenarbeiten, doch
nun – nach einem halben Jahr – häufen sich die Schwierigkeiten. Als besonders störend empfinden Sie ihre pessimi-
stische, fast resignative Grundhaltung. Wenn Sie mit neuen
Ideen kommen, heißt es fast stereotyp: das habe ich schon
oft mit den Jugendlichen versucht, aber immer hat es Ärger
gegeben.

Beobachtungsaufgaben: 1. Achten Sie darauf, welche Sachaussagen gemacht
werden.
2. Wie, in welchem Ton und in welcher Körperhaltung werden diese Aussagen gemacht?

116

3. Wie definieren die Kommunikationspartner ihre Beziehungen? Wie gehen die Erzieher miteinander um? Gibt es übergeordnete oder untergeordnete Rollen?
4. Kann jeder seine Meinung vertreten und sein Bedürfnis zum Ausdruck bringen? Mit welchen Methoden werden Meinungen unterdrückt?

3.9 Analyse eines Gruppengesprächs unter kommunikationstheoretischen Gesichtspunkten

Vorüberlegungen:

Dieses Vorgehen bedeutet eine weitere Möglichkeit, den Teilnehmern den Sinn der fünf Watzlawickschen Regeln zu verdeutlichen.

Unter „Analyse eines Gruppengesprächs" verstehen wir folgendes: Im Verlauf der Gruppenarbeit kann sich eine Situation ergeben, die anhand einer der fünf Watzlawickschen Regeln bzw. anhand der Regelverletzungen analysiert werden kann. Beispiele: Schweigen in der Gruppe, was als analoge Botschaft gedeutet werden kann; Streitdiskussion zwischen Teilnehmern, was als symmetrische Eskalation aufgefaßt werden kann.

Mit der Analyse dieser aktuellen Vorfälle kann den Gruppenmitgliedern gezeigt werden, daß die Kommunikationsregeln nicht nur theoretische Inhalte, sondern auch ganz praktische Analyseinstrumente des augenblicklichen Geschehens sein können. Eine sinnvolle Ergänzung zum reinen Rollenspiel liegt darin, daß hier ein „echtes", nicht gespieltes Verhalten vorliegt, das damit auch zu einem stärkeren emotionalen Erleben führt. Die anhand eines konkreten Gruppenereignisses erarbeitete Regel bleibt stärker haften, da sowohl Intellekt als auch Emotionalität gleichermaßen beteiligt sind. Von da ist es auch nicht mehr weit, die Beziehungen innerhalb der Gruppe auf einer metakommunikativen Ebene zu verdeutlichen. Der Anstoß zum gruppendynamischen Gespräch ist damit schon gegeben.

Vorbereitung:

Entfällt, da hier ein spontanes Vorgehen des Leiters notwendig ist.

Durchführung:

Die Ausführungen möchten wir anhand von zwei Beispielen verdeutlichen, die zudem aufzeigen, wie unterschiedlich die Analyse eines Gruppenereignisses verlaufen kann.

Beispiel 1:

Ein Teilnehmer berichtet zur Veranschaulichung einer Kommunikationsregel über ein persönliches Problem mit einem Schüler. Abschließend sagt er: „Aber das ist ja nicht so wichtig, ich möchte mit meinem Problem nicht die Gruppe belasten." Der Gruppenleiter greift diese Aussage auf und fragt die Gruppe, wie das auf sie wirkt und ob sie hier eine Regelverletzung feststellen könne. Die Gruppe erarbeitet daraus den Widerspruch von digitaler Inhaltsaussage „das ist nicht wichtig" zur analogen Beziehungsaussage „Ich fühle mich in der Gruppe nicht so wohl, daß ich hier mein Problem behandelt haben möchte". Es entwickelt sich ein Gespräch über die Beziehungen der einzelnen Mitglieder, das den ganzen Nachmittag in Anspruch nimmt.

Beispiel 2:

Im Anschluß an ein Rollenspiel der Gruppenmitglieder spricht der Gruppenleiter sehr lange über Inhalt/Beziehung bei Beratungsgesprächen. Es ist ein Monolog, bei dessen Ende plötzlich Schweigen herrscht. 15 Sek. lang.

Leiter:	„Hm... Euer Schweigen signalisiert mir so Verschiedenes".
Gruppe:	Lachen. „Was?"
	20 Sek. Schweigen
Mitglied 1:	„Also, ich halte das nicht aus."
Mitglied 2:	„Ich auch nicht; ist eine komische Sache."
	Pause
Leiter:	„Was ist denn Schweigen nach Watzlawick?"
Mitglied 1:	„Eine Kommunikation."
Mitglied 2 und 3:	„Eine analoge Information."
	Pause
Leiter:	„Und was wolltet Ihr mir analog mitteilen?"
Mitglied 2:	„Also, ich denke gerade an die Situation vorher, wo Sie geredet haben, sehr viel geredet haben, und dann war es still. Da war das schon eine sehr komplementäre Situation: Sie dozieren, und wir sind wie Schüler!"
Mitglied 4:	„Aber als Sie plötzlich schwiegen, hatte das auch eine Bedeutung."
Leiter:	„Was zum Beispiel?"
Mitglied 4:	„Es war vielleicht gerade der springende Punkt, wo Sie eine Diskussion erwarteten, wo Sie von uns etwas erwarteten?"
Leiter:	„Hm"
Mitglied 3:	„Oder der Dozent denkt: mir reichts jetzt!"
Leiter:	„Jeder von Euch kann etwas anderes interpretieren."
Mitglied 2:	„Oder jetzt weiß der Dozent nicht mehr weiter!"
Leiter:	„Alle Eure Interpretationen treffen die Sache in etwa, mein Schweigen hat wohl Verschiedenes ausgedrückt. Aber vor allem zeigte es mein Erschrecken, als nach meiner langen Rede nichts von Euch kam. Da merkte ich, daß ich monologisiert hatte. Da wußte ich momentan auch nicht weiter. Und dann dachte ich, ich zwinge Euch mit meinem Schweigen zu einer Reaktion. Die kam ja dann auch, weil Euch das Schweigen unangenehm war."
Mitglied 2:	„Ihr Schweigen war also ein Trick! Fies!"
Gruppe:	Lachen. „Aha".
Leiter:	„Ihr seht also, wie unterschiedlich Schweigen als eine analoge Information interpretiert werden kann. Könnt Ihr Euch aber auch Schweigen als eine digitale Information vorstellen?"
	Pause
Mitglied 3:	„Wo Schweigen explizit vereinbart wurde"...

Bei Beispiel 2 hätte der Gruppenleiter ebenfalls zu einer Metakommunikation über sein Verhältnis zur Gruppe kommen können. Anscheinend war ihm aber die Aussage von Mitglied 2 „Ihr Schweigen war also ein Trick! Fies!" unangenehm, so daß er anstelle einer Aufarbeitung der Beziehung lieber zu einer Stofferarbeitung (= Inhalt) überging. Damit vergab er leider eine Chance.

4. Kapitel:
Die Rolle des Beraters und die Funktion von Beratung

Einleitung

An dieser Stelle möchte ich nochmals an einen in der Einleitung des Buches formulierten Grundgedanken erinnern:

„Die Persönlichkeit des Beraters, sein Menschenbild, die Berater-Klient-Beziehung, sowie die ständige kritische Reflexion seiner Beraterrolle bilden den Rahmen und die Grundlage für den konkreten Beratungsprozeß. Diese Faktoren bilden die Voraussetzung für jede Beratungstätigkeit, ohne ihre Einbeziehung verkümmert Beratung zur Beratungstechnologie."

Wir wollen nicht die Gedanken, die sich ein selbstkritischer Berater über seine Rolle als Person im sozialen System (Schule, Arbeitsamt, Jugendamt usw.) macht, loslösen von den Überlegungen, die er über die Rolle von Beratung in unserer *Gesellschaft,* bzw. im jeweiligen gesellschaftlichen Subsystem anstellen sollte.

Eine unreflektierte Beratungstätigkeit läuft sehr leicht Gefahr, ein billiger Ersatz für notwendige gesellschaftliche Reformen zu sein, der Berater wird als „nützlicher Idiot" mißbraucht.

Beratung, die dem Ratsuchenden vordergründig als Hilfestellung und Service des Schulsystems angeboten wird, kann sich bei näherem Hinsehen als „Schmieröl" einer schlecht laufenden Maschine herausstellen, als notdürftiger Kitt für Risse in einem Gebäude, die aufgrund eines Konstruktionsfehlers entstanden sind.

Als ein Beispiel für viele sei hier nur die sog. „Übertrittsberatung" angeführt, in deren Verlauf Schüler nach der 4. Grundschulklasse auf die drei weiterführenden Schularten Hauptschule, Realschule und Gymnasium verwiesen werden (Selektionsfunktion der Beratung). Autoren wie Heller u. a., 1978; Weiß, 1975, konnten nachweisen, daß ca. 20–25% der Schüler am Ende der Primarstufe nicht valide in eine für sie geeignete weiterführende Schulart empfohlen werden können. Daraus wird nicht etwa die Konsequenz gezogen, die Gesamtschule oder mindestens eine integrierte Orientierungsstufe für die Klassen 5 und 6 einzuführen. Vielmehr wird versucht, diesen Mangel durch den Einsatz von Tests und Beratungen durch Beratungslehrer zu überdecken, obwohl sich durch diese Maßnahme (den Einsatz von Tests und Beratung) die Treffsicherheit, die Quote der „richtigen" Zuordnungen in die drei weiterführenden Schularten, nicht signifikant erhöht.

Dieser Mangel kann auch nicht durch ein noch so verfeinertes Test- und Beratungsinstrumentarium beseitigt werden, da verständlicherweise Kinder sich ja auch nach dem 10. Lebensjahr in nicht immer vorhersehbarer Weise weiterentwickeln.

Jeder Berater sollte sich deshalb vergewissern, ob er nicht als „Lückenbüßer" für eine durch System- und Strukturmängel erzeugte „Ratlosigkeit" einspringen muß. Er müßte sich die Frage stellen, inwiefern eventuell durch die Verhinderung oder Beseitigung dieser Mängel in der jeweiligen Institution z.B. Schule, Universität, Jugendamt) auch das Bedürfnis nach Beratung verschwinden oder abnehmen würde.

Der *Theorieteil* ist wie folgt gegliedert:

- Gesellschaftliche Ziele und Aufgaben von Beratung.
- Aufgaben und möglicher Mißbrauch von Beratung in der Schule.
- Konkretes Rollenverhalten des Beraters im Alltag – sein Umgang mit widersprüchlichen Rollenerwartungen und daraus resultierenden Rollenkonflikten, dargestellt am Beispiel Schule.

Im *Praxisteil* wird versucht durch Rollenspiele, also auf der Handlungsebene, dem Lernenden Einsichten und Erkenntnisse in die Rollenproblematik des Beraters durch das Erleben in verschiedenen Rollen zu vermitteln.

Berater als Öl im Getriebe?

4.1 Gesellschaftliche Ziele und Aufgaben von Beratung (hier speziell im Bildungsbereich)

Eine Gruppe gewerkschaftlich organisierter Berater hat sich folgende Gedanken zu diesem Thema gemacht (DGB, 5/6/79, S. 107): „Aus dem im Artikel 20 des Grundgesetzes verankerten Sozialstaatsprinzip, aus dem vor allem ein Recht auf Arbeit und Bildung abgeleitet werden kann, ergeben sich für Beratung die Aufgaben, zur Verwirklichung dieses Rechts im Sinne der dafür notwendigen Veränderungen beizutragen.

Beratung nimmt in unserem gesellschaftlichen System insofern eine Schlüsselposition ein, als sie mitentscheidet für die Verteilung von Arbeit und Bildung.

Beratung sollte dabei das Ziel haben:

– die Bildungs- und Entfaltungsmöglichkeiten des Einzelnen weitgehend zu fördern;
– ihm die Notwendigkeiten und Möglichkeiten des Erwerbs von möglichst breiten und allgemein verwertbaren Qualifikationen aufzuzeigen;
– und dementsprechend gemeinsam mit ihm Informations-, Entscheidungs- und Realisierungshilfen zu erarbeiten.

Beratung hat die Selbstverwirklichung des Einzelnen, sowie der gesamtgesellschaftlichen Bedürfnisse und Entwicklungen zum Ziel. Sie orientiert sich an den Wünschen des Einzelnen nach Informations- und Entscheidungshilfen, sowie an der Erkennung und Realisierung individueller und gesellschaftlicher Bedürfnisse. Sie sollte zur Förderung und Verstärkung von Bildungsbemühungen beitragen. Sie darf dagegen nicht sein:

– eine Verschleierung von System- und Strukturmängeln;
– ein Alibi für die Aufrechterhaltung und die Anpassung des Einzelnen an die Mängel;
– ein Ausleseinstrument innerhalb des Bildungs- und Beschäftigungssystems.

Beratung muß auch deshalb als notwendige Funktion in unserer Gesellschaft verstanden werden, weil es durch Unüberschaubarkeit, Komplexität und die ständigen Veränderungen im Bildungs- und Beschäftigungssystem für den Einzelnen immer schwieriger wird, seine Bildungs- und Berufschancen optimal wahrzunehmen. Folgende Beispiele aus den verschiedenen Beratungsbereichen seien dazu aufgeführt:

Schule: Die vielen verschiedenen Schularten und zusätzlichen Differenzierungsformen in Gesamtschulen; Oberstufenreform; zunehmende Ausdifferenzierung im beruflichen Schulwesen; föderalistisch bedingte Unterschiede; die vor allem in einigen Bundesländern verbreitete Tendenz, vor weiteren Bildungsmöglichkeiten Barrieren etwa in Form von Aufnahmetests aufzurichten und das Versagen des Einzelnen als individuelle, biologisch bedingte Erscheinung zu werten.

Hochschule: Das Entstehen neuer Studiengänge; die Einführung von Regelstudienzeiten und rigiden Prüfungsordnungen; die zu Lasten der finanziell Schwächeren gehenden Veränderungen der BAFÖG-Regelungen; die Folgen zunehmender Isolations- und Konkurrenzgefühle.

Berufswelt: Dauernde Veränderungen der Arbeitsplätze und Berufsbilder durch technologischen Wandel und Rationalisierung; Veränderungen von Ausbildungsordnungen; überhöhte Eignungsanforderungen aufgrund des Mangels an qualifizierten Ausbildungs- und Arbeitsstellen; mangelnde Vermittlung von berufs- und studienkundlicher Kenntnisse durch Schulen und Elternhaus."
(Zitiert aus: DGB, 5/6/79, S. 107, C. Hennig ist Mitautor)

Selbstverständlich trifft dieselbe gesellschaftliche Relevanz, wie sie hier für den Bereich der Laufbahnberatung (Schullaufbahn, Berufsbildungs- und Hochschullaufbahn) aufgezeigt wurde, auch auf den Bereich „psychologische Einzelfallhilfe", d. h. auf die Beratung bei sozialen und emotionalen Problemen zu. Denn häufig ist eine Beratung, bzw. Therapie bei Verhaltens- und Erlebnisstörungen überhaupt erst die Grundlage dafür, eine gewisse Bildungs- oder Ausbildungslaufbahn einschlagen zu können.
Wir verlassen nun die Abstraktionsebene der gesamtgesellschaftlichen Funktionen von Beratung und wenden uns den Aufgabenfeldern und auch dem möglichen Mißbrauch von Beratung in einer einzelnen Institution, hier konkret der Schule, zu.

4.2 Aufgaben und möglicher Mißbrauch von Beratung in der Schule

Wenn wir den Strukturplan für das Bildungswesen (Deutscher Bildungsrat 1971, dort speziell der Abschnitt „Beratung im Bildungswesen", S. 91–95) sowie die Entwicklung des Beratungswesens im schulischen Bereich der letzten zehn Jahre betrachten, sehen wir folgende mögliche Gefahren von Beratung (vgl. dazu Fatke 1976):

„Feuerwehrfunktion" der Beratung:
Beratung als Reaktion auf Systemmängel der Schule: Beratung hat dabei die Funktion, den Einzelnen an die Anforderungen eines immer unübersichtlicher werdenden Bildungs- und Beschäftigungssystems anzupassen.
Übergewicht der Schullaufbahnberatung gegenüber der individualpsychologischen Beratung bei Verhaltens- und Erlebnisstörungen.
Zunehmende *Spezialisierung* und *Professionalisierung* der Beratung:
Die Person des Ratsuchenden wird aufgespalten in verschiedene Problembereiche, für die jeweils verschiedene Beratungsinstitutionen zuständig sind. Folge: Beratung wird durch immer weniger Laien und immer mehr spezialisierte Berater (Profis) durchgeführt.

Zu den Fehlentwicklungen in der Beratung seien im folgenden einige Erläuterungen angeführt:

4.2.1 „Feuerwehr"- bzw. Anpassungsfunktion

Seine Kritik an dieser Konzeption von Beratung faßt Fatke (1967, S. 28ff.) in den folgenden Thesen zusammen:
„Unmittelbarer bildungspolitischer Anlaß der Einführung von Beratung war die durch Errichtung von Gesamtschulen erhöhte Komplexität des curricularen Angebots, der diversifizierten Ausbildungsgänge und der institutionellen Struktur, Beratung sollte über diese Schwierigkeiten durch Informationsbereitstellung hinweghelfen.
Eine enge Kopplung der Einführung von Beratung an veränderte Bedingungen der Situation auf dem Arbeitsmarkt (höhere Flexibilität und Steuerungsnotwendigkeit) ist nicht zu bestreiten. Diesen Beweis hat insbesondere Köhler (1973) in einer Analyse des Arbeitsförderungsgesetzes von 1969 und der darin enthaltenen Konsequenzen für die Berufsberatung geführt.
... Mit der Einengung des Beratungskonzepts geht eine Individualisierung des Problems einher, derer sich der Berater annehmen soll. Sowohl Ursache wie auch Folge der Einengungstendenz, ist das Individualisierungsprinzip charakteristisches Merkmal der Begründung wie auch der organisatorischen Strukturierung der Bildungsberatung. Die Unüberschaubarkeit der komplexen Struktur als ursprünglicher Anlaß wird verdreht zum Unvermögen des Einzelnen, diese Unüberschaubarkeit von sich aus zu strukturieren... (S. 29)
„... hinter all dem taucht ständig das Gespenst einer unkritischen technokratischen Anpassung an nicht hinterfragte Leistungsanforderungen und Normen unserer Schule und Gesellschaft auf..." Und weiter: „Schulinduzierte Mängel soll also der einzelne Schüler, der damit nicht zurecht kommt, tragen; Probleme des Systems werden individualisiert. Indem Scheitern in der Schule als persönliches Versagen definiert wird, werden die Probleme sogleich psychologisiert..." (S. 28)
„Der Individualisierung entspricht eine konsequente Psychologisierung der Probleme. Was ursächlich in der Struktur des „Systems Schule" angesiedelt ist, wird in die Psyche des einzelnen Schülers verlagert. Nicht das System von organisatorischen, curricularen und sonstigen Zwängen ist für die Probleme verantwortlich, sondern die mangelnde Fähigkeit des Individuums, diese Zwänge zu bewältigen..." (S. 29)

4.2.2 Übergewicht der Schullaufbahnberatung gegenüber der individualpsychologischen Beratung

„Der Einfluß dieser bildungspolitischen und ökonomischen Faktoren hat vor allem dafür gesorgt, daß das ursprünglich noch umfassende Beratungskonzept, in dem Schullaufbahnberatung, psychologische Individualberatung, Eltern- und Lehrer- sowie auch Systemberatung integriert waren, *zunehmend eingeengt wurde auf die Beratung über Bildungs- und Schullaufbahnmöglichkeiten.*
Ein weiterer Grund für diese Einschränkung des Beratungskonzeptes dürfte darin liegen, daß an die Stelle des „Beratungsexperten" aus dem Strukturplan in der offiziellen bildungspolitischen Konzeption nunmehr der „Beratungslehrer" getreten ist, der in kurzer Zeit eine Zusatzausbildung erhält und dem eine Abminderung von zwei bis vier Stunden seines Unterrichtsdeputats gewährt wird."... (Fatke, ebd. S. 29).

4.2.3 Spezialisierung und Professionalisierung der Beratung

„Pädagogische Prozesse in der Schule werden durch die Einführung dieser Art von Beratung noch weiter aufgeteilt: für das Unterrichten ist der Lehrer zuständig, für alle daraus resultierenden Probleme – wie Lernstörungen, Leistungsversagen, Unsicherheit bei Schülerübergängen usw. – ist der Beratungslehrer zuständig. *Dies führt zu einer pädagogischen Dequalifikation des Lehrers auf der einen Seite und zu einer künstlichen Spaltung von Sozialisationserfahrungen des Schülers auf der anderen Seite.*" (Fatke, ebd. S. 29)

Nach Fatke müßte der Erwerb einer gewissen Beratungskompetenz des Lehrers zum festen Bestandteil seiner pädagogisch-psychologischen Ausbildung werden: *„Beratung muß wieder eingegliedert werden in die Prozesse der Erziehung, wo sie hingehört.* Wenn sie aber konsequent ausgegliedert bleibt bzw. wird, dann entstehen im primären pädagogischen Kontext der Schule, im Unterrichtsgeschehen nämlich, ständig neue Probleme – nicht zuletzt, weil der Unterricht zunehmend entpädagogisiert wird – so daß die Beratungsinstitution immer mehr Arbeit bekommt. Vergegenwärtigt man sich außerdem, daß das Konzept und die Organisation von Beratung ebenfalls eine erhebliche Anzahl zusätzlicher Probleme produziert, dann erweist sich die Institutionalisierung von Beratung vollends als absurd, und die bildungspolitischen Beschwörungen eines pädagogischen Segens von Beratung erscheinen nicht nur als grotesk, sondern darüber hinaus als Alibi für das Unterlassen notwendiger struktureller Reformen.

Beratung in dieser Konzeption wird somit zum Placebo, das die Ursache der Misere selber nicht beseitigen kann, weil es gar keine Wirksubstanz enthält, sondern vielmehr – unbewußt oder unbeabsichtigt – Nebenerscheinungen auslöst, die die Misere eher noch vergrößern..." (ebd. S. 32)

Einschränkend zu den in ihrer Grundtendenz sicher zutreffenden Ausführungen Fatkes möchte ich jedoch folgende Gedanken zur Diskussion stellen:

Implizit wird im Fatke-Artikel davon ausgegangen, daß Beratung in der Schule immer nur Schullaufbahnberatung und Testdiagnostik bedeutet. Nun gibt es zwar sicher einige Schulpsychologen und Beratungslehrer, die ihre Aufgabe so eingeschränkt sehen und betreiben, vielleicht auch aus dem Gefühl einer begrenzten Beratungskompetenz heraus, vielleicht aufgrund eines sehr unkritischen Verständnisses von Beratung.

Die Mehrheit der uns bekannten Beratungslehrer in Baden-Württemberg z.B. arbeitet jedoch breiter und versucht, im Zusammenhang mit Lern- und Schullaufbahnproblemen den psychischen Hintergrund des betreffenden Schülers in die Beratung miteinzubeziehen.

Es ist eine sicherlich zu einseitige Sichtweise, nahezu sämtliche Probleme von Schülern als durch die Schule induziert anzusehen. In der Schule spiegeln sich die politischen, sozialen, ökonomischen und psychologischen Probleme unserer Gesellschaft wider, die den Schüler auch außerhalb der Schule beeinflussen (vgl. hierzu die weiter unten skizzierten Systeme ,Schulklasse' und ,Familie').

Wir meinen, daß es auch in einer annähernd „idealen" Schule Schüler mit Verhaltens- und Erlebnisstörungen geben wird, weil sie ihre Probleme der Interaktion mit anderen Familienmitgliedern in das System Schule bzw. Schulklasse übertragen.

Unser Resümee lautet deshalb:

Wir werden weder heute noch in den nächsten Jahrzehnten ohne Beratung und Berater auskommen, aber wir verstehen darunter eben schwerpunktmäßig eine *Beratung im psycho-sozialen Bereich* und nicht eine auf Schullaufbahnfragen eingeengte Beratung als „Feuerwehrfunktion" für ein schlecht funktionierendes Schulsystem (das gilt selbstverständlich mit entsprechenden Modifikationen auch für Beratung in anderen Institutionen).

Wichtig erscheint uns dabei jedoch, Beratungskompetenz nicht als Herrschafts- oder Geheimwissen für einige wenige spezialisierte und professionalisierte Berater reserviert zu sehen, was zwangsläufig zu einer vorschnellen Auslagerung von Problemen aus dem Bereich ihres Auftretens (z. B. Schule) an Profiberater führen würde bei gleichzeitiger Abwertung der Beratungskompetenz von Laienberatern (Lehrer, Sozialarbeiter, usw.). Vielmehr sollte gerade das vorliegende Arbeitsbuch ein kleiner Schritt in Richtung „Entprofessionalisierung" von Beratung sein. Es will den Lehrer (und andere im sozialen Bereich Tätige) in seiner natürlichen Rolle als Berater ansprechen (vgl. Benz und Rückriem, 1978).

4.2.4 Mögliche Aufgaben und Ziele eines emanzipatorischen Beratungsansatzes

Dem Berater im Schulbereich möchten wir einige Gedanken und Anregungen vorstellen, die von der bereits oben erwähnten Gruppe gewerkschaftlich organisierter Berater formuliert worden sind. Sie beschreiben sicherlich nicht unsere heutige Beratungs*realität*. Sie gehen vielmehr von der Vorstellung eines kritischen Beraters aus, der sich zwar irgendwo zwischen den Stühlen „gesellschaftliche Erfordernisse" – „Institution Schule" – „Interesse des einzelnen Ratsuchenden" sitzen sieht, der aber ganz bewußt versucht, *Partei für die Sache des Ratsuchenden zu nehmen, ein Anwalt des Ratsuchenden zu sein und nicht der Büttel einer Institution.*

Die Diskussionsthesen sind bezogen auf die drei schulischen Beratungsaufgabenbereiche:

– Schullaufbahnberatung
– individual-psychologische Beratung (psychologische Einzelfallhilfe)
– Beratung von Lehrer und Schule.

Für den Bereich *Schullaufbahnberatung* bedeutet dieser Ansatz für den Berater:

– Für den Ratsuchenden die besten Möglichkeiten auszuschöpfen, d. h. Bildungs- und Berufsvorstellungen unabhängig von aktuellen Klassen- und Marktbedingungen zu fördern.
– Die Realisierung dieser Vorstellungen nach Eignung und Neigung des Ratsuchenden und nicht marktabhängig aufzuzeigen.
– Die Konsequenzen von Entscheidungen dem Ratsuchenden klarzumachen, sowie den Beratungsprozeß selbst transparent zu gestalten.
– Dem Ratsuchenden deutlich zu machen, daß Eingangsvoraussetzungen variabel sind und daß das Noten- und Leistungssystem historisch gebunden ist.

Beispiel

Wenn ein Abiturient 1960 mit einem Abiturdurchschnitt von 3,0 sofort ein Medizinstudium beginnen konnte und er 1980 mit demselben Notendurchschnitt mehrere Jahre warten muß, so konnte sich der frühere Abiturient als „erfolgreich" erfahren, der heutige erlebt sich oft als „Versager". Eine Entindividualisierung des Problems in der Beratung würde bedeuten, daß der Berater gemeinsam mit dem Ratsuchenden versucht, den Versagensdruck von den Schultern des Ratsuchenden zu nehmen.

– Dem Ratsuchenden die Abhängigkeit der sozialen Selektionsmechanismen von Schultypen, -formen und Lerninhalten aufzuzeigen.

Beispiel:

Es ist ein offenes Geheimnis, daß sowohl die starke Betonung von verbalen Fähigkeiten in unseren Schulen (vor allem im Gymnasium) als auch schwerpunktmäßig theoriegeleitete Lernprozesse (statt praxis- und handlungsorientierte) einseitig Mittel- und Oberschichtskinder bevorzugen und Kinder aus bildungsschwächeren Bevölkerungsgruppen benachteiligen.

– Den Ratsuchenden zur selbstbestimmten Verwirklichung von Schullaufbahnentscheidungen zu ermutigen und nicht als Vertreter einer Institution mit Hilfe von Beratung auf subtile Art und Weise Schülerströme in bestimmte Schularten lenken oder sie davon fernhalten.

Für den Bereich *individual-psychologische Beratung* bedeutet dieser Beratungsansatz:

– Diagnostische und therapeutische Hilfestellungen bei Lern- und Verhaltensstörungen zu leisten.
  Dabei erscheint uns auf jeden Fall wichtig, den Problemschüler nicht als isoliertes Individuum, sondern eingebettet in die beide Systeme Familie und Schulklasse zu sehen. Keupp (1976) warnt unseres Erachtens zurecht davor mit Begriffen wie „Störung", „Krankheit" oder „Abnormität" zu operieren. Dadurch wird der Schüler etikettiert, seine Verhaltensauffälligkeiten werden durch die Verwendung dieser klinischen Begriffe stabilisiert, anstatt früh erkannt, um rechtzeitig korrigiert werden zu können. Dieser Krankheits- oder Abnormitätsbegriff führt dann dazu, daß der Lehrer ein meist nur schwer „revidierbares Urteil" über den betreffenden Schüler fällt (z. B. er ist „leistungsschwach", „dumm", „undiszipliniert"), „und dieses Urteil bestimmt sein weiteres Verhalten gegenüber dem Schüler: Pädagogische Bemühungen werden reduziert und fast nur noch negative Sanktionen verhängt" (Keupp 1976, S. 155).

Außerdem ist das bisher entwickelte diagnostische Instrumentarium sehr skeptisch zu betrachten, da es weit mehr über eine gelungene oder verfehlte Anpassung des Schülers an schulische Leistungsnormen aussagt als über die Lern-Verhaltenspotentiale des Schülers Aufschluß gibt.

An dieser Stelle möchten wir nicht auf mögliche und wünschenswerte Ansätze in der psychologischen Einzelfallhilfe angehen, sondern verweisen auf dementsprechende Abschnitte der Kapitel „Gespräche mit Familien" und „Gesprächsführung", sowie auf den nächstfolgenden Abschnitt im vorliegenden Kapitel.

Für den Bereich *„Beratung von Schule und Lehrer"* beinhaltet dieser Beratungsansatz Forderungen zur Schulreform, die durch Veränderungen von Strukturen und Inhalten des Schulsystems „Ratlosigkeit" verhindern oder abmildern könnten:

„Lernstörungen, Verhaltensstörungen und Informationsdefizite zu verhindern, also *Prophylaxe* zu leisten;
– innovatorisch an der Veränderung von Schule mitzuwirken, um eine optimale Förderung der Schüler zu erreichen.

Dazu gehören vor allem die folgenden Aufgaben:

– Befähigung der Schüler an den Nahtstellen des Schulsystems zur eigenständigen Entscheidung über ihre weitere Schullaufbahn und Berufsausbildung durch begleitende Informationsvermittlung;
– Verhinderung von Fixierung einmalig eingeschlagener Schullaufbahnen;
– Eliminierung von solchen Lerninhalten und Lernformen, die sozialschichtselegierend wirken;
– Förderung von sozialen und die Gesamtpersönlichkeit bildenden Lerninhalten und -formen und damit Abbau von Konkurrenzdenken und Rivalität;
– Aufhebung der Trennung von Schule und praktischen Lebensinhalten bezogen auf Lernformen und Lerninhalte;
– Förderung möglichst breiter Allgemeinbildung in der Schule und Vermeidung von frühzeitiger Spezialisierung (Polyvalenz);
– Erweiterung der pädagogisch-psychologischen Kompetenz der Lehrer, Vermeidung vorschneller Auslagerungen von Problemen aus dem Schulbereich an professionalisierte Berater".

(Zitiert aus: DGB, a.a.O. e., S. 117 und 118)

Leider müssen wir als Berater in unserer Alltagspraxis erleben, daß die in diesem DGB-Artikel formulierten Ansprüche im Bereich Systemberatung bzw. Schulreform nur als Forderung mit einer minimalen Aussicht auf eine Realisierung bestehen. Das System Schule ist in andere gesellschaftliche Systeme eingebettet, bzw. politisch von ihnen abhängig und von daher nicht isoliert veränderbar, schon gar nicht durch Berater und Beratung.
Eine Chance sehen wir allein darin, daß der Berater seine im Alltag gesammelten Erfahrungen und daraus abgeleitet seine Forderungen einer Systemreform in sein politisches und gewerkschaftliches Engagement einmünden läßt und diesen kritischen Hintergrund in seine Beratungspraxis miteinbringt.

4.3 Konkretes Rollenverhalten des Beraters im Alltag – sein Umgang mit widersprüchlichen Rollenerwartungen

Der folgende Abschnitt ist sinnvoll in der Zusammenschau mit den Kapiteln „Gespräche mit Familien" und „Kommunikation" zu lesen, da diese beiden Bereiche wichtige Voraussetzungen zum Verständnis des folgenden bilden.
Der Beratungslehrer (in gewissem Sinne auch jeder beratende Lehrer) steht im Spannungsfeld der unterschiedlichen Erwartungen von:

- Eltern
- Lehrerkollegen
- Problemschüler
- Schulleiter
- Schulverwaltung

Wie unterschiedlich diese Erwartungen sein können, zeigt folgendes Beispiel:

Ein Lehrer X empfiehlt den Eltern eines den Unterricht störenden und aggressiven Schülers, sich doch mit dem an der Schule tätigen Beratungslehrer in Verbindung zu setzen. Er hat den begründeten Verdacht, daß die Eltern des Schülers durch ihr Verhalten dessen Aggressionen fördern und erwartet vom Beratungslehrer die Bestätigung seiner Hypothese.
Die Eltern des Problemschülers suchen tatsächlich den Beratungslehrer auf und klagen ihm ausführlich, wie ungerecht der Lehrer X ihren Jungen behandele, wie wenig er bei ihm „durchgehen lasse" im Vergleich zu seinen Mitschülern.
Gerade deshalb sei ihr Junge so aggressiv. Sie erwarten vom Beratungslehrer eine klare Stellungnahme gegen den Lehrer X und zugunsten ihres Jungen.

Der schulische Berater, der mit den beiden Systemen Familie und Schule in Kontakt tritt, befindet sich sehr häufig in solchen oder ähnlichen triadischen Situationen wie in der eben geschilderten.

Hennig (1987) führt die folgenden aus der Familientherapie stammenden triadischen Konstellationen an:

- Triangulation: Es herrscht ein offener bzw. verdeckter Konflikt zwischen Lehrer und Problemschüler (bzw. seiner Familie); beide Seiten versuchen, den Berater als Bündnispartner zu gewinnen.

- Koalition: Problemschüler/Eltern und Berater bilden eine Koalition gegen den Lehrer (der dadurch den Lehrer nicht mehr zur Mitarbeit gewinnen kann).

- Umwegattacke: Lehrer und Berater haben einen verdeckten Konflikt und leiten ihn über den Problemschüler um.

- Umwegverteidigung: Lehrer und Berater werden zusammengeschweißt über den gemeinsamen Feind „Problemschüler" („böses Kind") oder über die gemeinsame Sorge um den Problemschüler („krankes Kind").

Neben diesen oben skizzierten triadischen Situationen ist der schulische Berater folgenden verschiedenen Rollenerwartungen seitens der ratsuchenden Schüler, Eltern, Lehrerkollegen, Behörden usw. ausgesetzt, die die Schweizer Schulpsychologen Hess und Müller (1985) wie folgt thesenartig zusammengefaßt haben:

- Der schulische Berater als „trouble-shooter".
  Er soll in schwierigen Situationen analysieren, individuumszentriert testen, daraus resultierende Einzelinterventionen vorschlagen.

- Der schulische Berater als „watch-man".
  Er nimmt Selektionsentscheidungen vor.

– „Verzaubere das Kind"-Erwartungen.
Der schulische Berater soll als Zauberer das beispielsweise aggressive
lerngehemmte Kind, dessen Eltern und Lehrer sich keinen Rat mehr wissen,
verändern. Die Bereitschaft von Eltern und Lehrern zur Mitarbeit an der
Problemlösung ist unterschiedlich.

– „Handlanger-Erwartung".
Lehrer und Eltern wissen sowohl um Ursache als auch um Lösung des
Problems. Sie brauchen lediglich eine „Fachkompetenz", die ihre Anwei-
sungen in die Tat umsetzt.

– „Doppel-Experten-Erwartung".
Eltern und Lehrer beanspruchen je für sich die Lösung des Problems zu
kennen, ihre Lösungsvorschläge sind aber unterschiedlich. Beide Seiten
erwarten nun im schulischen Berater einen Koalitionspartner für die
Durchsetzung ihrer Vorschläge gegen die andere Seite.

– „Verantwortungs-Übernahme-Erwartung".
Das „Schicksal" des Kindes soll nun in die Hände des „Fachmannes" gelegt
werden. Lehrer/Eltern haben wenigstens alles versucht, wenn nun der
Fachmann versagt.

– „Sprachrohr-Erwartung".
Der Lehrer benötigt den schulischen Berater, um den kooperationsunwilli-
gen oder uninteressierten Eltern „das Richtige" zu sagen. Eine Übernahme
der Elternfunktion von seiten des Lehrers gegenüber dem Kind ist meist
impliziert.

– „Postboten-Erwartung".
Die Eltern benötigen den schulischen Berater, um dem Lehrer als mögliche
Ursachen vermutete Familien-, Eheprobleme mitzuteilen und dabei um
Nachsicht beim Lehrer zu ersuchen.

– „Pathologisierungs-Erwartung".
Der Fachmann soll durch „objektive Abklärung" ein Etikett für auffälliges
Schülerverhalten liefern; dahinter stehen Hoffnung auf Entlastung von
Schuldgefühlen der Eltern und auf Druckreduktion von seiten des Leh-
rers.

Aus diesem Dilemma der unterschiedlichen Rollenerwartungen bleibt für den
schulischen Berater nur der eine Ausweg, nämlich selbst seine Rolle ganz klar
zu definieren. Wie er das bewerkstelligen kann, wollen wir mit Auszügen aus
dem Erfahrungsbericht einer Mailänder Schulpsychologengruppe verdeutlichen, weil wir als Schulpsychologen und Bildungsberater ganz ähnliche
Erfahrungen machen mußten (vgl. Selvini-Palazzoli u. a. 1978).

Die Mailänder Autorengruppe geht dabei vom *kommunikationspsychologischen Ansatz* aus, weil er sich ihren Praxiserfahrungen nach als sinnvollstes Modell zur Beschreibung schulpsychologischer Wirklichkeit erwiesen hat. Demnach wird der einzelne Schüler nicht als ein isoliertes Individuum betrachtet, sondern als eingebettet in ein System von sozialen Beziehungen. Er beeinflußt durch sein Verhalten die anderen Mitglieder in seinem Bezugssystem (z. B. Familie) und wird von diesen beeinflußt. Da an anderer Stelle in diesem Buch bereits auf den systembezogenen Ansatz eingegangen wurde, kann es hier nicht unsere Aufgabe sein, eine umfassende Einführung in die Kommunikationspsychologie zu geben. Deshalb werden wir uns hier nur auf die Klärung einiger wichtiger Systembegriffe konzentrieren.

Jeder Schüler kann unter anderem als Mitglied zweier für ihn ganz zentraler Systeme gesehen werden: Dem System „Familie" und dem System „Schulklasse".

Da Schwierigkeiten, die der Schüler in einem der beiden Systeme mit dessen Mitgliedern hat (z. B. in der Familie), enorme Auswirkungen auf seine Interaktionen in anderen Systemen (z. B. Schulklasse) zur Folge haben können, ist es für den Berater unerläßlich, mit beiden Systemen Verbindung aufzunehmen. Andernfalls werden die Beratungsbemühungen sehr wenig effektiv sein, oder die Probleme des Schülers werden nur durch den Ausschluß aus einem System, z. B. Versetzung in eine andere Klasse, bzw. Schulart, oberflächlich und kurzfristig verringert.

Wenn wir als schulische Berater (entsprechendes gilt natürlich auch für Beratungsarbeit in anderen Institutionen) lernen wollen *systembezogen zu denken,* müssen wir uns drei wichtige Merkmale von Systemen vor Augen halten: *Offenheit, Ganzheit* und *Rückkoppelung.*

Offenheit:

Systeme tauschen ständig Informationen untereinander und mit der Umwelt aus. Beispiel Familie: Die Mitglieder einer Familie entwickeln ganz bestimmte Regeln, wie sie miteinander kommunizieren, welche Beziehungen zwischen den Familienmitgliedern gelten, welche Bündnisse und Koalitionen geschlossen werden u. v. m. Gleichzeitig werden aber diese Kommunikationsregeln und Beziehungsstrukturen von gesellschaftlichen Umwelteinflüssen mitbestimmt. So wird z. B. die vorher starke Position eines Vaters in einer Familie dadurch schwächer, daß er arbeitslos wird und diejenige der Mutter wird stärker.

Ganzheit:

Beispiel Schulklasse: Das System überschreitet die individuelle Merkmale seiner Teile bei weitem, es ist nicht einfach deren Summierung. Jedes Verhalten eines Mitgliedes der Klasse beeinflußt die übrigen Mitglieder und wird wiederum von diesen beeinflußt. Zum Gleichgewicht des Systems tragen deshalb in gleicher Weise die ausgeglichenen, ruhigen und gewissenhaften wie die ungestümen, unruhigen und störenden Schüler bei. Es gibt also nicht einseitige Beziehungen, wie etwa, daß A zwar B, aber B nicht A beeinflussen kann.

Rückkopplung:

Die Schulklasse ist ein *retroaktives* System, d. h. die Beziehung zwischen den Mitgliedern einer Klasse sind, wie alle Beziehungen innerhalb eines interaktiven Systems, kreisförmig: Reaktion und nachfolgendes Ereignis sind nicht voneinander zu trennen. Die Tendenz zum Gleichgewicht (Homöostase) und die Fähigkeit zur

Transformation (die Fähigkeit zur Entwicklung und Entfaltung) sind zwei unabding-bare Kennzeichen des gesunden interpersonalen Systems.

Beispiel:
Wenn das Gleichgewicht zunehmend gestört wird, könnte das etwa wie folgt aussehen: Ein Lehrer hält einen Schüler für unintelligent und verhält sich ihm gegenüber entsprechend (bescheidenere Anforderungen, subtil abwertende, non-verbale Verhaltensweisen). Der Schüler registriert das Lehrerverhalten und reagiert darauf, z. B. durch Unsicherheit, mißerfolgsmotiviertes Lernverhalten, Verschlech-terung in den Leistungen, usw. Der Lehrer wiederum nimmt das Schülerverhalten und seine Leistungen wahr, sieht seine Einstellungen und Verhaltensweisen bestätigt und wird sich in Zukunft verstärkt in der vorher beschriebenen Richtung verhalten.

Die zentrale These auf dem oben beschriebenen Hintergrund lautet deshalb: *Die Effektivität von Beratungstätigkeit wird dann größer, wenn Berater lernen systembe-zogen zu denken, statt im einfachen Ursache-Wirkungs-Modell.*
Das bedeutet: wir können nicht einfach davon ausgehen, daß der Schüler A den Mitschüler B oder den Lehrer C beeinflußt und daß wir an dieser Stelle unsere Analyse abbrechen dürfen. Vielmehr müssen wir in gleicher Weise die Einflüsse in umgekehrter Richtung in Betracht ziehen, die vom Mitschüler B, bzw. dem Lehrer C auf den Schüler A einwirken. Wir müssen uns also als Berater daran gewöhnen, in Regelkreissystemen zu denken.
Auf dem Hintergrund dieses Ansatzes zur Rolle des schulischen Beraters (nach Selvini-Palazzoli, 1978) lassen sich folgende Diskussionsthesen ableiten:

These 1: *„Bei allen, die sich in der Schule an den Berater wenden, läßt sich unschwer eine Gemeinsamkeit feststellen: Jeder von ihnen lehnt für seine Person die Definition des Klienten oder des Nutznießers der psychologischen Intervention ab"* (S. 22). Die Eltern wollen ihr Problemkind verändert haben, die Lehrer wollen ihren Problem-schüler verändert haben.
Beispiel:
Ein Schüler signalisiert durch Leistungsverweigerung (Eltern: „Faul-heit") sein Unbehagen an der gestörten Ehebeziehung der Eltern. Diese wollen jedoch nicht an ihrer Beziehung zueinander etwas verändern, sondern nur das Schulversagen ihres Kindes beseitigt haben.

These 2: *Der Lehrer geht von der Annahme aus, „daß die Krankheit in dem betreffenden Schüler oder doch zumindst in seiner Familie begründet ist; die Schule, ihre Methoden und ihre Beziehungen zwischen dem Schüler und seinen um Intervention bemühten Lehrer werden dage-gen, wenn überhaupt, nur nebenbei ins Gespräch gebracht"* (S. 23). Umgekehrt gehen die Eltern davon aus, daß vor allem die Schule und der Lehrer die Ursache für die Probleme ihres Kindes sind.

These 3: *„Die Erfahrung lehrt, daß die Schule in der Mehrzahl der Fälle vom Berater nichts anderes erwartet, als daß er ihre Angaben mit einem etwas wissenschaftlicheren Anstrich versieht und dann bestätigt"* (S. 30).

Beispiel:
(von Heinrich Dauber, 1975, S. 33) „Eine Lehrerin bittet den Beratungslehrer einen besonders aggressiven Schüler zu testen, ehe sie die Eltern in die Sprechstunde bestellt": „Verwenden Sie bitte einen Test, der etwas aussagt über die Brutalität dieses Schülers".

These 4: *Jedes System will gerade soviel verändern, daß es ihm möglich ist, sich eben nicht zu verändern (Veränderung erster Ordnung).* Die Familie, die den Therapeuten um Behandlung eines Angehörigen ersucht, wie auch die Schule mit ihrer Forderung an den Berater, „den fehlange-paßten Schüler entweder zu heilen oder ihn in einer besonderen Einrichtung unterzubringen – sie alle tragen nur solche Anliegen vor, die sich auf eine Veränderung erster Ordnung beziehen, eine Verän-derung also, die die Stabilität der Situation insgesamt gewährleistet" (Selvini-Palazzoli, 1978, S. 59).

Die Mailänder Autorengruppe lehnt drei Kontexte als besonders ungeeignet für die Arbeit in größeren Systemen ab (Kontext bedeutet der Umkreis, in dem interaktive Situationen stattfinden):

1. *„der Kontext der wertenden und richtenden Beurteilung*
2. *der therapeutische Kontext*
3. *der Kontext der pädagogischen Beratung"* (S. 69).
   1. Der Berater muß es unbedingt vermeiden, als Ankläger und Kritiker aufzutre-ten. Bringt man durch ein kritisches Urteil zum Ausdruck, daß das System sich verändern müsse, so weist man dieses System ab; man verschließt sich dadurch die Möglichkeit, in die gestörte Gruppe aufgenommen zu werden. Das bezieht sich auf das System Schulklasse und auf das System Familie.
   2. Wenn ein „schwieriger Schüler" vom schulischen Berater in Beratung genom-men wird, dann ist nur eines völlig sicher: wer ihn hergeschickt, also dem Spezialisten überantwortet hat, der kann in der Klasse, in der Schule so weiter arbeiten wie bisher, ohne sein eigenes Verhalten überdenken zu müssen. Wenn nach dem linearen Modell vorgegangen wird, ist das vielleicht vertretbar, bei einer systembezogenen Sicht der Dinge dagegen nicht.
   3. Der Kontext der pädagogischen Beratung ist deshalb nicht geeignet, weil der Berater dann als derjenige dem Lehrer oder den Eltern gegenüber auftritt, der „die Macht" hat, das „Wissen" hat und der es deshalb Eltern und Lehrern leicht macht Verantwortung von sich abzuwälzen. Gleichzeitig spricht der Berater damit Eltern und Kollegen ihre Erziehungskompetenz ab.
   Beim nächsten Zusammentreffen werden deshalb Eltern und Lehrer berichten, daß alles beim alten geblieben sei und die Ratschläge des Beraters nicht die erhofften Ergebnisse gebracht hätten.

Der Berater kann es nicht als seine Aufgabe ansehen, ein Problem *für* die Familie oder den Lehrer lösen zu wollen, bzw. die Familie oder den Lehrer zu einer Veränderung zu drängen. Wenn eine Familie oder ein Lehrer sich nicht selbst unter Leidensdruck bzw. Veränderungsdruck fühlen, werden sie nicht mitverantwortlich am Veränderungsprozeß arbeiten, d. h. sie werden die Beratungsarbei sabotieren.

Dagegen hält die Autorengruppe einen Kontext als möglicherweise geeignet, den man als Kontext der *Kooperation* oder des *runden Tisches* bezeichnen könnte. Der Berater muß die *Rivalität*, die zwischen ihm und den Lehrern besteht, *abbauen*. Der Berater sollte die Taktik verfolgen, sich bescheiden und frei von professioneller Arroganz zu geben und erkennen zu lassen, daß er wisse, wie schwierig die Situation und wie groß die Belastung der Lehrer sei. Er sollte *Zusammenarbeit* als einziges Mittel für eine Lösung der Probleme erbitten und anbieten. Auf diese Weise könnte der Berater *die Beziehung kontrollieren und neu definieren* – gerade weil er sich nicht mit seiner Überlegenheit gebrüstet, sondern zunächst als „auf die Mithilfe der Lehrer angewiesen" definiert hatte.

Schließlich kann der Lehrer, der tagtäglich einen „Problemschüler" unterrichtet, Verantwortung für ihn nicht abschieben, er kennt ihn auch in vielen Bereichen besser als der Berater (z. B. sein Interaktionsverhalten im Unterricht mit Mitschülern). Deshalb sollte der Berater den Lehrer als gleichberechtigten Kooperationspartner mit in die Verantwortung nehmen, und diese nicht vorschnell allein auf seine Schultern laden (zu den entsprechenden Verhaltensweisen des Beraters der Familie gegenüber siehe das Kapitel ‚Das Familiengespräch').

Die erste Aufgabe des schulischen Beraters besteht also darin, daß er gleich zu Beginn einer Intervention einiges klargestellt. Er muß seine eigene Rolle definieren, seine Kompetenzen erläutern, die Bereiche spezifizieren, innerhalb derer er tätig werden will, und auch *deutlich erklären, was er nicht tun kann und nicht tun will.*

PRAXISTEIL

Überblick:

Die praktischen Übungen sind abgestimmt auf die drei Hauptthemen des Theorieteils und sehen im einzelnen wie folgt aus:

1. Dialektische Erarbeitung (Pro- und Contradiskussion) der wichtigsten unterschiedlichen Positionen zu den Themen „Gesellschaftliche Ziele und Aufgaben von Beratung" sowie „Aufgaben und möglicher Mißbrauch von Beratung in der Schule".
   Methode: Kontrovers geführte Diskussion in der Fish-bowl-Form, Plenumveranstaltung.
   Dauer: ca. 30 Minuten je These.

2. Kooperative Erarbeitung eines Gruppenergebnisses der unter 1. angeführten Themen.
   Methode: Intensive Kleingruppenarbeit nach den Regeln der „Themenzentrierten-Interaktion" (TZI), Kleingruppenarbeit und Plenum.
   Dauer: ca. 90 Minuten je Thema.

3. Erfahren und Erleben des Rollendrucks, der durch unterschiedliche Rollenerwartungen auf dem Berater lastet.
   Methode: Strukturiertes Rollenspiel, Kleingruppenarbeit.
   Dauer: ca. 3–6 Stunden.

4.4 Diskussion der Themen „Gesellschaftliche Ziele und Aufgaben von Beratung", sowie „Aufgaben und möglicher Mißbrauch von Beratung in der Schule"

Lernziele:

Die Teilnehmer sollen sich die wichtigsten Gedanken zu diesen Themen nicht allein kognitiv über die Methode eines Lehrvortrages, bzw. des Selbststudiums aneignen, sondern sich kognitiv *und* affektiv mit den diesbezüglichen Thesen auseinandersetzen.

Methode:

Für diesen Zweck bietet sich ein Diskussionsspiel in der sog. Fish-bowl-Form an. Diese Übung ist besonders geeignet für Großgruppen mit mehr als zwanzig Teilnehmern.
Wir haben diese Übung ausgewählt, weil sie auf der Handlungsebene die Auseinandersetzung mit Einstellungen und Meinungen erfordert, die mit den eigenen Auffassungen des Teilnehmers nicht übereinstimmen. Dadurch wird ein größeres Verständnis für andere Auffassungen sowie eine genauere Abklärung des eigenen Standpunkts notwendig.

Durchführung:

Zunächst einigt sich die Gruppe darauf, welche Thesen zum Thema ihr wichtig erscheinen und in welcher Reihenfolge sie diskutiert werden. Es sollten möglichst Thesen sein, die eine *kontroverse* Diskussion provozieren, wie z. B.: „Was ist effektiver: Beratung durch Laien oder durch Profis?" oder „Abschaffung von Beratung?"
Es empfiehlt sich, die Diskussionsdauer je These zeitlich zu begrenzen (Vorschlag: 30 Minuten), um eine Verdichtung und Prägnanz der Argumente zu erreichen. Für den formalen Ablauf der Diskussion sollten bestimmte Regeln festgelegt werden, wie z. B. Rede und Gegenrede im steten Wechsel, zeitliche Begrenzung je Diskussionsbeitrag auf zwei Minuten, usw. Die Gruppe wählt einen Diskussionsleiter, der auf die Einhaltung der vereinbarten Regeln achtet.
Ein „Schriftführer" sollte auf einer großen Wandtafel, bzw. Papierfläche die Pro- und Contrathesen der beiden diskutierenden Parteien notieren (wichtig für die Auswertungsphase).
Die Großgruppe teilt sich in zwei etwa gleichgroße Gruppen auf: In eine Diskussions- und eine Beobachtergruppe. Die Diskussionsgruppe wird wiederum in zwei etwa gleichgroße Gruppen aufgeteilt, und zwar sollte sich jeder Teilnehmer dieser beiden Gruppen vorher entscheiden, ob er sich eher zur These (z. B. „Beratung sinnvoller durch Laien") oder zur Gegenthese (z. B. „Beratung ist sinnvoller durch Profis") hingezogen fühlt.
Die zwei Diskussionsgruppen sitzen sich dann in zwei Halbkreisen in der Mitte des Raumes gegenüber. Die restlichen Teilnehmer der Beobachtungsgruppe setzen sich in einem großen Kreis um die beiden Diskussionsparteien herum.
Je nach Ergiebigkeit des Themas und entsprechend kontrovers geführter Diskussion besteht die Möglichkeit für die Teilnehmer des äußeren Kreises, nach einer gewissen

festgelegten Zeit, sich für eine der beiden Diskussionsparteien zu melden und dort einen Teilnehmer abzulösen, der dafür in die äußere Gruppe wechselt. Ferner kann nach einem bestimmten festgelegten Zeitraum die gesamte innere Diskussionsgruppe gegen die Teilnehmer aus der äußeren Beobachtergruppe ausgetauscht werden.

Auswertung:

- Alle Teilnehmer werden aufgefordert, die auf einer Wandzeitung, bzw. Wandtafel notierten wichtigsten Pro- und Contrathesen der beiden Diskussionsparteien still für sich zu lesen.
- Jeder Teilnehmer schließt für einige Sekunden seine Augen und überlegt sich, welche der schriftlich fixierten Thesen oder Gegenthesen ihn besonders ansprechen, d. h. welchen er besondere Zustimmung oder besondere Ablehnung entgegenbringt.
- Dann werden die Teilnehmer aufgefordert, ihre Zustimmung einer These, bzw. einer Gegenthese mit Hilfe eines deutlich sichtbaren grünen Punktes mit einem Filzschreiber (auf der Wandtafel entsprechend mit einem Kreuz mit Kreide), den sie hinter oder unter die These markieren, zum Ausdruck zu bringen, die Ablehnung entsprechend mit einem roten Filzschreiberpunkt (Wandtafel: Minus-Zeichen).
- Um den Transfer in den Alltag zu erleichtern, werden daran anschließend die Gruppenmitglieder gebeten, in einer fünf Minuten dauernden Reflexionsphase sich darüber Gedanken zu machen, welche Schlußfolgerungen sie aus der Zustimmung, bzw. Ablehnung einer bestimmten These für sich und für ihr Beraterselbstbild im Alltag ziehen können.

4.5 Erarbeitung eines Gruppenergebnisses zu den Themen des Theorienteils

Lernziele:

Die Teilnehmer sollen die Erfahrung machen, auf welche Art und Weise eine Kleingruppe (vier bis acht Teilnehmer) die einzelnen Gedanken und Beiträge der Gruppenmitglieder zu den obigen Themen in ein Ergebnis der Gesamtarbeitsgruppe integrieren kann, wobei eine Verknüpfung von Lernprozessen auf der Inhaltsebene (Was erarbeiten wir als Gruppe?) mit solchen auf der Beziehungsebene (Wie gehen wir in der Gruppe miteinander um?) verbunden werden sollen.

Methoden:

Falls aus den beiden oben angeführten übergeordneten Themen solche Unterthemen zur Bearbeitung ausgewählt werden, die sich weniger für eine kontrovers zu führende Diskussion, sondern eher für Zusammenstellung einer ganzen Reihe von Gesichtspunkten ereignen (z. B. „Welche gesamtgesellschaftlichen Aufgaben kann Beratung erfüllen?") empfiehlt sich nicht eine Diskussion in der Großgruppe, sondern eher eine Arbeit in kleineren Gruppen von vier bis maximal zehn Teilnehmern, die entweder alle simultan an einem identischen Thema aus dem vorliegenden Kapitel oder an sich einander ergänzenden Fragestellungen arbeiten können.

Um Lernprozesse auf der Inhaltsebene (also welche Gedanken zum Thema tauchen in der Gruppe auf?) und auf der Beziehungsebene (Wie bringen sich die einzelnen Gruppenmitglieder mit diesen Gedanken ein oder nicht ein?) miteinander zu verbinden, kommt hier vor allem als strukturierende Kommunikationshilfe die TZI-Methode (Themenzentrierte Interaktion) in Frage, wie im Abschnitt 5.3.2. im Kapitel „Supervision" beschrieben wird. Falls die TZI-Methode noch nicht eingeführt worden ist, bietet sich ihre Vorstellung und ihre Verknüpfung mit den Inhalten des vorliegenden Kapitels geradezu an, da hier bei den Teilnehmern am wenigsten „beratungstechnologisches" Vorwissen, bzw. Handlungskompetenz vorausgesetzt wird.

Durchführung:

Zur Erleichterung der Arbeit kann jede Gruppe die TZI-Regeln, nachdem ihre Bedeutung diskutiert worden ist und sie die allgemeine Zustimmung der Gruppenmitglieder erfahren haben, auf einer Wandzeitung festhalten, um so Neulingen in dieser Methode ein leichteres Einprägen zu ermöglichen.

Vor Beginn der Gruppenarbeit sollte auch jede Gruppe einen Protokollanten bestimmen, der skizzenhaft die wichtigsten Arbeitsergebnisse auf einer Wandzeitung festhält.

Während der Phase der Gruppendiskussion sollte immer darauf geachtet werden, daß die TZI-Regeln eingehalten werden. Das bedeutet, die Gruppenteilnehmer verlassen zeitweilig die Ebene der direkten Kommunikation über ein bestimmtes Thema und stellen Überlegungen an über die Art und Weise, *wie* sie miteinander kommunizieren, d. h. sie praktizieren „Metakommunikation".

Auswertung:

– Zunächst schließen die Teilnehmer für einige Sekunden die Augen und fühlen in sich hinein, wie gut oder wie schlecht sie sich ihrer Meinung nach in die Diskussion einbringen konnten.

– Sodann teilt jeder Teilnehmer reihum den übrigen Teilnehmern das Ergebnis seiner Reflexion in Form eines kurzen Satzes mit (sog. „Blitzlicht"). Die anderen Teilnehmer hören zu und geben keinen Kommentar dazu ab.

– In einer anschließenden Plenumsphase können die einzelnen Kleingruppen sich gegenseitig ihre Arbeitsergebnisse zu den einzelnen Themen vorstellen, bzw. können bei identischen Themen die Unterschiede der Arbeitsergebnisse im Plenum diskutiert werden.

– Abschließend wird jeder Teilnehmer aufgefordert, sich in einer mehrminütigen stillen Reflexionsphase zu überlegen, welche ihm bedeutsam erscheinenden Gedanken zu den Themen er in den Alltag übertragen möchte.

Ergänzende Anmerkung:

Selbstverständlich sind die beiden vorgestellten praktischen Übungen 4.4 und 4.5 nur zwei von vielen möglichen Vorgehensweisen der Vermittlung dieses eher abstrakten Themas. Hier sind der Phantasie der Ausbilder bzw. selbstorganisierten Gruppen keine Grenzen gesetzt.

Unseren Erfahrungen nach ist der Lerngewinn größer, wenn die Gruppe hier einen „induktiven" Weg einschlägt, d. h. mit den praktischen Übungen beginnt, dabei ihre eigenen Erfahrungen macht und Gedanken formuliert und sich dann erst mit den Inhalten des Theorieteils auseinandersetzt.

4.6 Umgang mit widersprüchlichen Rollenerwartungen in einem Planspiel[1]

Lernziele:

- Als wichtigstes Lernziel soll der zukünftige Beratungslehrer (natürlich gilt das entsprechend auch für Berater in anderen Institutionen) erfahren und erkennen, daß der Umgang mit seiner Rolle als Berater in der Schule eine sehr wesentliche Vorbedingung, bzw. Rahmenbedingung für Erfolg oder Mißerfolg im konkret anstehenden Beratungsfall darstellt.
- Er soll sich in den Rollen verschiedener Interaktionspartner (z. B. Eltern, Lehrerkollegen, usw.), die ganz bestimmte und z. T. sich widersprechende Rollenerwartungen an ihn stellen, erleben, um diese besser nachvollziehen zu können.
- Er soll in schwierigen Rollensituationen erfahren, wie wichtig der Austausch und die Kooperation mit anderen Beraterkollegen sein kann (Supervisionsaspekt).
- Er soll der bei Anfängern (und nicht nur bei ihnen!) weit verbreitenden Versuchung widerstehen, dem „Helfersyndrom" zu erliegen, d. h. die Probleme der am Beratungsprozeß Beteiligten zu seinen eigenen zu machen und von diesem Problemdruck aufgerieben zu werden.

Vorüberlegungen:

Nahezu jeder Berater hat die Erfahrung gemacht, daß selbst eine noch so ausgefeilte und vollendete Gesprächstechnik in der aktuellen Beratungssituation dann wenig nützt, wenn er sich auf nicht erfüllbare Rollenerwartungen (z. B. Bündnispartner der Eltern gegenüber einem „bösen Lehrer" XY) einläßt und nicht selbst seine Rolle definiert. Er muß also Klarheit im Vor- und Umfeld von Beratungssituationen schaffen, um seine Bemühungen nicht von vornherein zum Scheitern zu verurteilen. Wir haben im dritten Abschnitt des Theorieteils gesehen, daß der schulische Berater im Spannungsfeld der unterschiedlichen Erwartungen von

- Eltern/Problemschüler
- Lehrerkollegen
- Schulleiter
- Schulverwaltung steht.

Wir sehen dabei die Gefahr, daß jeder der vorher genannten Personen oder Personengruppen versucht, den Berater zum Bündnispartner zu machen und ihn gegen eine „feindliche" Gruppe, bzw. Person auszuspielen. Die dabei auftretenden Konfliktanlässe können als *„personenbezogen"* bezeichnet werden.

---

1 Für die Anregung zu diesem Planspiel möchten wir an dieser Stelle Brunhilde Huber und Gerhard Schweizer danken.

Im Vergleich dazu eher „*sachbezogene*" Konfliktanlässe sind:

– Nichtanerkennung oder Überschätzung der Kompetenz des Beraters
– Unklarheit bezüglich der Schweigepflicht
– Falsche Aufgabenzuschreibung

In der Alltagsrealität findet selbstverständlich sehr oft eine Vermischung von sach- und personenbezogenen Konfliktanlässen statt.

Methode:

Gemäß unserer Konzeption, Beraterverhaltensweisen möglichst „hautnah" über Rollenspiele zu vermitteln, bietet sich hier besonders das Simulationsspiel als didaktisches Instrument an.

Berufsrollenspiele enthalten Elemente des Planspiels sowie des Rollenspiels. Nach Coburn-Staege (1977) zeichnen sich Planspiele unter anderem dadurch aus, daß sie Zusammenhänge analysierbar, Interessen der beteiligten Gruppen erfahrbar, den Verlauf eines konflikthaften Prozesses erkennbar und die Regelung eines Konflikts simulativ möglich machen. Planspiele sind stark formalisierte Rollenspiele.

Die Elemente des klassischen Rollenspiels sind die Zentrierung auf Interaktionsprobleme, Einbezug der emotionalen und nicht nur Arbeit auf der rationalen Ebene, sowie das „Offenlassen" einer zentralen Rolle (hier die des Beraters). Das Spielen der offenen Rolle dient dem Training bestimmter Reaktions- und Interaktionsfertigkeiten.

Durchführung:

Ausgehend von unseren Alltagserfahrungen als Schulpsychologen haben wir folgenden, relativ häufig auftretenden Rollenkonflikt zum Zentralthema des nachfolgend beschriebenen Simulationsspiels gemacht:

Die Eltern eines Problemschülers, die sich an den Beratungslehrer gewandt haben, sehen einen bestimmten Lehrer als verantwortlich für die Schulschwierigkeiten ihres Kindes an und wollen im Beratungslehrer einen Verbündeten in der Auseinandersetzung mit diesem bestimmten Lehrer haben.

Im Gegensatz dazu erwartet der beschuldigte Lehrerkollege soviel Kollegialität und Kompetenz vom Beratungslehrer, daß dieser die Probleme des besagten Schülers zum Verschwinden bringt und womöglich ihn als dessen Klassenlehrer ganz heraushält, also die „Schuld" für das Fehlverhalten nur dem Schüler und dessen Eltern zuschreibt.

Dementsprechend wird in der Vorbereitungsphase einer Gruppe von sechs bis acht Teilnehmern nach einer Einführung in die Lernziele des Simulationsspiels schriftlich zunächst eine *Situationsbeschreibung* ausgeteilt, die in unserem Fall wie folgt aussieht:

Stefan Schwörer besucht zur Zeit die 3. Klasse einer Grundschule (zwei Monate vor den Sommerferien), seine Versetzung erscheint gefährdet. Dazu tut er sich in den Augen der Klassenlehrerin Frau Abelein (sie unterrichtet alle Fächer außer Kunst und Sport) dadurch unangenehm hervor, daß er bei verschiedenen Streitereien und Störaktionen die Anführerrolle übernimmt. Das Verhältnis zwischen der Klassenlehrerin Frau Abelein und Stefans Mutter ist zur Zeit so gespannt, daß sie sich gegenseitig aus dem Wege gehen.

Frau Schwörer hat von einer Bekannten die Empfehlung bekommen, sich doch mit dem Beratungslehrer der Schule, Herrn Grüner, in Verbindung zu setzen.

Zu besetzende Rollen:

Stefan Schwörer, Problemschüler
Frau Schwörer, seine Mutter
Frau Abelein, die Klassenlehrerin
Herr Grüner, der Beratungslehrer

Zwei oder mehrere Beobachter, die als Beraterkollegen bei Bedarf hinzugezogen werden können (Supervisionskollegen) bzw. nacheinander in die Rolle des Beratungslehrers Grüner gehen können.
Bevor sich die Teilnehmer für eine der Rollen melden können, wird ihnen das Notwendige zum formalen Ablauf mitgeteilt:

- Zeitplan
- Raumaufteilung
- Jeder Spieler darf nur seine eigene Rolle lesen
- Telefonkontakte: Partner sitzen Rücken an Rücken
- Schriftliche Kontakte
- Möglichkeiten nach einem Beratungskontakt Berater–Kollegen zur Supervision hinzuzuziehen
- Erlaubnis bei Bedarf eine zusätzliche Rolle zu erfinden (z. B. Vater S, Rektor usw.)

Die Spieler, die sich für eine bestimmte Rolle gemeldet haben, erhalten eine schriftliche Rollenbeschreibung, in die sie sich hineinversetzen sollen. Sie können die beschriebene Rolle zwar kreativ ausschmücken oder weiterentwickeln, aber sie dürfen keine Abstriche an der schriftlichen Vorgabe machen.
Die Anweisung beim Verteilen der schriftlichen Rollen könnte etwa wie folgt lauten:

„Bitte lesen sie zunächst die Rollenbeschreibung genau durch. Schließen Sie sodann für einige Minuten die Augen und versuchen Sie, sich möglichst gründlich in die Rolle hineinzuversetzen. Vielleicht haben Sie auch schon mit Leuten zu tun gehabt, auf die diese Rollenbeschreibung zutrifft. Lassen Sie dann diese Menschen vor ihrem inneren Auge erscheinen. Versuchen Sie, so gut es geht, auch die in der Rolle beschriebenen *Gefühle* bei sich hervorzurufen."

Rollenbeschreibung Stefan Schwörer:

„Du bis 9 Jahre alt und hast wenig Lust, für die Schule etwas zu arbeiten und Dich angepaßt zu verhalten. Deine Klassenlehrerin Frau Abelein nervt Dich besonders, weil sie sich öfters beim Rektor und bei Deinen Eltern über Dich beschwert. Du hast den Eindruck, daß sie Dich nicht besonders mag. Du verstehst es auch wunderbar, zu Hause Deine Mutter davon zu überzeugen, daß Frau Abelein Dich ungerecht behandelt. Ferner hast Du sehr gut gelernt, Deine Eltern gegeneinander auszuspielen und Deinen Willen zu Hause durchzusetzen (keine Hausaufgaben, keinerlei Pflichten, nichts aufräumen, usw.)".

Rollenbeschreibung Frau Schwörer:

„Sie sind eine temperamentvolle und energische Frau, die im Elektrogeschäft ihres Mannes mithilft. Sie haben eine besonders enge Beziehung zu Stefan und entdecken in ihm verschiedene Züge von sich selbst wieder (,Er ist halt auch lebhaft und läßt sich nichts gefallen'). Sie haben sich mit Stefans Freunden unterhalten und dabei den Schluß gezogen,

daß Ihr Stefan tatsächlich der ‚Sündenbock‘ in seiner Klasse ist; Sie glauben seinen Schilderungen.
Über Frau Abelein sind Sie deshalb sehr erbost und Sie haben die feste Absicht im Gespräch mit Beratungslehrer Grüner, diesen als Verbündeten auf Ihre Seite zu ziehen."

Rollenbeschreibung Frau Abelein:

„Sie sind eine energische Lehrerin Mitte 30, und – gemessen an den Lernerfolgen ihrer Schüler – sehr erfolgreich. Sie haben seit mehreren Jahren mit keinem Schüler soviel Schwierigkeiten gehabt wie mit Stefan. In Ihren Augen ist er ein aufsässiger, vorlauter, durchschnittlich intelligenter und ziemlich unmotivierter Schüler.
Für Sie stellt es sich so dar, daß Frau Schwörer den Stefan in unverantwortlicher Weise deckt und ihm zu Hause alle Schilderungen (auch in Ihren Augen unwahre) von ‚ungerechten Bestrafungen‘ glaubt.
Sie erwarten vom Beratungslehrer Grüner, daß er der Frau Schwörer tüchtig den Kopf wäscht, schließlich ist er ja ein Kollege von Ihnen."

Der Beratungslehrer Grüner erhält keine Rollenanweisung. Er muß die „offene Rolle" spielen.
Wichtig bei diesem Rollenspiel ist, daß die beiden Kontrahenten Frau A. und Frau Sch. dem Beratungslehrer gegenüber ihre konträren Erwartungen *deutlich* äußern, nur so spürt er den starken Erwartungsdruck.
Der Kontakt zwischen Mutter und Beratungslehrer kommt dadurch zustande, daß sie sich telephonisch an ihn wendet. Wieviel sie von der Problematik bereits telephonisch mitteilt oder ob der Beratungslehrer mit ihr am Telefon lediglich einen Beratungstermin für ein anschließendes persönliches Gespräch vereinbart, bleibt den Rollenspielern überlassen.

Zwischenauswertung:

Hat der erste oder haben die ersten Beratungskontakte zwischen dem Beratungslehrer Grüner und den anderen Rollenspielern stattgefunden, empfiehlt sich eine *Zwischenauswertung,* in der zunächst die Rollenspieler zu Wort kommen:

- Wie habe ich mich gefühlt in meiner Rolle (als Beratungslehrer, Mutter, usw.)
- Wie habe ich die Person des Rollenpartners erlebt?
- Welchen Erwartungen sah ich mich ausgesetzt?
- Wie bin ich damit umgegangen?
- Welche Erwartungen an den Rollenpartner habe/hatte ich?
- Wie möchte ich den nächsten Beratungskontakt gestalten?

Danach kommen die Beobachter, die sich als zukünftige Beratungslehrer ja möglichst mit der Beratungslehrerrolle identifizieren sollen, zu den genannten Auswertungspunkten zu Wort.
Es ist hierbei interessant zu beobachten, wie gut sich manche Beobachter in den Beratungslehrerspieler einfühlen können und – bei einiger Sensibilität – sogar Körperempfindungen verspüren, wie z.B. Druck im Magen, Verspannung in den Schultern, usw.
Besonderes Augenmerk (vom Gruppenleiter, bzw. den Beobachtern) ist in der Zwischenauswertung auf die Befindlichkeit des Hauptprotagonisten, den Beratungslehrer, zu richten.

Wir konnten immer wieder erleben, daß der durch die konträren Erwartungshaltungen von Mutter und Lehrerin hervorgerufene psychische Streß beim Beratungslehrerspieler derart stark wirkte, daß er nach dieser ersten Rollenspielphase völlig entmutigt war und an seiner Beratungskompetenz zweifelte.

Meist hat dann der Beratungslehrerspieler den „heilsamen" Fehler begangen, beide unvereinbaren Erwartungshaltungen erfüllen zu wollen oder er wurde zum „Verbündeten" eines Beratungspartners gegen den anderen oder aber er hat das Beratungsproblem so sehr zu seinem eigenen gemacht, daß es auf seinen Schultern schwer lastete und ihn zu erdrücken drohte.

In diesen Fällen braucht der Beratungslehrerprotagonist Unterstützung, denn er soll ja durch diese Vorwegnahme der zukünftigen Realität eine zwar schmerzliche aber heilsame Lernerfahrung machen und nicht verzweifeln.

Als Unterstützungsmöglichkeiten bieten sich hier vor allem zwei Maßnahmen an:

1. *Das Doppeln,* eine dem Psychodrama entnommene Technik: Der Beratungslehrer wird vom Gruppenleiter, bzw. einem Beobachter aufgefordert, „laut zu denken", d. h. alle Gedanken und Gefühle, positiver wie negativer Art, die ihn vom Beratungskontakt her bewegen, laut zu äußern.

   Der Gruppenleiter oder ein Beobachter stellt sich nun als „doppeltes Ich" des Beratungslehrer-Protagonisten neben oder hinter dessen Stuhl und versucht, in der Ich-Form, vor allem auf der Gefühlsebene, die meist nicht klar und direkt hervortretenden Gedanken und Gefühle zu verbalisieren und zu vertiefen.

   Beispiel:

   Beratungslehrer (mit leiser Stimme und müdem Gesichtsausdruck): „Die Lehrerin, Frau Abelein, möchte von mir eine Verurteilung von Frau Schwörer und Stefan, sie selbst möchte herausgehalten werden."
   Doppeltes Ich: „Dabei habe ich als ihr Kollege Angst davor, Ihre Erwartungen zu enttäuschen." usw.

   Das Doppeln hat das Ziel, dem Beratungslehrerprotagonisten zu erleichtern, seine Gedanken und Gefühle zu klären. Dadurch, daß verborgener Ärger, nicht eingestandene Ängste, unklare Erwartungen, usw. offener und direkter geäußert werden, fällt es dem Beratungslehrer leichter, damit „umzugehen", d. h. sie zuzulassen, zu bearbeiten, zu ordnen, Gegenstrategien zu entwerfen und somit für den kommenden Beratungskontakt besser gerüstet zu sein.

   Wie an dem oben aufgeführten Beispiel ersichtlich wird, ist es für den „Doppler" sehr wichtig, nicht nur darauf zu achten, *was* der Beratungslehrerspieler sagt, sondern auch *wie* er es sagt (Stimme, Mimik, Gestik, Körperhaltung). Zwischen Inhalt und Form des Gesagten können sehr erhebliche Widersprüche auftreten. Im Zweifelsfalle vertraue der „Doppler" eher dem *Wie* als dem *Was.*

2. Eine andere Unterstützungsmöglichkeit stellt die *Simulation* einer *Supervisionsrunde* dar (vgl. dazu auch das Kapitel „Supervision" S. 121).

   Der Beratungslehrerprotagonist sucht sich aus der Gruppe der Beobachter einen oder mehrere „Kollegen" seines Vertrauens aus, mit denen er die schwierige Beratungssituation durchsprechen, besser noch durchspielen möchte.

3. Durch einen *Rollenwechsel* könnte z. B. der Beratungslehrer die Rolle der Frau A. oder Frau Sch. übernehmen, während einer seiner Kollegen seine Beratungslehrerrolle übernimmt und alternatives Beraterverhalten durchspielt.

   Dieses Vorgehen hat einige Vorteile:

- Die nicht mitspielenden Gruppenteilnehmer erhalten so auch die Chance, die zentrale Rolle des Beratungslehrers zu erleben.
- Deren alternative Beraterverhaltensweisen bieten Lösungsansätze für den nächsten Beratungskontakt und entlasten somit den Beratungslehrerspieler.
- Alle Beteiligten erfahren „in diesem Rollenspiel im Rollenspiel" hautnah die Wichtigkeit und die Vorteile von Supervision.

Weitere Durchführung:

Sobald der Beratungslehrer-Protagonist vermittels dieser Hilfestellungen sich in der Lage fühlt weiterzuarbeiten (vorher kann an dieser Stelle eine Pause mit Kontaktverbot der Spieler untereinander eingebaut werden), kann das Rollenspiel weitergehen.

Wenn in der 1. Phase beispielsweise ein erster Kontakt mit Lehrerin und Mutter stattgefunden hat, könnte jetzt ein Zweitkontakt zwischen Beratungslehrer und Mutter oder Beratungslehrer und Lehrerin bzw. ein Round-Table-Gespräch mit allen am Beratungsprozeß Beteiligten initiiert werden, je nach den in der Zwischenauswertung festgelegten Strategien des Beratungslehrerspielers.

Endauswertung:

Im folgenden werden die Rollenspiele der zweiten Phase zunächst einmal nach denselben Kriterien wie in der Zwischenauswertung besprochen, siehe Seite 117:

Als letzter Schritt dieses Rollenspiels findet die Auswertung auf der *Transferebene* statt, d.h. es wird der Bogen zum Theorieteil geschlagen und damit auch zur zukünftigen Alltagspraxis des Beratungslehrers.

Auswertungsgesichtspunkte hierbei sind:

- Bin ich als Beratungslehrer, Mutter, Lehrerin, Schüler usw. mit der Konfliktlösung zufrieden?
- Wie wurde der Konflikt gelöst, wer konnte sich durchsetzen und wer nicht?
- Welche Strategien im Umgang mit konträren Rollenerwartungen haben sich für alle Beteiligten als sinnvoll herausgestellt, welche weniger? (Hier können direkt die Spielerfahrungen der Rollenspieler mit dem Selvini-Palazzoli-Ansatz des Theorieteils verglichen werden: Aha-Erlebnisse!)
- Welche Schlüsse für den zukünftigen Umgang mit Lehrerkollegen, Rektor, Eltern usw. kann ich als Beratungslehrer aus dem Rollenspiel ziehen?

Als Abschluß des Gesamtrollenspiels hat sich ein *Blitzlicht* der Teilnehmer als sinnvoll erwiesen: Reihum sagt jeder Teilnehmer in ein bis zwei Sätzen wie es ihm *jetzt* im Moment geht, wie er sich fühlt. Dabei können dann auch „Restbelastungen" der gespielten Rolle zum Vorschein kommen, die der Gruppenleiter oder die anderen Mitglieder mit dem oder den Betreffenden aufarbeiten können.

Rollenablegen:

Da sich unseren Beobachtungen nach immer wieder einzelne Protagonisten derart mit ihrer Rolle identifizieren, daß sie nach Beendigung des Rollenspiels nicht richtig aus ihrer Rolle „aussteigen" können, sollte direkt nach Beendigung des Rollenspiels ein formalisiertes Ablegen der Rolle erfolgen.

– „Setzen Sie sich in ganz entspannter Haltung (Kutschersitz) auf Ihren Stuhl. Schließen Sie die Augen. Atmen Sie einige male ganz tief ein und aus bis in den Bauch. Spüren Sie den Kontakt ihres Rückens mit der Stuhllehne, ihres Hinterns mit der Sitzfläche, ihrer Füße mit dem Boden. Spüren Sie in welcher Körperregion Sie verspannt sind, spannen Sie diesen Körperteil bewußt an und entspannen Sie ihn dann. Machen Sie das einige male hintereinander."
– „Nehmen Sie nun ihre Rolle wie einen Hut von Ihrem Kopf und legen Sie sie ganz bewußt neben sich. Sagen Sie sich mehrmals leise Ihren Namen: „Ich bin...XY". Wenn Sie das Gefühl haben, wieder ganz bei sich selbst zu sein, öffnen Sie die Augen."

Zusätzliche Bemerkungen: Das Rollenspiel dauert je nach Anzahl und Dauer der simulierten Beratungskontakte, je nach psychischer Belastung der Protagonisten und abhängig von der Ausführlichkeit der Auswertungsphasen zwischen drei und sechs Stunden.

Da die Teilnahme an diesem Simulationsspiel ein großes Ausmaß an persönlicher Offenheit, ein Einbringen der gesamten Person erfordert und damit auch Selbsterfahrungsprozesse auslöst, sollte die Gruppe sich entweder schon einigermaßen gut kennen oder es muß direkt vor dem Rollenspiel eine *Anwärmphase* (siehe dazu 1.9.6.) stattfinden. Andernfalls besteht die Gefahr, daß das Simulationsspiel zu zähflüssig oder oberflächlich verläuft.

Allen Rollen gerecht.

5. Kapitel:
Supervision

Wie Berater ihre Fortbildung selbst in die Hand nehmen können

Einleitung

Während der Ausbildungsphase im Bereich Gesprächsführung für Beratungslehrer stellt eine zukünftige Beratungslehrerin ein Tonbandprotokoll vor. Sie
hat ein für sie noch ungewohntes Beratungsgespräch aufgenommen und
erbittet nun von ihrer Kollegengruppe Rückmeldung, wie diese sie im Umgang
mit der Familie erlebt hat.

Den Verlauf und das Ende des Familiengesprächs empfindet die Beratungslehrerin als
nicht sehr geglückt, fühlt sich durch die überzogenen Leistungsanforderungen der
Eltern eher zum ausgebeuteten Kind hingezogen und von der kalten, fordernden
Mutter abgestoßen. Sie befürchtet, in ihrem Gesprächsverhalten eben nicht einfühlend-
neutral sondern eher rechthaberisch und parteilich gewirkt zu haben. Das Bestreben
der Eltern, ihr in der Schule nicht funktionierendes Kind in ein Internat geben zu wollen
und die Beratungslehrerin zur Organisation dessen zu benutzen, lehnt diese ab und
versucht, eher auf die persönlichen Hintergründe des Schulversagens einzugehen. Die
Eltern beschäftigen sich nur widerstrebend mit diesen unerwünschten Gesichtspunkten, wollen aber gegen Ende die ganze Sache nochmals überdenken. Zu ihrer eigenen
starken emotionalen Betroffenheit, die sich die Beratungslehrerin nicht recht erklären
konnte, kam ihre Verunsicherung hinzu, in der Sache vielleicht nicht korrekt und
wunschgemäß beraten zu haben (Liste von Internaten geben).

Das Tonband wurde ausschnittweise angehört und die sich daraus ergebende
Diskussion verlief für alle Beteiligten sehr fruchtbar. Der Beratungslehrerin
wurde zunehmend bewußt, daß ihre emotionale Betroffenheit und ungewollte
Parteilichkeit auf eigene negative Schulerlebnisse zurückzuführen war. Diese
Verletzungen hatte sie im Verlaufe ihrer Sozialisation und Ausbildung jedoch
weitgehend „vergessen", um eine klare Rollenidentität als Lehrerin herausbil-
den zu können. Der aktuelle Beratungsanlaß belebte jedoch wieder ihre eigene
Schulzeit und die dabei nicht bewältigten Konflikte, die sie nun als Parteinah-
me an sich selbst feststellen mußte. Auch die Kollegen empfanden deutlich den
Zwiespalt zwischen Elternwunsch und Beratervorstellung. Anläßlich dieses
Fallbeispiels wurde ebenfalls das Dilemma aller engagierten Lehrer angesprochen, strukturelle Veränderungen am Schulsystem zur Bekämpfung von
Schulschwierigkeiten nur unzureichend durchführen zu können. Die in dieser

Selbstberatung

Lehrergruppe ausgetauschten Argumente und die positiven und kritischen Rückmeldungen gaben der Lehrerin am Ende das Gefühl eines echten Gewinns: „Ich gebe etwas und stelle mich dabei selbst in Frage, ich bekomme Bestätigung, Kritik, und viele Anregungen, über mich und meine Einstellungen nachzudenken." Als Folge der gemeinsamen Gruppenarbeit verbesserte sich ihre Fähigkeit, sich von Familiengesprächen gefühlsmäßig stärker distanzieren zu können und in einer Beratungssituation auftretende Widersprüche eher als normal zu akzeptieren und zu ertragen.

Mit dieser verkürzten Darstellung einer denkbaren kollegialen Fallbesprechung wird das Kapitel „Supervision" eingeleitet und davon ausgehend beschrieben

- was in der Beratung Stehende tun können, um der *Vereinzelung* und *Vereinsamung,* die diese Tätigkeit mit sich bringt, zeitweise *entgehen* zu können,
- welche Chancen in sog. Selbstberatungsgruppen liegen, bzw. welche Gefahren ihnen gleichzeitig innewohnen,
- wie man in solchen Gruppen sinnvoll mit einem *Thema* und *miteinander* umgeht,
- wie man diese Gruppen *organisiert* und für ihren Bestand sorgt.

145

5.1 Notwendigkeit und Ziele von Supervision

5.1.1 Wozu überhaupt Supervision?

Der Begriff „Supervision" ist dem Englischen entnommen und kann nur schwer eingedeutscht werden. Am häufigsten wird er in der Literatur mit „Praxisanleitung" oder „Praxisberatung" übersetzt. Damit ist die Aufarbeitung beruflicher und der damit verbundenen persönlichen Probleme unter Anleitung eines erfahrenen „Supervisors" gemeint. Dies kann in Einzelarbeit oder in Gruppenarbeit stattfinden. Die notwendige Aufarbeitung des Praxisalltages hat aber in unserer Zeit, in der auf bildungspolitischer Sparflamme gekocht wird, kaum eine Chance, eine feste Einrichtung zu werden. Wohl kommt gerade im Schulbereich der Beratung eine zunehmende Bedeutung und Wichtigkeit zu, die Fort- und Weiterbildung der Berater ist aber noch weitgehend ihrer Eigeninitiative überlassen. Dies hängt unter anderem mit dem verbreiteten Vorurteil zusammen, daß ein einmal erworbenes Wissenspotential (Beraterkompetenz) bis ans Ende des Berufslebens für eine erfolgreiche Tätigkeit ausreicht. Diese verhängnisvolle, weil Fortschritt verhindernde, Fehleinschätzung wird gleichermaßen von schuladministrativen Institutionen wie von den betroffenen Lehrern selbst aufrechterhalten. Welche Gründe sind dafür verantwortlich? Man kann sie im wesentlichen als Schutzbehauptungen deuten, die eine erträgliche Balance ermöglichen im Aushalten der Diskrepanz zwischen erlebter Schulwirklichkeit und notwendigen Innovationen.
Für die Institution Schule bedeutet dies konkret: daß permanenter gesellschaftlicher Wandel eine Umorientierung in Beratungsformen notwendig macht wird zunehmend erkannt, der Apparat hat aber keine Mittel zur Verfügung, um Weiterbildung zu organisieren. Damit wird diese in die private Zuständigkeit der Betroffenen, besonders der Beratungslehrer und -lehrerinnen, gedrängt. Diese fühlen sich allein gelassen und begnügen sich überwiegend mit der Selbstbeschwichtigung, zumindest mit ihrer Grundausbildung in Beratung handlungsfähig zu sein. Hier setzt jedoch zunehmend das Dilemma ein, daß sie nämlich erleben müssen, was ein Supervisor einmal so formulierte: „Fit für's System sind die Beratungslehrer ja, Schullaufbahnberatung und Selektionsmaßnahmen beherrschen sie, aber die eigentlichen Schulprobleme ihrer Klienten wie mißglückte Anpassungs- oder Verzichtsleistungen und das Erleben von Macht und Ohnmacht können sie kaum zufriedenstellend angehen." Welche Beratungslehrer können z. B. familientherapeutisch orientierte Elemente in ihre Beratungsarbeit einbringen, wo doch die Zahl der auseinanderbrechenden Familien oder im klassischen Sinn unvollständigen Familien ständig anwächst? Der ständige Strukturwandel in Schulen, bildungspolitischen Leitgedanken und Gesellschaft erfordert jedoch von jedem Bera-

ter, sich in seiner Arbeit zu hinterfragen, dazuzulernen und sich gegenüber neuen Einflüssen offen zu zeigen. Seine Arbeit bleibt sonst die eines „Sozialingenieurs", der einseitig bildungspolitische Interessen vertritt und seine Klientel „verwaltet". Diese Gefahr ist vor allem beim Beratungslehrer gegeben, der in hohem Maße fremdbestimmt, d. h. schulorganisatorischen Vorgaben entsprechend, beraten muß.

Besonders für Berater im Schulbereich kann die hohe psychische Belastung, nämlich fundiert beraten und sich gleichermaßen vielen Erwartungen entsprechend verhalten zu müssen, im negativsten Fall bis zur Berufsunfähigkeit führen. Der emotionale Streß, dem Berater allgemein ausgesetzt sind, kommt nicht nur durch den Leidensdruck und die Konflikte der Klienten zustande, mit denen der Berater umgehen muß. Gerade durch den von uns voll unterstützten Ansatz des partnerzentrierten Gesprächs ist es einem Berater per definitionem auferlegt, sein eigenes Erleben und Handeln zurückzunehmen und seine eigenen Vorstellungen von Problemlösung und idealen Strategien in einer Beratung hintanzustellen. Dies geschieht zugunsten einer angestrebten Selbstbestimmung des Ratsuchenden. Deshalb müssen Gegenregulationen stattfinden: „Soziale Kontakte werden notwendig: Zunächst Gespräche mit Kollegen, dann mit anderen Beratungslehrern über einzelne Fälle und Themen des Berufsbereiches, dann jedoch auch Supervisionen und Fortbildungen einschließlich spezieller Ausbildungs- und Fortbildungsbereiche, die auch therapeutische Gesichtspunkte im Sinne von Eigenanalyse und Eigenerfahrung beinhalten" (Junker 1976, S. 116).

Aus diesem Gedanken der Fortbildungsnotwendigkeit heraus ist unser Interesse entstanden, alle Berater zu ermutigen, selbst Arbeitsgemeinschaften zu gründen. Solche Selbstberatungsgruppen sollen einerseits engagierten Beratern oder Lehrern die Möglichkeit zur Weiterbildung und Reflexion ihrer eigenen Tätigkeit geben. Andererseits bieten sie auch denjenigen Kolleginnen und Kollegen mit berufsbedingten, inneren „Flurschäden", die sich aus konflikthafter Beratungstätigkeit ergeben, die Chance, diese kollektiv zu bearbeiten, um damit eine bessere Bewältigung des Arbeitsalltags zu gewähren.

Den nun folgenden Ausführungen wird eine *Begriffserklärung* vorangestellt.

Da wir uns in dieser Darstellung von Supervision ausschließlich auf die Arbeit von selbstorganisierten Kollegengruppen beschränken, verwenden wir den Begriff *Selbstberatungsgruppen* bzw. *kollegiale Supervision*. Durch das Einbeziehen von Texten anderer Autoren läßt sich das Begriffsvokabular nicht vereinheitlichen. Es wird von „Supervisanden" die Rede sein, worunter die Teilnehmer einer Selbstberatungsgruppe zu verstehen sind, die meist unter Fachanleitung, einem Supervisor, eigene Probleme aufarbeiten. Manche Texte sind der Sozialpädagogik entnommen und berichten von Sozialarbeitern, die immer auch beraten müssen. Grundsätzlich gelten unsere Ausführungen für alle, die im weitesten Sinn in der Beratung tätig sind.

5.1.2 Was können Selbstberatungsgruppen für Berater leisten?

Mitglieder einer Selbstberatungsgruppe begeben sich in einen Lernprozeß, der ein Höchstmaß an Eigenverantwortung bezogen auf die Teilnehmer und die inhaltliche Arbeit, voraussetzt und gewährleistet. Münch (1979, S. 156) versucht diesen selbstorganisierten Lernprozeß inhaltlich wie folgt zu beschreiben:

„1. Er besteht aus dem Wiederaufführen von beruflichen Interaktionsereignissen, die der Supervisionssitzung möglichst kurz zurückliegend vorausgegangen sind. Sie sollen die Eigenschaften der räumlich-zeitlichen Begrenzung und der konkreten Erlebbarkeit besitzen. – Diese Wiederaufführung wird durch den Bericht des Gruppenmitgliedes, das in den zu berichtenden Interaktionsvorfall einbezogen war, eingeleitet.
2. Alle Gruppenmitglieder unternehmen daran anschließend den gemeinsamen Versuch, das Dargestellte aufgrund ihrer gemeinsamen Sprache und beruflichen Kompetenz zu verstehen.
3. Bei diesem gemeinsamen Versuch wird das Unverstandene hinterfragt, das Verstandene in neuen Formulierungen benannt.
4. Der Supervisand erlebt die Untersuchung als Betroffener. Folglich ist er an ihr nicht nur intellektuell, sondern auch emotional beteiligt. Er hört neue Sichtweisen, erfährt ihm bislang unbekannte Sinnzusammenhänge und leitet daraus möglicherweise neue Handlungsperspektiven ab."

Die *Gleichrangigkeit* in einer kollegialen Supervisionsgruppe ermöglicht allen Teilnehmern prinzipiell die gleichen formalen Lernprozesse. Diese lassen sich in drei Bereiche aufgliedern:

- Erwerb von *Wissen* und neuer Information (Beraterkompetenz)
- Zuwachs an *persönlicher Entfaltung* und Verwirklichung
- Zunahme an *sozialer Kompetenz* durch Teilnahme an Gruppenprozessen.

Wie kommt der *Erwerb von Wissen* zustande? Folgende Argumente lassen sich anführen:

- Der Kontakt mit anderen Beratern, die ähnliche, aber nicht gleiche Arbeit leisten, bringt viele Erfahrungen „aus zweiter Hand" mit sich: Wie arbeiten andere? Unter welchen Bedingungen? Mit welchen Schwerpunkten? usw.
- In der Supervisionsgruppe besteht für jeden einzelnen die Möglichkeit eigene besondere Kenntnisse (z.B. Umgang mit Drogenpatienten oder jugendlichen drop-outs, EDV-Kenntnisse) einzubringen und diese Kompetenzen weiterzugeben.
- Unterschiedliche Erfahrungen und Wahrnehmungsmöglichkeiten bedingen einen Zuwachs an Wissen. Mehrere Kollegen nehmen mehr wahr, bieten mehr Erfahrungen, Erklärungen und Wissen an, als ein einzelner haben kann.
- Ein Gruppenmitglied, das anderen etwas vorträgt, kann sich in freiem Sprechen, im Diskutieren und Argumentieren üben und verbessern.
- Die Supervisionsgruppe ermöglicht eine bessere Würdigung der Arbeitsbereiche der Kollegen.

– Die Fachgespräche mit Kollegen können auf den einzelnen so motivierend wirken, daß sich durch ein verstärktes Literaturstudium ein Zuwachs an Wissen ergibt.

Über die Erweiterung seiner Beratungskompetenzen hinaus ergeben sich für den Teilnehmer einer Selbstberatungsgruppe zusätzliche Anlässe, um sich selbst in seiner Persönlichkeit, in seiner Eigeneinschätzung und in seiner *Wirkung auf andere* zu erfahren. Die persönlichen Rückmeldungen anderer Teilnehmer, die wesentlicher Bestandteil sein sollten, wirken erfahrungsgemäß am Anfang angstauslösend, weil dabei manchmal „Wahrheiten über sich selbst zutage treten" (sog. blinde Flecke), die von dem Betroffenen schmerzreich und verunsichernd erlebt werden. Diese Selbsterkenntnisse zwingen ihn, seine Identität als Person bzw. als Berater in neuem Licht zu sehen und ermöglichen ihm andererseits zukünftig „echter" zu handeln. In diesem Punkt gleichen Selbstberatungsgruppen den sog. Selbsterfahrungsgruppen, in denen das Erleben eigener und fremder Wahrnehmungen im Mittelpunkt steht. Methoden und Übungen, die dem Bereich der Gruppendynamik entlehnt sind und die den Teilnehmern helfen sollen, über sich selbst und ihr Handeln nachzudenken, werden an späterer Stelle referiert.

Der dritte Bereich, in dem die Arbeit in einer Selbstberatungsgruppe eindeutig Vorteile für den Beratungsalltag bringt, soll als *Gruppenprozeß* bezeichnet werden. Darunter verstehen wir die Art und Weise, wie Gruppenmitglieder miteinander umgehen, wie sie sich akzeptieren oder ablehnen, wie sie kooperieren oder konkurrieren. Jene Vorgänge in der Gruppe, die mehr aus dem aktuellen Interaktionsgeschehen als aus dem jeweiligen Supervisionsthema entstehen, werden somit in die gemeinsame Arbeit einbezogen.

Diese Prozesse und zwischenmenschliche Beziehungen, die immer in einer Gruppe auftreten, sind Ergebnisse der Vorerfahrungen, die jeder Teilnehmer in die Gruppe als „Proviant" mitbringt.

Münch (1979, S. 162) meint, daß die individuelle Lebensgeschichte kein abgeschlossenes Kapitel ist, sondern daß diese bis in die Gegenwart hinein den Charakter und das Handeln des einzelnen bestimmt.

Jeder Mensch neigt dazu, innerhalb gegenwärtiger Beziehungen und in Gruppen unerledigte Ereignisse aus seiner Vergangenheit zu wiederholen und solche Interaktionsformen anzuwenden, die er in der Vergangenheit gelernt und „erfolgreich" angewandt hat.

In der dynamischen und zugleich einfühlsamen Situation der Supervisionsgruppe liegt für den einzelnen Teilnehmer die Chance, die in der Kindheit und Jugend erlebten – durch Retrospektion wieder erinnerten – konfliktbeladenen Ereignisse aus der Vergangenheit hervorzuholen und auf die Gegenwartsbeziehungen zu Kollegen zu übertragen. Das persönliche Erleben und Reagieren auf dominante Personen (z. B. auf den Schulrektor) hat immer etwas zu tun mit den Erfahrungen von Dominanz in der Vergangenheit, z. B. mit dem eigenen Vater. Dieser tiefenpsychologische Ansatz meint zusammenfassend nichts anderes, als daß alte Erfahrungen auf gegenwärtige Situationen und soziale Beziehungen übertragen und damit dem Bewußtsein zugänglich gemacht werden. Die Supervisionsgruppe ist ein geeigneter Ort dafür.

5.2 Rahmenbedingungen für Selbstberatungsgruppen

Wenn eine Gruppe von Beratern beschlossen hat, sich zur Aufarbeitung ihrer im Arbeitsalltag entstehenden Probleme zusammenzufinden, sind vorab formale Übereinkünfte festzulegen, unter welchen Bedingungen gearbeitet werden soll. Im folgenden wird im Überblick eine Auswahl der wichtigsten Kriterien dargestellt.

5.2.1 Zahl und Auswahl der Teilnehmer

Um die Interaktionen in einer Gruppe überschaubar zu halten und die Beteiligung möglichst vieler Mitarbeiter am Gruppengespräch zu ermöglichen, sollte die Anzahl der Teilnehmer nicht größer als 8–10 sein. Erfahrungsgemäß sinkt das Engagement bei Gruppenprozessen mit dem zahlenmäßigen Anwachsen der Mitglieder.

Hinzu kommt fast immer der Umstand, daß nach einem ersten „Schnupperabend", spätestens jedoch zu Beginn der eigentlichen Arbeitsphase, die Zahl der Teilnehmer abnimmt. Wer bleibt? Es sind meist diejenigen Kolleginnen und Kollegen, die bereit sind eigene Ambivalenz auszuhalten („ich fühle mich bedroht, will mich abgrenzen" vs. „ich finde die Atmosphäre vertrauenswürdig") und diesen Entscheidungsprozeß, sich auf eine Gruppe einzulassen, bereits hinter sich haben. Ein Gruppenleiter (Supervisor) kann bei diesem Prozeß vorab klären helfen.

Weiterhin empfiehlt es sich, immer miteinander einen Vertrag zu schließen, daß ab der 3. Sitzung niemand mehr ohne plausible Entschuldigung abspringen kann. Bis dahin lernen sich die potentiellen Teilnehmer kennen, klären die Regularia (wieviel bekommt der Supervisor? wieviele Male trifft man sich? Aufgabenverteilung? Verhaltensregeln (5.2.5.)? etc.).

Teilnehmer mit therapeutischen Erwartungen oder Bedürfnissen können identifiziert werden und behutsam an andere Gruppen verwiesen werden.

Last but not least soll ein Aspekt ausführlicher dargestellt werden, der entscheidend ist für das Zustandekommen von Supervisionsgruppen: selten wirkt sich die Bekanntheit und Vertrautheit von Lehrerinnen und Lehrern untereinander positiv auf die Arbeitsfähigkeit der Gruppe aus. Hohe Kontaktdichte durch Mitgliedschaft im selben Kollegium, emotionale Nähe und gleiches Arbeitsfeld erleichtern zwar die Anfangsphase und suggerieren vordergründige Solidarität, können aber leicht zur Fußangel werden:

○ Es besteht die Gefahr der Cliquenbildung (z. B. Beratungs- vs. Verbindungslehrer) oder die Solidarisierung gegen Dritte („beratende Arbeit an unserer Schule wird durch den Chef administrativ behindert").
○ Solange in einem Schulsystem Konkurrenz statt Kooperation den Lehrer- und Beratungsalltag mitprägen, wird es jedem schwerfallen, sich in seinen Unsicherheiten und Problemen anderen mitzuteilen. Erhöhte soziale Kontrolle im Schulalltag ist zu befürchten, Animositäten gegeneinander erhalten neue Nahrung, Begegnungen im Schulhaus können als belastend erlebt werden.

○ Bestehende Macht- und Dominanzstrukturen aus dem Kollegium können in die Dynamik der Gruppe übernommen werden und lähmend auf die inhaltliche Arbeit wirken. (Münch (1984) hat diesen und weiteren Imponderabilien mehrere Kapitel gewidmet.)

Mit dieser unvollständigen Auflistung soll jedoch nicht supervisionswilligen Kollegen eines Kollegiums abgeraten werden. Wir sehen durchaus für große Schulen mit mehreren Beratern Chancen zu konstruktiver Gruppenarbeit: der Prozeß ist aber mühsamer als bei heterogenen Beratergruppen. Ein externer Supervisor erweist sich für eine solche Konstellation als hilfreich.

5.2.2 Ort und Häufigkeit der Sitzungen

Eine Supervisionsgruppe ist weder ein Debattierclub noch ein Stammtischäquivalent. Sie sollte daher einen Raum haben, der eine zwar angenehme, aber sachliche Arbeitsatmosphäre gewährleistet und frei von externen Störungen ist. Erfahrungen haben gezeigt, daß es gerade bei Beratern aus dem Schulbereich für eine distanzierte Reflexion ihrer Arbeit wichtig ist, Räume in Schulen zu meiden, weil der vertraute „Schulmief" oft unbewußte, vorschnelle Frustrationen erzeugt und eine offene Arbeit in der Gruppe behindert.

Die Häufigkeit der Gruppensitzungen soll frei nach Bedarf bestimmbar sein und sich nach dem Engagement und der zeitlichen Belastbarkeit der Teilnehmer richten. *Regelmäßige* Treffen erweisen sich jedoch als notwendig. Ein Abstand von mehr als vier Wochen läßt die kontinuierliche Selbstberatungsarbeit rapide absinken, weil Inhalte vergessen werden, und weil die Motivation zu engagierter Teilnahme zu wenig angeregt und unterstützt wird. Bei großer zeitlicher Distanz der Treffen rückt die so wichtige Beziehungsklärung der Teilnehmer untereinander zunehmend in den Hintergrund, denn gerade in diesem Bereich sind die sozialen Barrieren besonders hoch und die Scheu, offen miteinander zu kommunizieren, wächst („Ich kann ihr doch nicht sagen, daß mich ihre viele Fragerei in der Gruppe nervt, weil sie sonst vier Wochen mit dem Frust rumlaufen muß!").

Ein Vorschlag aus unserer eigenen Gruppenarbeit: Der Einstieg in eine Selbstberatungsgruppe wird enorm beschleunigt und bereichert durch eine Kompaktphase, (z. B. Wochenende) in der die räumliche und soziale Nähe der Teilnehmer, die Dichte der Interaktionen und die Fülle an vorgebrachten Problemen, Erwartungen und Befürchtungen hautnah von jedem selbst erlebt und bearbeitet werden können. Manchmal ergibt sich eine solche Kompaktphase eher zufällig an einem pädagogischen Tag, an dem die Teilnehmer einer Arbeitsgruppe (z. B. mit pädagogisch-psychologischem Schwerpunkt) mehrheitlich feststellen, daß sie Kontinuität ihrer gemeinsamen Arbeit wünschen. Wenn die diversen Modi (s. o.) geklärt sind, kann sich daraus eine arbeitsfähige Supervisionsgruppe mit oder ohne Leiter entwickeln.

5.2.3 Vorbereitung der Sitzung

Ohne der inhaltlichen Gestaltung der Sitzungen vorauszugreifen (siehe Abschnitt 5.3), empfiehlt es sich je nach Arbeitsschwerpunkt einer Gruppe (mehr Selbsterfahrung, mehr Beziehungsklärung, mehr sachbezogene Themen) Material auszuwählen und dies rechtzeitg anzukündigen bzw. zu verteilen. Ob eine Gruppe zur Vorstellung eines Falles das Tonbandprotokoll, die Schilderung, die szenische Darstellung im Rollenspiel oder ein vorbereitetes Transkript bevorzugt, hängt von der Art der Beratungtätigkeit und vom Gruppenkonsens ab. Gerade bei partnerschaftlicher, also leiterloser Gruppenarbeit, ist ein Teilnehmer als zeitweiliger Koordinator sinnvoll, über den für einen abgesprochenen Zeitraum Informationen an die Gruppe gelangen und weitergereicht werden.

5.2.4 Supervisor – ja oder nein?

Ein Supervisor ist ein professioneller Berater von Gruppen, der Interaktionsprozesse einleitet und bei der Aufarbeitung derselben hilft. Die damit verbundenen vielfältigen Probleme wie Abhängigkeit vom Leiter, Kontrolle durch einen „Profi" und zusätzliche Steuerung durch ein dominantes Nichtgruppenmitglied werden ausführlich in der Literatur beschrieben (Huppertz 1975; Münch 1979; Schuch 1977).

Durch den schon eingangs erwähnten Aus- und Fortbildungsnotstand von Beratern scheint es der Realität angemessener zu sein, auf einen ständig anwesenden Supervisor zu verzichten, da dieser kaum verfügbar ist. In der schwierigen Anfangsphase oder in einer echten Konfliktsituation sollte die Gruppe aber auf einen Supervisor zurückgreifen können. Beratungserfahrene Schulpsychologen oder Angehörige von Erwachsenenbildungsinstitutionen müßten gelegentlich für die „geburtshilflichen" Dienste angefordert werden können (siehe Beratungslehrerfortbildung in Baden-Württemberg).

Sollte eine Gruppe zeitweise mit einem Supervisor arbeiten können, gilt es folgende Gefahren zu bedenken: Spätestens dann, wenn eine von einem Supervisor angeleitete Gruppe beginnt, leiterzentriert zu reagieren, d. h. Abhängigkeiten zu zeigen, und die Verantwortung für den Gruppenprozeß zu delegieren, arbeitet es sich befriedigender ohne Leiter weiter, obwohl der Vorgang der Abnabelung ein schmerzvoller sein wird. Zwar sind diese durch einen Leiter induzierten, hierarchischen Interaktionen auch Bestandteile der meisten sozialen Systeme und können damit im aktuellen Gruppenverhalten aufgearbeitet werden, einer zunehmenden Emanzipation der Gruppenmitglieder stehen sie aber eher im Wege.

5.2.5 Verhaltensregeln in einer Selbstberatungsgruppe

Wie für den beruflichen Beratungsprozeß auch ist die Einhaltung gewisser Verhaltensregeln Voraussetzung für Offenheit und Wohlbefinden in einer Gruppe. Dazu zählen:

– die *Verschwiegenheit* gegenüber Außenstehenden über die Vorgänge in der Gruppe,

- die Schaffung eines vertrauensvollen und *verständnisvollen Verhältnisses* der Mitglieder zueinander auf den Grundlagen des partnerzentrierten Gespäches (Kap. 1) und Vermeidung von Verhörsituationen („warum hast Du dabei bloß...?")
- *Partizipation* am Gruppengeschehen, d. h., jeder bringt sich nach Kräften anteilmäßig in die Gruppe ein, um Untergruppierungen zu vermeiden, zum Beispiel die der „Redner" und die der „Schweiger",
- *Beratungswilligkeit,* d. h., jedes Mitglied ist offen gegenüber neuen Erfahrungen über die eigene Person und verpflichtet sich Rückmeldungen zumindest anzuhören,
- eine dem *Leidensdruck* des Klienten ähnliche Grundhaltung, prinzipiell neue Einsichten und Erkenntnissse aufzunehmen und darüber nachzudenken,
- *Übernahme von Verantwortung* für den Bestand und die Fortführung der Gruppenarbeit.

Es empfiehlt sich, diesen Präliminarien genügend Zeit, mindestens jedoch ein ganzes Treffen zu widmen. Hinzu kommt die Klärung sämtlicher Regularia, die wir bereits beschrieben haben.

Wer sich auf ungewohnte Gruppenarbeit einläßt und diffuse, verunsichernd erlebte, vage Vorstellungen im Kopf hat über ihren Verlauf, hat ein Recht auf ausführlichen Informationsaustausch.

Dahinter stehen pragmatische Absichten: zum einen muß später nicht im Sinne von Metakommunikation permanent auf die Spielregeln zurückgegriffen werden, was Zeit und Energie kostet, zum anderen soll jeder Teilnehmer für sich selbst ganz klar entscheiden können, unter welchen Vorbehalten oder mit wieviel Bereitwilligkeit er an der Gruppe teilhaben möchte.

Hier haben wir als Ausbilder im Laufe der letzten Jahre wesentlich dazugelernt. In den „Hoch"-zeiten der Gruppendynamik und Selbsterfahrung der 70er Jahre waren einengende Rahmenbedingungen und Vorschriften ein Sakrileg, Gruppenleiter propagierten vielmehr Haltungen wie „laß einfach geschehen, was geschehen will!". Für themenzentrierte Arbeitsgruppen hat sich ein solch offenes Vorgehen jedoch als tödlich erwiesen; gegenseitige Verbindlichkeit ist wichtig. Damit soll nicht einer neuen Pragmatik („zielsicher, dynamisch, erfolgreich") das Wort geredet werden, sondern wir sehen ganz klar, daß der Lehrer- und Beratungsberuf samt der Teilnahme an einer Beratungsgruppe nur einen Teil des individuellen Lebens ausmachen, und daß weitere Bereiche der Privatheit und der Erholung vorbehalten sein müssen.

So wird das Anerkennen und Mittragen von Verhaltensregeln für jedes Gruppenmitglied gleich wichtig, weil es zumindest einen Pfeiler von erfolgreicher Supervisionsarbeit darstellt.

5.2.6 Gewichtungen bei der Fallbesprechung

Der Schwerpunkt der inhaltlichen Arbeit dieser Gruppen im Beratungsbereich wird immer in der gemeinsamen Aufarbeitung problematischer Fälle liegen. Dabei können jedoch, und dies bleibt der Gruppe jeweils überlassen, unterschiedliche Gewichtungen auftreten, die bei einer Fallbesprechung im Vordergrund stehen. Diese Gewichtungen liegen in der Beratungssituation begründet, die als wechselseitige Beziehung zwischen mehreren Beteiligten abläuft.

Für denjenigen, der einen Fall vorstellt, kann also der Gesichtspunkt wichtig sein: „Habe ich alle in meiner Kompetenz liegenden Möglichkeiten miteinbezogen, um eine deviante Schullaufbahn beim Schüler X zu verhindern?" oder: „Sind meine Beratungsinformationen umfassend und sinnvoll gewesen oder habe ich etwas versäumt?" oder: „Wie soll ich mich beim nächsten Mal verhalten?" Hierbei stehen *strukturelle Probleme* von Intervention und Veränderung im Vordergrund der Supervisionsreflexion. Die Gruppe kann über die Diskussion eines Falles bis hin zu allgemeiner Schulkritik gelangen, und jeder kann durch die wechselseitige Argumentation sachbezogene Informationen hinzugewinnen.

Ein zweiter Gesichtspunkt einer Fallbesprechung wäre: „Ich kann nicht unentwegt implizit bei Übertrittsberatungen den Weg ins Gymnasium erschweren, um der Selektionsfunktion von Beratung gerecht zu werden. Ich komme mir den Eltern gegenüber dabei schäbig vor" (ein Beratungslehrer). Oder: „Es macht mich wütend, wenn ich als Lehrer die Eltern berate und dann hintenrum erfahre, daß sie noch drei weitere Lehrer um Unterstützung baten." *Persönliche Gefühle*, erzeugt in einer Beratungssituation, stehen im Vordergrund der Fallbesprechung und müssen aufgearbeitet werden. Das Gespräch mit anderen Gruppenteilnehmern wird sehr unterschiedliche Wahrnehmungen hinsichtlich dem Erleben von Gefühlen auf ein und dieselbe Situation ergeben. Vorerfahrungen der Teilnehmer, individuelle Biographien samt ihren typischen Verhaltensmustern und Persönlichkeitsunterschieden, ergeben eine breite Palette von Gefühlszuständen. Ihre Thematisierung hilft dem betroffenen Gruppenmitglied seinen eigenen Gefühlszustand zu relativieren und sich über dessen Entstehungsbedingungen mehr Klarheit zu verschaffen. In einer verständnisvollen und angenehmen Gruppenatmosphäre ist die Selbstreflexion („ich reagiere sehr empfindsam") und Selbstexploration („wodurch bin ich so geworden?") ein wichtiger Prozeß zum persönlichen Wachstum und zur Selbstverwirklichung.

Möchte ein Teilnehmer bei seiner Fallbesprechung eher auf sein gespanntes Verhältnis zum Schüler oder dessen Mutter während einer Beratung eingehen, stehen die *interpersonalen Beziehungen* der Beteiligten im Vordergrund und sollen einer gemeinsamen Analyse unterzogen werden. Welche Äußerungen der Mutter wirken im Berater wutauslösend? Welche Forderungen, Einstellungen möchte er bei der Mutter verändern, weil er sie nicht erträgt? An wen erinnert sie ihn? Dies sind Problembereiche, die langsam entwickelt werden müssen und deren schrittweise Analyse in der Gruppe auch immer das eigene Erleben und die eigenen Motive des Beraters zur Grundlage haben.

Die schematische Darstellung einer Fallbesprechung unter diesen drei unterschiedlichen Gesichtspunkten ist aber unvollständig. Zum einen ist die Dreiteilung wohl auf dem Papier als Denkstruktur logisch und hilfreich, läßt sich aber nicht direkt auf das dynamische Geschehen in einer Selbstberatungsgruppe übertragen. Hier sitzen keine Computerfiguren, sondern vitale und engagierte Menschen mit empfindsamer

Wahrnehmung und vielschichtigen Gefühlen und Gedanken. Es gilt die Erfahrungs-regel, daß über ein Thema hinaus gerade auch die sozialen Beziehungen der Teilnehmer untereinander in die konstruktive Arbeit miteinfließen und ihre Negie-rung erhebliche Blockierungen im Arbeitsprozeß entstehen lassen kann. Welche Schwerpunkte bei der jeweiligen Fallbesprechung gesetzt werden, hängt ausschließ-lich von den Erwartungen, Bedürfnissen und Fähigkeiten der Gruppenmitglieder und dem gemeinsamen Gruppenziel ab.

5.3 Wie Selbstberatungsgruppen arbeiten können

Im folgenden werden einige *Methoden* vorgestellt, die sich als Arbeitshilfen für Selbstberatungsgruppen eignen:

- Gruppendynamische Übungen,
- Themenzentrierte Interaktion,
- Kommunikationsregeln, Feed-back-Regeln,
- Rollenspiel.

Sie sollen einen Verfahrensüberblick ermöglichen und ein Problembewußtsein dafür schaffen, daß jede Arbeitsgruppe auch über ein Handwerkszeug verfügen muß, um aus einer unverbindlichen Diskussionsrunde eine wirkliche Selbstbera-tungsgruppe entstehen zu lassen. Dem vorangestellt wird eine kurze Darstellung von typischem Gruppenverhalten, das erfahrungsgemäß in jeder Gruppe auftritt und das erhebliche Schwierigkeiten in seiner Bewältigung bereiten kann: Die *Dominanz* von Teilnehmern und *mangelndes Vertrauen* in der Gruppe. Wagner (1976) beschreibt diese Phänomene und schlägt Strategien zu ihrer Bearbeitung vor. Daran läßt sich sinnvoll die Notwendigkeit aufzeigen, daß es gezielt eingesetzter gruppendynamischer Übungen bedarf, um problembelastete Gruppenprozesse zu analysieren und zu bewältigen.

Neben der eher praktischen Arbeit in Gruppen lassen sich weiterhin eine Vielzahl von Phänomenen feststellen, die dadurch entstehen, daß Menschen miteinander umgehen und zeitweise aufeinander angewiesen sind. Diese räumliche und gefühlsmäßige Nähe einer Selbstberatungsgruppe kann positive wie negative Spannungen erzeugen. Über die persönlichkeitsbereichernden Erfahrungen, die eine Selbstberatungsgruppe ermöglicht, wurde bereits an anderer Stelle berichtet. Darüber hinaus dürfen nicht die eher negativen *psychischen Phänomene* vernachlässigt werden, die Gruppenmitglieder in ihrer Teilnahme erheblich belasten können und deren persönlichen Gewinn in Frage stellen. Gerade in dem Bereich der persönlichen Beziehungen wird eine Darstellung immer unvollständig ausfallen müssen. Daher beschränken wir uns exemplarisch auf die Erscheinungen, die sehr wahrscheinlich in einer Gruppe auftreten werden. Hier sind vor allem zu nennen die *Angst* („was die wohl so alles über mich denken!?") und der *Widerstand* gegen den Gruppenprozeß („ich mach gern mit, aber über mich sag ich nichts!").

5.3.1 Gruppendynamische Prozesse – gruppendynamische Übungen

Durch die Verschiedenheit der Teilnehmer einer Gruppe, durch ihr unterschiedliches Vorwissen, ihre Erwartungen und ihr konkretes Verhalten wird in jeder Gruppe bald eine *Struktur* entstehen, eine innere Gliederung, die sich in der oft unbewußten Übernahme von Rollen ausdrückt. So kann es den Schweiger, den Rechthaber, den Vielredner, den Schlichter geben. Diese Struktur beeinflußt den Gruppenverlauf ganz erheblich. Dabei zeigt sich immer wieder, daß nicht die Unfähigkeit der Teilnehmer an einem bestimmten Thema zu arbeiten oft zum Scheitern einer Gruppe führt, sondern der mangelhafte Umgang mit typisch menschlichen Prozessen, die sich in Interaktionen zeigen und die Konfliktcharakter haben können. Wagner (1976) hat in ihrer intensiven Arbeit mit Gruppen festgestellt, daß besonders dominantes Verhalten und mangelndes Vertrauen untereinander einer Gruppe schwer zu schaffen machen können. Aus dieser Erfahrung entwickelte sie einige „Gruppenregeln", die wir wegen ihrer Praxisnähe vorstellen möchten (S. 133–140).

Vom Umgang mit dominantem Sprechverhalten

1. Anschauen

Derjenige, der redet, wird auch angeguckt – sowohl während er redet als auch während man selbst etwas sagt. Wer angeguckt wird, fühlt sich bestätigt, fühlt sich selbst angesprochen und wird eher wieder etwas sagen als derjenige, der nicht angeguckt wird.

Man kann, so haben Untersuchungen z. B. von *Bales* (1970) ergeben, herausfinden, welchen Status jemand in der Gruppe hat, indem man beobachtet, wer am häufigsten von anderen angeguckt wird.

(Wen schaue ich an, während ich etwas sage?)

Daraus ergibt sich schnell ein fataler Kreislauf, weil jemand viel sagt, wird er häufiger angesprochen und weil er hierauf angesprochen wird, sagt er häufig etwas. Derjenige hingegen, der selten etwas sagt, wird selten angeguckt, und sagt dann noch seltener etwas. (Die „Schere" geht immer weiter auseinander.)

Gegenmittel:

Beim Reden bewußt *alle* anschauen, vor allem auch die, die bisher weniger gesagt haben.

2. Wer weniger geredet hat, hat Vorfahrt

Wer bereits häufiger etwas gesagt hat, setzt auch schneller zum Sprechen an und redet lauter als jemand, der noch wenig gesagt hat. Ergebnis: wenn zwei zur gleichen Zeit etwas sagen wollen (und es keinen Gesprächsleiter gibt), so setzt sich in der Regel derjenige durch. der eh schon mehr redet.

Und jemand, der sowieso selten etwas sagt, und der an einem Abend zweimal vergeblich versucht hat, zu Wort zu kommen, gibt dann oft ganz auf.

Gegenmittel:

Die Gruppe einigt sich auf die Regel, daß, wenn zwei oder mehr Leute gleichzeitig sprechen wollen, grundsätzlich derjenige zu Wort kommt, der bisher an diesem Abend noch am wenigsten gesagt hat.

3. Darauf achten, wer zum Sprechen ansetzt

Aus dem, was in 1. und 2. gesagt wurde, ergibt sich oft, daß eines der „stilleren" Gruppenmitglieder zum Sprechen ansetzt (sich vorbeugt, die Hand halb noch hebt, etc.), aber niemand es bemerkt, weil jeder nur diejenigen anguckt, die reden.

Gegenmittel:

Alle Gruppenmitglieder achten darauf, wer zum Sprechen ansetzt und fühlen sich verpflichtet, falls dies jemand ist, der sich seltener zu Wort meldet, ihn bei der nächsten Gelegenheit zu fragen: „Wolltest Du nicht noch etwas dazu sagen?" Notfalls muß jemand von den „Vielrednern" warten.

4. Nicht unterbrechen – außer in begründeten Ausnahmefällen

Leute, die viel reden, neigen dazu, andere zu unterbrechen. Unterbrechen ist eine Möglichkeit sich durchzusetzen (und kann in bestimmten Situationen eine durchaus legitime Methode sein, sich Gehör zu verschaffen). Aber meistens sind es die sowieso dominanten Mitglieder, die andere unterbrechen, und das führt dazu, daß sich die anderen zurückgesetzt fühlen, irritiert sind, und sich (oft) zurückziehen.

Gegenmittel:

Die Gruppe einigt sich darauf, daß grundsätzlich niemand unterbrochen werden darf. Falls dies jemand doch tut – und manchmal kann es schon nötig sein – dann muß er dies kurz begründen („Entschuldige, daß ich dich unterbreche, aber mir scheint, daß…").

Diese vier Regeln haben vor allem „vorbeugenden" Charakter; sie sollen helfen zu verhindern, daß ein Dominanzproblem überhaupt entsteht.

Was aber läßt sich tun, wenn dieses Problem schon längere Zeit existiert, und trotz dieser Regeln einige nur selten oder gar nicht reden?

5. Reihum Stellung nehmen

Bei wichtigen Fragen kann man es sich zur Regel machen, daß *alle reihum dazu etwas sagen*. Dazu ruhig im Kreis herumgehen und jedem Gelegenheit geben, sich zu äußern (und sei es, daß er sagt, er hätte dazu nichts zu sagen).

6. Besonders bei „Stillen" reflektierend zuhören

Wenn jemand selten redet, da ist es besonders wichtig, daß die anderen ihm zeigen, daß sie zuhören und seine Äußerung ernst nehmen. Dieses Zuhören sollte *aktiv* sein, dadurch, daß jemand anders *widerspiegelt*, d. h. in eigenen Worten wiedergibt, wie er verstanden hat, was der andere meint. „Du meinst also…", „Ist es so, daß du meinst!!!?"

– es gibt ihm die Möglichkeit, sich genauer auszudrücken und mehr dazu zu sagen,
– die anderen können überprüfen, ob sie ihn richtig verstanden haben, und
– die Gruppe zeigt, daß sie zuhört und sich bemüht, den anderen zu verstehen;
– die Wahrscheinlichkeit, daß derjenige, der geredet hat, später wieder etwas sagen wird, wächst.

7. Zustimmung auch aussprechen – besonders bei „Stillen"

Untersuchungen zeigen, daß derjenige, der etwas sagt und dafür Zustimmung erhält, später eher wieder etwas sagen wird, als jemand, der ignoriert wurde oder dem man widersprochen hat.

Also: Zustimmung und Unterstützung auch aussprechen. Besonders dann, wenn jemand von den „Stillen" etwas sagt.

Mangelndes Vertrauen und wie man es aufbauen kann

1. Zustimmung durch Aussprechen

In vielen Diskussionen herrscht die „Norm der negativen Kritik" vor: Kritik und Widerspruch werden sehr viel häufiger geäußert als Unterstützung und Zustimmung. Es ist so, als ob nur Kritisches dem Sprecher zur Ehre gereicht; wenn er hingegen zustimmt, so erscheint dies wohl nur als zweitrangige Leistung.

Dieses einseitige Überwiegen negativer Äußerungen führt im allgemeinen zu einer starken Verunsicherung. Wir alle brauchen Bestätigung und Rückmeldung. Wenn jedoch sich nur die Kritik laut äußert, so kann ich mir nie sicher sein, ob und was an meiner Äußerung positiv aufgenommen wird (weil dies keiner ausspricht) und ich weiß nicht, ob alle so denken oder nur einer.

Dies bedeutet nicht, daß Kritik und Widerspruch nicht notwendig sind; die Forderung muß vielmehr sein: Unterstützung und Zustimmung im Durchschnitt genauso häufig auszusprechen, wie wir das gemeinhin mit der Kritik tun.

Ein Versuch wird jedoch zeigen, daß dies uns schwerer fällt, als wir zunächst annehmen. Die Neigung, zunächst kritisch zu reagieren, ist so tief verwurzelt, daß man sich deshalb (zumindest für eine Übergangszeit) zur Regel machen sollte:

Kritik und Widerspruch darf nur dann geäußert werden, wenn man zuvor etwas Positives darüber gesagt hat.

Hinweis: auch teilweise Unterstützung ist möglich. Z. B. „Der Vorschlag leuchtet mir insgesamt ein. Nur ..."

2. Das „Zustimmungsgemurmel"

Viele Gruppen sind dadurch behindert, daß sie keine Möglichkeit haben, sich schnell miteinander darüber zu verständigen, was sie von einem Vorschlag halten. Macht jemand einen Vorschlag, muß entweder umständlich darüber abgestimmt werden oder aber die zufällige Zustimmung (oder Ablehnung) eines einzelnen entscheidet. Viel einfacher ist es, wenn wir unsere steife Zurückhaltung aufgeben und in solchen Fällen alle gleichzeitig durch Nicken, halblautes „Ja" und ähnliches „Gemurmel" bzw. Kopfschütteln und „nein", zu erkennen geben, was wir davon halten. Sind sich (fast) alle einig, erspart sich die Gruppe eine langwierige Diskussion; wenn nicht, dann fängt sie jetzt mit der Diskussion an.

Der Vorteil ist, daß derjenige, der einen Vorschlag gemacht hat, nicht „in der Luft" hängenbleibt, sondern schnell Rückmeldung bekommt. Fällt es einer Gruppe schwer, sich spontan so zu äußern, kann man sich auch darauf einigen, daß jeder das Recht hat, ein solches „Zustimmungsgemurmel" zu „beantragen".

3. „Reflektierendes Zuhören"

Nun kann man ja nicht immer jemandem zustimmen und möchte trotzdem Verständnis ausdrücken. In diesem Fall ist das reflektierende Zuhören wichtig, weil wir damit zeigen, daß es für uns wichtig ist, den anderen richtig zu verstehen (auch wenn wir anderer Meinung sind).

4. „Sprechweisen"

Neben diesen meist vernachlässigten Formen der Kommunikation (Zustimmung, Widerspiegelung) trägt auch die Art, wie etwas vorgebracht wird, entscheidend zu dem Ausmaß des Vertrauens bei.

(...) Äußerungen, die sehr sicher und lautstark vorgebracht werden, wirken dominant, quasi „erschlagend", weil es die anderen unverhältnismäßig viel Kraft kosten würde, sich dagegen zu wehren. Aber auch emotionale Neutralität wirkt auf die Dauer eher verunsichernd, während Mitgefühl und Empathie Vertrauen fördern.

Bei diesen Sprechweisen gibt es eigentlich nur eins: sie möglichst vermeiden. Da das jedoch leichter gesagt als getan ist, kann man vielleicht einmal gemeinsam üben, sich jeweils offen, spontan, nichtwertend auszudrücken."

Die von Wagner dargestellten Beispiele lassen deutlich werden, daß das Arbeiten in einer Gruppe von vielen Ritualen und eingefahrenen Verhaltensmustern belastet wird und daß als Konsequenz Frustrationen bei den Teilnehmern zu erwarten sind. Daraus folgt: Wenn ein konflikthaftes Prozeßgeschehen im Hier und Jetzt der Gruppensituation die erfolgreiche Bearbeitung eines Themas ernsthaft in Frage stellt, ist der Übergang von der thematischen Arbeit in die Beziehungsarbeit notwendig. Anders formuliert: Wenn's „brenzlig" wird in einer Arbeitsgruppe, ist der Einsatz einer oder mehrerer gruppendynamischer Verfahren angezeigt und wirkungsvoll für die Analyse und den Abbau von Spannungen.

Der pädagogische Nutzeffekt dieser Übungen läßt sich auf verschiedenen Ebenen nachweisen: Die meist als Spiel angelegten Übungen besitzen starken, intrinsischen *Motivationswert*, sie haben einen *positiven Aufforderungscharakter*, weil Spiele auch von Erwachsenen oft als lustvoll erlebt werden. Lernoffene Erwachsene lassen sich gerne darauf ein, in der Hoffnung: „mal sehen was mit mir geschieht!?" Hinzu kommt die oft aktive, kreative Komponente vieler Übungen, die es ermöglicht, aus einer trockenen Sachdiskussion eine *lebhafte Aktion* zu machen, die viele Teilnehmer miteinbezieht. Interaktionsspiele und Übungen lassen zusätzlich unter Einhaltung oft bizarr anmutender Spielregeln (Du bist jetzt ein fürchterlich böses Tier!) eine starke *Selbststeuerung* des Verhaltens und des Entscheidens zu, die in der konkreten Alltagserfahrung manchmal unmöglich erscheinen. Wer kann schon ohne ernsthafte Konsequenzen allen netten Leuten auf der Straße die Hand geben um zu prüfen, welche Gefühle in ihm jeweils ausgelöst werden? Die *Als-Ob-Situation* des Spieles ermöglicht weiter eine Trennung von Ich und Rolle und läßt das Ausprobieren von neuem Verhalten zu, weil das Experimentieren mit sich selbst oftmals die einzige Regelvorschrift ist.

Wenn eine Selbstberatungsgruppe den Einsatz von gruppendynamischen Übungen befürwortet und vor dem Problem der Auswahl steht, empfiehlt es sich immer, situationsspezifisch vorzugehen. Von der Diagnose der Gruppensituation (man kennt sich noch zu wenig, es treten Spannungen bei einer Fallbesprechung auf, ein Gruppenmitglied rechtfertigt unentwegt sein Handeln, die Arbeitshaltung erlahmt usw.) hängt der Einsatz einer Übung in dieser oder jener Variante ab.

Auf eine weiterführende Darstellung einer pragmatischen und situationsbezogenen Anwendung von gruppendynamischen Übungen wird an dieser Stelle verzichtet, weil die angebotenen Übungen geradezu „kochbuchartig" in vielen Veröffentlichungen nachlesbar sind.

Zur Konkretisierung der vorliegenden Ausführungen wird an drei Beispielen der Einsatz einer Übung dargestellt (siehe dazu auch den Praxisteil dieses Kapitels):

Diagnose der Gruppensituation	Bezeichnung der Übung
Anfangsphase: Mitglieder kennen sich noch nicht bzw. haben lange nicht mehr zusammen gearbeitet	Blitzlicht
ein ernsthafter Konflikt zwischen zwei oder mehr Teilnehmern behindert die konstruktive Arbeit	kontrollierter Dialog
das Ziel der gemeinsamen Arbeit ist unklar, und die Teilnehmer beteiligen sich unterschiedlich	Motorinspektion

Gudjons (1978, S. 165; S. 92; S. 166) beschreibt diese Übungen wie folgt:

Blitzlicht

1. Ziel
Mit Hilfe eines einfachen und leicht handhabbaren Kommunikationsinstrumentes ein Bild der Gruppe hinsichtlich vorhandener Gefühle, Wünsche, Erwartungen, Themenvorschläge u. a. m. herstellen.

2. Durchführung
Jeder Teilnehmer nimmt reihum mit einem oder zwei Sätzen zu einer einzelnen Frage Stellung. Es soll nicht nachgefragt, kritisiert oder kommentiert werden. Die Einzeläußerungen sollen wirklich kurz sein (wie ein Blitzlicht) und die subjektive und persönliche Sicht des Teilnehmers betreffen. Auf diese Weise erhält jeder einen offenen Einblick in die Meinung der Teilnehmer zu einer Frage, alle, auch die Schweiger sprechen und die Dominanten reden nicht allein. Ein Blitzlicht kann beliebig oft vorgeschlagen werden, insbesondere vor und nach bestimmten Abschnitten oder wenn Unlust, Desinteresse oder Aggression zu spüren ist. Bewährte Themen für das Blitzlicht sind z. B.:
„Wie fühle ich mich jetzt gerade im Augenblick?"
„Was erwarte ich von der heutigen Sitzung?"
„Wie habe ich die eben vergangene Sitzung erlebt und wie fühle ich mich jetzt?"
„Was hat mich heute geärgert, was hat mich gefreut?" u. a. m.
Zeit: 5–7 Minuten bei 10 Teilnehmern.

3. Auswertungshilfen
Welche Konsequenzen müssen aus den geäußerten Beiträgen gezogen werden?

4. Materialien
keine

Kontrollierter Dialog

1. Ziel
Lernen, einem Partner genau zuzuhören. Kontrolle der Wahrnehmung durch Wiederholung von Gesprächsinhalten. Lernen, eigene Argumente erst nach korrekter Kenntnisnahme von Gegenargumenten zu äußern.

2. Durchführung

Die Gesamtgruppe teilt sich in Dreiergruppen auf und bestimmt formal, wer jeweils A, B und C ist. A und B führen während der nächsten fünf (in Jugendlichen- und Erwachsenengruppen zehn bis fünfzehn) Minuten ein Gespräch über ein selbstgewähltes oder gestelltes Thema. C ist Beobachter und Kontrolleur. Dabei gilt folgende Gesprächsregel: A beginnt mit einer Äußerung, einem Gedanken oder Argument, B wiederholt dies mit seinen eigenen Worten und fragt A kurz, ob er zutreffend wiederholt hat; dann antwortet B mit seinem Gesprächsbeitrag und A wiederholt, wobei A sich ebenfalls bei B vergewissert, ob er richtig wiederholt hat. Ist die Wiederholung unzutreffend oder verkürzt, muß sie nochmal formuliert werden. Erst wenn alles korrekt ist, folgt der nächste Gesprächsbeitrag. So wechseln A und B im Gespräch ab. – Nach der vereinbarten Zeit wird abgebrochen und C äußert seine Eindrücke. Anschließend rotieren die Rollen, jetzt läuft der kontrollierte Dialog zwischen B und C, während A beobachtet. In der letzten Runde führen A und C den Dialog, während B beobachtet.

Zeit: Bei fünfminütigen Dialogen ca. 20–30 Minuten. Gruppengröße beliebig.
Variante: Die ganze Gruppe diskutiert frei über ein möglichst kontroverses Thema. (Etwa 10 Minuten.) – Anschließend wird in der Gruppe das Thema weiterdiskutiert, aber in der Weise, daß jeder nur einen Beitrag leisten darf nach Wiederholung des vorhergehenden Beitrages und der Vergewisserung, ihn richtig wiedergegeben zu haben. (Weitere 10 Minuten.) – Abschließend werden von der Gruppe beide Gesprächsteile beurteilt, vor allem auch unter dem Aspekt der Gruppenatmosphäre.

3. Auswertungshilfen

Wie ernst nehmen wir die Äußerung eines Partners wirklich? Was hindert uns am genauen Zuhören? Führte diese Dialogform zu einer vorschnellen Harmonisierung oder wurden unterschiedliche Standpunkte klar? Wie war das emotionale Klima?

4. Materialien
keine

Motor-Inspektion

1. Ziel

Abklärung, wieweit sich die Teilnehmer mit der Gruppenaufgabe, der Gruppensituation oder dem Sachthema identifizieren. Hilfen geben zur Artikulation von Desinteresse, Stagnation und Engagement.

2. Durchführung

Die Teilnehmer bilden einen Kreis. In die Kreismitte wird ein beliebiger Gegenstand gelegt. Er symbolisiert die Arbeitsaufgabe, das Thema. Nun soll jeder Teilnehmer einen Standort wählen, der seiner gegenwärtigen Bereitschaft zum Engagement entspricht. Wer stark beteiligt ist, stellt sich nahe daran, wer weniger daran interessiert ist, geht in entsprechend größere Entfernung. Es steht der ganze Raum zur Verfügung, ja man kann selbst aus dem Raum gehen. – Während dieser Übung soll solange nicht gesprochen werden, bis jeder den Platz gefunden hat, der seiner gefühlsmäßigen Nähe oder Ferne zum Thema Arbeitsaufgabe entspricht. Erst dann kann eine kurze Auswertung beginnen.

3. Auswertungshilfen

Was lähmt mein Engagement? Was möchte ich ändern, damit ich näher in die Mitte komme? – Was müssen die andern ändern?
Zeit: 10 Min. Gruppengröße max. 20 Teilnehmer.

4. Materialien
keine

5.3.2 Themenzentrierte Interaktion (TZI)

Das Bewußtsein der Allgemeingegenwärtigkeit von Konflikten in Gruppen hat in der Themenzentrierten Interaktionsmethode von Ruth Cohn (Cohn, 1974) eine für uns empfehlenswerte Form der Aufarbeitung gefunden. Wie schon ausgeführt, können einem einzelnen Gruppenmitglied ganz unterschiedliche Gewichtungen bei „seiner" Fallbesprechung am Herzen liegen. Dieses „Akzentesetzen" bei der gemeinsamen Arbeit gilt auch für das Erleben, die Wahrnehmung und das Verhalten einer ganzen Gruppe. Es geht immer

- um ein Thema (struktureller Aspekt),
- um die Interessen, Motive, Bedürfnisse einzelner,
- um die interpersonalen Beziehungen in der Gruppe.

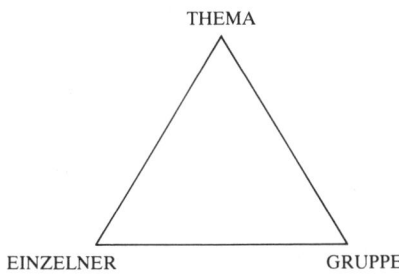

Alle drei Bereiche sind gleich wichtig, daher ist für die TZI auch oberstes Gebot: *Balance aller drei Bereiche.* Die Gleichgewichtung der drei genannten Aspekte wird eingeleitet und erleichtert durch einen für alle Gruppenmitglieder verbindlichen Regelkanon, der sprachliche Abmachungen enthält, wie eine Gruppe miteinander in Kommunikation treten soll. Es sind somit auch *Kommunikationsregeln* für das Geschehen in einer Gruppe.

Hauptregel

Sei Dein eigener „Vorsitzender" und bestimme, wann Du reden willst.
Versuche, in dieser Stunde das zu geben und zu empfangen, was Du selbst geben und erhalten willst. Sei Dein eigener Vorsitzender – und richte Dich nach Deinen Bedürfnissen, im Blick auf das Thema und was immer für Dich wichtig sein mag.

Grundregeln

- Sprich nicht per „man" oder „wir", sondern per „ich".
- Persönliche Aussagen sind normalerweise besser als unechte Fragen.
  Versuche, Fragen dadurch einzuleiten, daß Du kurz erklärst, was die Frage für Dich bedeutet.
- Wenn mehrere Gruppenmitglieder sprechen, bzw. sprechen wollen, ist es empfehlenswert, eine Einigung über den Gesprächsverlauf herbeizuführen.
- Es darf nur einer auf einmal reden.

– Vermeide nach Möglichkeit Seitengespräche. Wenn es einmal der Fall ist, versuche, die Gruppe hinterher daran zu beteiligen.
– Wenn Du nicht wirklich dabei sein kannst, d. h., wenn Du gelangweilt oder ärgerlich bist oder aus einem anderen Grunde Dich nicht konzentrieren kannst, unterbrich das Gespräch.
– Versuche zu sagen, was Du wirklich sagen willst, nicht was Du möglicherweise sagen solltest, weil es von Dir erwartet wird.
– Vermeide nach Möglichkeit Interpretationen anderer und teile statt dessen lieber Deine persönlichen Reaktionen mit.
– Beachte Signale aus Deinem Organismus und beachte ähnliche Signale bei anderen Gruppenmitgliedern.

Auf den ersten Blick mögen diese Gesprächsregeln für eine Gruppe fast überflüssig erscheinen, weil die meisten Leute, die mit und in Gruppen arbeiten (Kollegium, Schulklasse, Arbeitsbereich), ähnliches Gesprächsverhalten zeigen oder zumindest meinen, dies zu zeigen. Der *bewußte* Versuch aller Teilnehmer, sich bei einer Gruppensitzung soweit wie möglich an die Regeln zu halten, bzw. sich zumindest daran zu orientieren, wird aber den Teilnehmern bald zeigen, wie wenig selbstverständlich diese im praktischen Umgang sind.

Wenn Berater sich entschlossen haben, unter den Prinzipien der Freiwilligkeit und der Offenheit neuen Methoden gegenüber kooperativ Probleme zu besprechen, wird sich bald der Nutzeffekt der TZI-Regeln beweisen:
Eine Gruppe wird nicht nur in der Sache vorankommen (Thema), sondern auch das persönliche Erleben und Handeln in dieser kleinen Gemeinschaft kann intensiver und befriedigender werden, weil persönliche Probleme nicht unterdrückt, sondern besprochen werden. In der Praxis der Supervisionsgruppen zeigt sich immer wieder, daß eine Kombination von gruppendynamischen Übungen und Kommunikationsregeln gerade in problematischen und kritischen Augenblicken hilft, miteinander störungsfreier ins Gespräch zu kommen.
Abschließend läßt sich über die TZI-Methode sagen, daß die Kommunikationsregeln keine dogmatische Verpflichtung darstellen, sich nur so und nicht anders im Gespräch zu verhalten. Immer aber soll die Anwendung von TZI auf einem Gruppenkonsens beruhen und nicht allein von einigen – experimentierfreudigeren – Teilnehmern einer Gruppe befolgt werden. Die Gruppe bestimmt gemeinsam ihre Art der Kommunikation.

5.3.3 Feed-back-Regeln

Eine zweite Art, die sprachlichen Äußerungen einer Gruppe zu steuern, stellen die sog. *Feed-back-Regeln* dar. *Rückmeldung* über das eigene Verhalten von anderen Menschen zu bekommen, ist oft sehr schmerzlich, und weil nicht selten nur Kritik im Vordergrund steht, unterbleiben diese sprachlichen Mitteilungen häufig ganz.
Man nimmt Rücksicht auf den lieben Mitmenschen, weil man ja selbst nicht gerne kritisiert wird. Es interessiert uns aber im allgemeinen sehr, was andere über uns denken. Wissen wir darüber nichts, fühlen wir uns unsicher und hängen irgendwie im „luftleeren Raum". Wir brauchen die Rückmeldung unserer Kollegen in der Supervisionsgruppe, um unser Verhalten gegebenenfalls danach auszurichten. Wir

sind auch bereit, anderen unseren Eindruck zu sagen. Die Frage aber ist: Wie soll ich meine Kritik formulieren?

In der praktischen Arbeit mit Gruppen haben sich die folgenden Richtlinien, wie Rückmeldung gegeben und empfangen werden kann, nachhaltig bewährt (aus Vopel/Kirsten 1974, S. 120–122):

Feed-back geben:

„Beschreibend, nicht interpretierend
Beschreiben Sie das Verhalten Ihres Partners durch einen klaren Bericht über die Fakten (z. B.: „Du läßt mich seit zwei Tagen allein aufwaschen"). Sparen Sie sich Ihre Hypothesen, warum sich irgendwelche Dinge ereigneten oder was damit gemeint war (z. B.: „Du liebst mich nicht mehr").

Mitteilung eigener Reaktionen
Teilen Sie dem Partner im Anschluß an die Beschreibung seines Verhaltens mit, welche Reaktionen bzw. Gefühle dadurch bei Ihnen ausgelöst werden (z. B.: „Du läßt mich seit zwei Tagen allein aufwaschen. Ich ärgere mich darüber. Ich möchte, daß Du mir hilfst und wir diese Arbeit zusammen machen").

Aktualität
Je dichter das Feedback im Anschluß an bestimmte Handlungen gegeben wird, desto besser. Wenn Sie Ihr Feedback sofort geben, kann der Empfänger am besten verstehen, was Sie meinen. Gefühle, die mit dem Ereignis verbunden sind, existieren noch, so daß dadurch bessere Möglichkeiten der Verarbeitung des Feedback gegeben sind.

Zur rechten Zeit
Geben Sie dann Feedback, wenn es nützlich sein kann. Es kann nicht hilfreich sein, wenn der Empfänger andere Aufgaben hat, die seine volle Aufmerksamkeit verlangen, oder wenn er gerade sehr aufgeregt ist.

Kein Zwang zur Änderung
Verwechseln Sie das Feedback nicht mit einer pädagogischen Zwangsmaßnahme. Der Empfänger des Feedback entscheidet, ob er sich auf der Basis der neuen Information ändern möchte oder ob nicht. Wenn Sie dem anderen sagen wollen, daß Sie es gern hätten, wenn er sich in einer bestimmten Weise ändert, können Sie das als eine persönliche Bitte äußern. Es geht jedoch nicht, daß Sie sagen: „Ich habe dir gesagt, was bei dir alles nicht stimmt. Nun ändere dich gefälligst!"

Mitteilung des Gebers
Feedback kann für den Empfänger manchmal mit dem Gefühl der Unterlegenheit verbunden sein. Er kann den Eindruck bekommen, daß er nicht okay ist, während der Feedbackgeber in seinen Augen okay ist. Der Geber vermittelt leicht das Gefühl, daß er dem anderen nur zu gern eine wichtige Lektion erteilt hat. Um das zu vermeiden, sollten Sie dem anderen mitteilen, welche persönlichen Ziele Sie Ihrerseits mit Ihrem Feedback verfolgen (z. B.: „Ich möchte gern weniger Angst vor dir haben. Deshalb sage ich dir das")."

Feed-back annehmen:

„Sagen Sie genau, worüber Sie Feedback haben wollen
Lassen Sie den anderen wissen, über welche Einzelheiten Ihres Verhaltens Sie gern seine Reaktion hören möchten (z. B.: „Wie reagierst du darauf, daß ich so viel geredet habe in dieser Sitzung?").
Bitten Sie andere, Ihnen ebenfalls Feedback zu geben, wenn Sie die Bedeutung eines einzelnen Feedback überprüfen wollen. Häufig wirkt ein und dasselbe Verhalten auf verschiedene Kommunikationspartner sehr unterschiedlich.

Überprüfen Sie, was Sie gehört haben
Stellen Sie sicher, daß Sie verstanden haben, was der andere Ihnen sagen wollte. Weil es sich dabei um Ihr eigenes Verhalten handelt, könnte es nämlich sein, daß Sie zunächst über die Relevanz des Feedback nachdenken, ehe Sie überprüft haben, ob Sie auch genau das gehört haben, was gemeint war. Versuchen Sie es mit der Umschreibung.

Teilen Sie Ihre Reaktion über das Feedback mit
Ihre eigenen Gefühle können so mobilisiert werden, daß Sie vergessen, Ihre Reaktionen auf das Feedback dem anderen mitzuteilen. Wenn der Geber des Feedback weggeht ohne zu wissen, ob Sie sein Feedback hilfreich fanden und wie Sie sich jetzt ihm gegenüber fühlen, ist er vielleicht in Zukunft weniger bereit, Ihnen Feedback zu geben. Er braucht Ihre Reaktion darüber, was an seinem Feedback hilfreich und was weniger nützlich war, damit er weiß, in welchem Ausmaß er Ihnen bereits produktives Feedback geben kann (z. B.: „Dein Feedback hat mich verletzt. Ich war einen Augenblick lang ziemlich wütend. Jetzt halte ich es schon eher für nützlich. Ich danke dir. Besonders nützlich fand ich die genaue Beschreibung der Art und Weise, wie ich dir beim Reden auf die Pelle rücke.").

Verteidigen Sie sich nicht sogleich
In manchen Fällen ist es gut, über die Bedeutung eines Feedback länger nachzudenken, es gut zu „verdauen". Das ist besonders dann empfehlenswert, wenn Sie eine starke gefühlsmäßige Betroffenheit bei sich feststellen. Sie können dann besser herausfinden, was Sie mit dem Feedback machen wollen, ob Sie es akzeptieren oder als „Problem des anderen" beiseite legen wollen. Bedenken Sie: Sie sind nicht auf der Welt, um so zu werden, wie andere Sie haben wollen!"

5.3.4 Rollenspiele

Einen weiteren Punkt aus dem Methodenrepertoire der Gruppenarbeit stellen die Rollenspiele dar. Wohl kaum eine Form der Demonstration und Aufarbeitung von sozialen Situationen wird so häufig praktiziert wie diese. Ihre Vorteile sind die ständige Verfügbarkeit, das Erleben und Auflebenlassen von Handlungen und Gefühlen, die geringe Vorbereitung, die Aktivierung mehrerer Personen, Wiederholung und Variation. Ihre Nachteile sind die Hemmungen der Personen, sich in einer oft ungewohnten Rolle vor anderen als Schauspieler zu präsentieren. Das Rollenspiel bietet als didaktische Methode in der Supervision folgende Möglichkeiten: (im folgenden sind die Worte ‚therapeutisch' und ‚Therapeut' austauschbar gegen ‚beraterisch' und ‚Berater')

„1. Neues therapeutisches Verhalten auszuprobieren und einzuüben.
 2. Bewußtmachen und Durcharbeiten von Gefühlen des Therapeuten, die die Interaktion von Therapeut und Klient stören.
 3. Sich einfühlen in den Klienten im Rollentausch.
 4. Die Wirkung eigentherapeutischen Verhaltens aus der Sicht des Klienten zu erleben.
 Supervisionsgruppe aufzuarbeiten (Rollentausch)" (Roth/Bilz, 1979).

Zu Punkt 1 bis 4 sollen einige Erläuterungen gegeben werden. Der Vorschlag oder der spontane Wunsch von Gruppenmitgliedern an einer bestimmten Stelle einer Fallbesprechung ein Rollenspiel einzusetzen, gehört zur *Vorbereitung* des Rollenspieles. Die Situation (z. B. Beratung vorm Klassenzimmer), die Personen (Rollen) und der zeitliche Ausschnitt des Rollenspiels müssen ebenso festgelegt werden, wie der Problembereich, den ein Rollenspiel erhellen soll:

– Worauf soll besonders beim Spiel/beim Zuschauen geachtet werden?
– Worüber möchte der Initiator Rückmeldung bekommen? Über seine Sprache? Über sein Eingehen auf den Gesprächspartner? Über seine Konfliktlösungsstrategien? usw.

Daran schließt sich die *Spielphase* an.

Die nun folgende *Gruppendiskussion* hat zum Ziel, Antworten zu finden auf die zu Beginn des Rollenspiels gestellten Fragen, den Gefühlszustand der Beteiligten und Beobachter klarzustellen und, wenn nötig, mit Rollentausch („Ich spiel mal jetzt den Berater!") Alternativen zur dargestellten Szene vorzubereiten. Die Sequenz Vorbereitung/Spielphase/Besprechung kann dabei beliebig oft fortgesetzt werden. Zur Veranschaulichung folgt die kurze Beschreibung einiger Rollenspiel„techniken", die wegen ihrer unkomplizierten Durchführung auch in Supervisionsgruppen ihren festen Platz finden können.

Rollenspiel mit leerem Stuhl

Problem: Der Berater entwickelt negative Gefühle gegenüber einem Ratsuchenden (z. B. durch dessen Aussehen, Einstellungen, Verhaltensauffälligkeiten usw.). Diese Gefühle können aus verschiedenen Gründen vom Berater nicht an- oder ausgesprochen werden. Diese Gefühle beeinträchtigen den Gesprächsverlauf erheblich.
Durchführung: Der Berater hat die Möglichkeit, dem leeren Stuhl (auf dem in seiner Vorstellung der Ratsuchende sitzt) ordentlich „die Meinung" zu sagen, ohne Rücksicht zu nehmen auf guten Gesprächsstil oder ethische Bedenken. Alles ist erlaubt.
Auswertungsergebnisse: – Die angestauten Gefühle des Beraters werden „wie Dampf abgelassen" und besitzen fernerhin keine psychische Energie mehr (sog. Katharsisfunktion).

– Der Berater erkennt unter vorsichtiger Interpretationshilfe seiner Supervisionskollegen, daß es sich bei den störenden Attributen des Ratsuchenden in Wirklichkeit um seine eigenen projizierten Probleme handelt. So kann z. B. eigene abgelehnte Dominanz stellvertretend beim Ratsuchenden verurteilt und bekämpft werden.

– Dem Berater kann bewußt werden, daß ein Ratsuchender deshalb bei ihm negative Gefühle auslöst, weil Ähnlichkeit mit eigenen Konfliktpartnern assoziiert werden. Eine weinerliche, passive Klientin paßt in das Kindheitsbild der eigenen Mutter des Beraters. Sie hat die Familie mit ihrem Verhalten jahrelang erpreßt. In der Beratungssituation wurde diese belastende Erinnerung wiederbelebt.

Doppeln (Einsatz eines Hilfs-Ich)

Die während eines Rollenspiels geäußerten Selbstverbalisationen (lautes Denken) sind häufig der Schlüssel zu innerpsychischen Konflikten und fehlgeleitetem Handeln. Wenn sich in dieser Phase der Selbstreflexion und Selbstexploration ein Teilnehmer besonders gut in den Spieler „einfühlen" kann, darf er hinter den Sprechenden treten und in der Ich-Form sich am Selbstgespräch des Spielers beteiligen. Beispiel: „Spieler: Jetzt bin ich ganz mutlos..." Hilfs-Ich: „... und das bereitet mir ziemliche Angst." Dieses nicht ganz einfache Vorgehen soll dem Klienten verhelfen zu einer vertieften Selbsteinsicht in Gefühle, Ängste und Wünsche zu kommen.

Rollentausch

Problem: Ein Berater ist sich nicht klar darüber, welche Reaktionen sein Verhalten bei einem Ratsuchenden auslöst, besonders dann, wenn es sich um unvorteilhaftes Beraterverhalten handelt.
Durchführung: Der Berater selbst spielt den Ratsuchenden, ein anderes Mitglied übernimmt den Part des Beraters. Dieser hat vorab möglichst genau sein destruktives Verhalten beschrieben. Der Dialog beginnt.
In dieser eher „passiven" Rolle kann der Berater als Klient sein eigenes Gesprächsverhalten erleben wie in einem reflektierenden Spiegel. Nach dem Besprechen der Gefühle, die in ihm als Klient ausgelöst wurden, kann der Berater in ständigem Rollenwechsel alternatives Verhalten ausprobieren und diese Wirkung sogleich erleben, indem er immer wieder in die Rolle des Klienten schlüpft.

Psychodrama

Belastende Beratungssituationen aus der Vergangenheit lassen sich allen Teilnehmern zugänglich machen durch die „nachgespielte" Wiederholung. Will ein Mitglied eine solche erlebte Szene mit der Gruppe bearbeiten, muß er die Mitspieler genau instruieren, wie diese die ihnen zugewiesenen Rollen auszufüllen haben. Hat er z. B. einem Spieler den Part der Mutter zugedacht, wird er ihm diese wie folgt beschreiben: „Ich bin die Mutter dieser Familie, ich bin 45 Jahre alt, sehe so und so aus, bin ziemlich unsicher in meinem Wesen, spreche deshalb auch mit hauchender Stimme, und ich mache mir furchtbar Sorgen wegen meiner Tochter." Erst wenn alle Teilnehmer sich in ihre Rolen vollends hineingefunden haben, kann das Durchspielen der Szene beginnen. Der Ablauf, der Ort der Handlung und die konflikthaften Interaktionen müssen durch ausführliche Beschreibungen des „inszenierenden" Beraters allen bekannt sein. Der Berater spielt sich selber.
Der Vorteil dieser Gruppeninszenierung ist in der Aktivierung aller Teilnehmer zu sehen. Über eine Beratungssituation wird nicht, wie vielfach, intellektualisiert, sondern diese wird von allen ganzheitlich erlebt und ermöglicht somit ein konkretes Feed-back der Mitspieler.

Diese Spielart kann dem Berater helfen, sich über seine Identifikationen, Koalitionen und Projektionen Klarheit zu verschaffen. Außerdem kann das Erproben neuen Verhaltens eine konstruktive Bewältigung der Szene darstellen. Selbst konflikthafte Interaktionen in der Supervisionsgruppe lassen sich auf diese Weise psychodramatisch darstellen und bearbeiten.

5.3.5 Psychologische Phänomene in der Supervision

An dieser Stelle kann nicht eine umfassende Analyse psychologischer Phänomene wie Angst und Widerstand erfolgen, vielmehr ist es unser Anliegen, Teilnehmer von Supervisionsgruppen auf das mögliche Auftreten besonders dieser Erscheinungsformen hinzuweisen und die Wahrnehmung dafür zu sensibilisieren.

Angst

Die Angst eines Teilnehmers, sich in Selbstberatungsgruppen zu engagieren, kann zumindest auf zwei Faktoren zurückgeführt werden. Zum einen wirkt die Tatsache, daß mehrere Menschen durch engen emotionalen und räumlichen Kontakt ihre Anonymität aufgeben, auf viele angstauslösend. Der sichere Rückzug auf ein sachliches Thema ist unmöglich gemacht (siehe Balancemodell TZI), der Ausdruck der Körpersprache kann von den anderen „gedeutet" werden und das Einbringen von persönlichen Daten, wie Vorerfahrungen und Gefühle, sind definierte Verhaltensregeln für eine Gruppe. Neben dieser geforderten emotionalen Offenheit des einzelnen, ohne die kein Vertrauen entstehen kann, tritt als weiterer angstauslösender Faktor die Darstellung der beruflichen Kompetenzen. Die Verletzlichkeit von Beratern in diesem fachlichen Bereich ist erfahrungsgemäß besonders groß, weil keine verläßliche Orientierung hinsichtlich richtigem oder falschem Verhalten vorgegeben ist. Die Zweifel an der eigenen Beraterkompetenz werden oft als persönliches Versagen erlebt und führen vielfach auf den Weg zum Rückzug und zur Abkapselung.
Wenn nun die eigenen Beraterstrategien offen dargelegt und möglicherweise durch den Betroffenen selbst oder durch die Kollegen in Frage gestellt werden, folgt als Konsequenz das Aufgeben gewohnter Denk- und Verhaltensmuster. Dieser Prozeß, sich von vertrauten Vorstellungen, Werten und Leitbildern allmählich zu lösen zugunsten einer neuen Suchhaltung, wirkt extrem verunsichernd und sollte deshalb nur sehr langsam erfolgen. Bei dieser schmerzlichen Um- und Neuorientierung muß die Gruppe jedem einzelnen aktiven Beistand leisten dergestalt, daß jeder Schritt ins Neuland begleitet wird durch positive Anteilnahme und durch bestärkende Rückmeldungen. Wenn diese emotionale und solidarische Basis in einer Supervisionsgruppe existiert, wird die Experimentierbereitschaft des einzelnen ansteigen und die Angst vor persönlicher oder fachlicher Bloßstellung abnehmen.

Widerstand

Der Widerstand gegenüber neuen Erfahrungen in der Gruppe ist gleichzusetzen mit der Beratungsunwilligkeit von Klienten in der Beratungssituation. Wenn der Grund und die Notwendigkeit sich zu ändern nicht einsichtig erscheinen, oder sogar unangenehme Konsequenzen mit sich bringen (neues Rollenverhalten), sind Veränderungsversuche nur oberflächlich und bergen die Gefahr des Mißerfolgs. Ein Gruppenmitglied, das widerstrebendes Verhalten gegenüber neuen Lernprozessen oder auf die Rückmeldungen der Kollegen zeigt, hat meist gute Gründe zwischen sich und den anderen Schutzmauern aufzubauen. Jeder Mensch verfügt über ein individuell unterschiedliches Maß an Lernbereitschaft und Lernfähigkeit. Wie weit ein Teilnehmer dazu in die Lage versetzt wird, damit bewußt umzugehen, ist auch das Verdienst bzw. das Verschulden der ganzen Gruppe.

| PRAXISTEIL |

Ablauf einer Supervisionssitzung mit Beratungslehrern

(aufgezeichnet nach Tonbandprotokollen)

Die Praxisteile der vorhergehenden Kapitel hatten jeweils das Ziel, dem Benutzer strukturierte Anweisungen und Übungsmaterialien an die Hand zu geben. Anders ist es bei diesem vorliegenden Kapitel: Die Gestaltung und der Ablauf einer Supervisionssitzung kann nicht einfach in einer Lerneinheit „geübt" werden, dies würde dem Grundsatz der spontanen Organisation einer Gruppe widersprechen. Wir haben versucht, die Grundlagen und das Methodeninventar von Supervision vorzustellen, nun wird sich zeigen, wie eine Gruppe von Lehrern tatsächlich damit umgegangen ist.

Die Supervisionsgruppe, die sich im 3-Wochen-Rhythmus trifft („... bis wir uns auf den Wecker fallen!"), kommt diesmal bei Friedrich, einem Lehrer und Diplom-pädagogen zusammen, der gelegentlich die Gruppe mit aktuellem pädagogischem Material versorgt. Anwesend sind Friedrich, Wolfgang, Christel, Christine, Herrmann, Beate und Hans-Martin. Hedo fehlt. Alle sind Lehrer aus dem Grund- und Hauptschulbereich. In der Gruppe existiert seit Bestehen (vier Monate) ein scherzhaft genannter „Kapo". Hans-Martin hat diesen Organisatorposten für vier Sitzungen übernommen, heute wird er ihn weitergeben.

Hans-Martin: „Also, ich denk, wir fangen mal an für heute, gibt's irgend etwas Wichtiges für einen für uns oder für die ganze Gruppe?" (allgemeines Murmeln).

Beate: „Ja, der Hedo fehlt. Ich glaub, der will heut auch nicht kommen, der ist echt sauer. Er meint, wir hätten ihn ganz schön in die Pfanne gehauen das letzte Mal, weil er sich mit der Familie so Mühe gegeben hat. Und nachher sah das so aus bei uns, daß wir alle ihm das Helfersyndrom untergeschoben haben. Der war vielleicht sauer, ich habe das alles am Telefon rausgekriegt. Tribunal oder so was hat er immer gesagt."

Die Gruppe ist sichtbar betroffen und schweigt eine zeitlang. Schließlich einigen sich die Mitglieder einmütig, diesen ungünstigen Effekt der letzten Sitzung mit Hedo zu besprechen und ihn wieder für die gemeinsame Arbeit zu gewinnen. Zwei Gruppen-mitglieder werden mit Hedo Kontakt aufnehmen.

Friedrich: „Also, das mit Hedo ist mir auch schwer auf den Wecker gegangen beim letzten Mal. Das ist nämlich echt ein Feed-back-Problem, so sehe ich das. Wir machen immer auf offen und Vertrauen und dann geht's doch daneben. Ich schlag vor, die ganze Rückmeldeangele-genheit in unserer Gruppe nochmal gründlich zu diskutieren. Beim nächsten Mal, gründlich."

Christel: „Okay, ich bin auch dafür (zustimmendes Gemurmel), aber bloß im Kopf will ich das auch nicht kapieren. Vielleicht können wir da echt stärker reflektieren und fühlen, wie wir es heute machen bei der nächsten Fallbesprechung. Wer bringt heute eigentlich was?"

Herrmann: „Ich hab ein Tonband mitgebracht. Ich will's mal „Dr. Murkes gesammelte Fehler" nennen (lacht verlegen). Aber beim letzten Gespräch mit der Mutter, das hab ich heut' hier dabei, da sind mir ziemlich die Lauscher aufgegangen, wie die massiv gekommen ist mit Forderungen: Herr Bergmeister hier, Herr Bergmeister dort, von ihnen als Beratungslehrer erwarte ich..., und ich hab mich der-maßen in die Zwickmühle bringen lassen, die ganze Zeit, daß ich heut' nur den Kopf schütteln kann. Jetzt im Moment sehe ich die Sache klarer, aber vielleicht fallen euch auch noch'n paar Sachen auf, die ich übersehen habe. Anschließend trag ich euch mein weiteres Konzept vor mit dem Schüler und der Mutter, ich denk, das haut hin für die Zukunft."

Christine: „Herrmann, du, ich hab den Eindruck, du willst uns schon vorher klar machen, daß du bei deinem Fall wieder Land siehst, alleine meine ich, so als willst du unsere Kritik von vornherein irgendwie abmildern oder abblocken, hat das was mit Hedo zu tun, weil wir den zu sehr unter Druck gesetzt haben das letzte Mal?"

Herrmann: „Schon möglich (lacht verlegen). Bißchen Druck spür ich schon, mich so vor euch zu präsentieren, aber, ich mein, es ist ja jeder mal dran, und bisher war ja auch jeder recht froh, wenn er hier in der Runde 'n paar Tips bekam und Rückenstärkung und so, ja. Das tut gut. (Pause) Also, ich erzähl mal kurz die Story..."

Herrmann berichtet ein paar Minuten über die Vorgeschichte des heutigen Ton-bandgesprächs und die Gruppe lauscht sehr aufmerksam (aktives Zuhören) seinen Bemühungen, sich nicht zu sehr zwischen verschiedenen Erwartungen zermahlen zu lassen. Eine Mutter sorgt sich sehr um die Leistungen ihres Sohnes, deren weiteres Absinken sie prophezeit, weil der Sohn für ein paar Wochen wegen Leistenbruch-operation dem Schulbetrieb fernbleiben muß. Die Sorge scheint verständlich, denn der Schüler ist schwach. Durch ein von der Mutter erwirktes Gespräch mit dem Klassenlehrer erfährt Herrmann, daß der Lehrer die Befürchtungen der Mutter als zutreffend bestätigt und weder an vermehrte Anstrengungen des Jungen nach der Krankheit glaubt noch Nachsicht und Hilfe seinerseits signalisiert. Es stellt sich heraus, daß das Lehrer-Schüler-Verhältnis äußerst gespannt und konfliktbeladen ist. Herrmann gewinnt zunehmend den Eindruck, daß der Lehrer ganz froh wäre, wenn er den Jungen nicht in der nächst höheren Klasse bekäme. Die Mutter bestätigt bei einem weiteren Gespräch diesen Verdacht und Herrmann vermutet von der Lehrerseite unfaires Verhalten. Er stellt sich hinter die Mutter. Der nächste Kontakt mit dem Klassenlehrer ist äußerst unfruchtbar für beide, denn Herrmann hört zwar das wirkliche Bemühen des Klassenlehrers heraus, wertet aber dessen Reserviertheit als Arroganz und fühlt sich als Beratungslehrer eher an den Auftrag der Mutter gebunden. So steht er als Mittler nahezu ohnmächtig zwischen Klassenlehrer und Mutter, letztere wird immer ungeduldiger und ruft ihn fast täglich an. Soweit der neueste Stand.

Die Gruppe wird während dieser Schilderung zunehmend lebhafter und lauter, reagiert mit Zwischenrufen auf die verschiedenen Ereignisse des Fallberichts und beginnt schließlich eine heftige Diskussion über die maßlosen Erwartungen von Eltern einerseits und den pädagogischen Auftrag von Lehrern und Beratungslehrern andererseits, die diesen Erwartungen ja auch irgendwie entsprechen sollten. Eine starke Betroffenheit aller wird spürbar. Plötzlich reden alle durcheinander, Beiträge werden unterbrochen, Argumente verworfen und persönlich entwertet („Mensch, so kannst du doch nicht mehr 1980 argumentieren!', „Ich denk darüber ganz anders und steh damit nicht allein!" usw.). Herrmanns Anliegen, das Tonband abzuhören, geht einstweilen unter.

Hans-Martin: (klatscht in die Hände): „Also Leute, bitte laßt uns doch wieder gemeinsam reden und nicht jeder für sich mit jedem. Herrmann hat ein Anliegen und dieser Auftrag an uns ist wichtig und bedeutet Vertrauen. Wie wollen wir weitermachen? Was denkt ihr?"

Wolfgang: „Also, ich hab 'ne Idee. Das war doch jetzt mal so wieder eine typische Situation, wo keiner dem anderen richtig zuhört bei soviel eigener Betroffenheit mit dem Thema. Wär' hier nicht der richtige Moment für den kontrollierten Dialog? Haben wir schon lange nicht mehr geübt" (murmelnde Zustimmung).

Die Gruppe hat eine Variante des kontrollierten Dialogs für sich entdeckt und nutzbar gemacht. Diese Entdeckung stammte aus der Gründungszeit dieser Lehrergruppe, als häufige Interaktionsübungen bearbeitet wurden, um sich besser kennenzulernen, gegenseitige Hemmungen abzubauen und Vertrauen herzustellen. Die Variante besteht in einer sinngemäßen Wiederholung des vorhergehenden Beitrages, z. B.: „Herrmann, meinst du damit, daß . . .?" (paraphrasieren). Erst dann darf das Mitglied seinen eigenen Beitrag einbringen.

So wird sichergestellt, daß das Gesagte aufgenommen und beim Partner auch „angekommen" ist.

Der kontrollierte Dialog läuft nun etwa zehn Minuten, die Diskussion wird einerseits sachbezogener (themenzentrierter), überschaubarer (es redet nur einer zur gleichen Zeit) und fördert persönliche Stellungnahmen und Gefühlsäußerungen. („Ich spür das richtig am eigenen Körper, Herrmann, wie du den Druck von Mutter und Lehrer aushalten mußt!")

Herrmann: „Also, meint ihr, ihr seid jetzt soweit, daß ich euch das Band vorspielen kann, ausschnittweise?"

Christel:	„Ich möchte das jetzt auch hören, Herrmann, aber ich bin mir im Moment nicht sicher, was ich dir geben kann, also an Rückmeldung."
Beate:	„Ja, genau, worauf soll ich nun besonders achten dabei?" (Erwartungsklärung).
Herrmann:	„Nun ja, ich hab ja schon gesagt, ich hab die Zwickmühle, in der ich steh, voll realisiert, „wahrgenommen" (lacht), auch körperlich, ja. Die Mutter stellt in diesem Gespräch laufend Forderungen, an wen ich mich als Beratungslehrer wenden muß, um ein gutes Wort für ihren Sohn einzulegen, beim Rektor, bei der Schulkonferenz, usw. Hört mal hin, wie ich mich daraufhin auf die Äußerungen verhalte, also, ob ich sie bestärke oder verstärke, solche Forderungen immer mehr auszudehnen. Ja."

Das Band läuft nun im Stop-and-go-Verfahren ca. 30 Minuten, d. h. immer, wenn eine oben genannte Situation eintritt (Mutter fordert – Reaktion Herrmann), wird eingehalten, und Herrmann bekommt jeweils von einigen Mitgliedern Rückmeldung, wie sie seine Reaktionen einschätzen. Die Kollegen registrieren sehr bald, daß Herrmann die Hoffnung der Mutter auf Intervention nährt und trägt, daß aber seine Stimme, seine Tonlage und sein partielles Schweigen deutlich seine Ambivalenz zeigt. Sein zunehmender Unmut wird allen bewußt (Diskrepanz zwischen Inhalts- und Beziehungsebene). Die Rückmeldungen werden spärlicher und magerer, Pausen entstehen und das Gespräch in der Gruppe wird schleppend. Das Band ist zu Ende.

Wolfgang	„Also, ich hab echt den Verdacht, daß manche von uns abschlaffen. Beate, Hans-Martin, Christine, ihr habt überhaupt nicht mehr Stellung bezogen zuletzt. Oder?" (Die direkt Angesprochenen schweigen, schauen nachdenklich, Achselzucken.)
Wolfgang:	„Euer Schweigen signalisiert mir, daß ihr einfach nicht mehr am Thema so richtig interessiert seid. Oder daß die Art, wie wir im Moment vorgehen, euch nicht so recht behagt. Stimmts? (Pause) Ich hab da nämlich noch 'ne Übung, die uns ganz klipp und klar sagen kann, wo der einzelne jetzt im Moment zum Thema steht. Also, es heißt „Gruppenspiegel" und geht so" (siehe Gudjohns 1978, Seite 174).
Hans-Martin:	(ärgerlich) „Wolfgang, das find' ich jetzt nicht gut, daß du so ran gehst. Ich schweige im Moment, weil ich mich so richtig in Herrmann reinversetzt hab in sein Dilemma. Mich tangiert das mächtig, ja, echt" (zustimmendes Gemurmel).
Herrmann:	„Ich bin richtig froh, daß ihr euch auch so eingeklemmt fühlt. Ich weiß ja, daß ich was falsch gemacht habe, aber..." (guckt hilflos, läßt die Schultern hängen).
Beate:	„Wolfgang, kannst du unser Schweigen nicht als etwas Konstruktives sehen, so was wie Mitgefühl? Weißt du, was ich glaube? (kritisch) Ich

	glaube, du projizierst deine eigene Stimmung auf uns, du bist am Thema von Herrmann nicht mehr so interessiert, stimmts?"
Christel:	(lacht aggressiv) „Genau, du sagst es!"
Wolfgang:	„Halt, ich mein das anders, nicht als objektive Feststellung, sondern als massiver Vorwurf von euch an mich, weil ich eben sensibel auf soziale Prozesse reagiere und sie einfach nicht negieren will und kann!"
Hans-Martin:	(beschwichtigend) „Wolfgang, du hast also echt den Eindruck, ich oder ein paar andere werfen dir deine Aktivität so als Aktivismus vor, sozusagen? Das stimmt für mich nicht, ich bin sehr froh, daß du damals die Aufgabe übernommen hast, Interaktionsübungen in unserer Gruppe einzubringen. Mir hat's jedesmal mehr gebracht. Beim Durchspielen. Die Frage ist für mich nur, welcher ist der richtige Zeitpunkt, wo wir so was machen können."

Die nächsten Beiträge zum Thema „Wolfgang schlägt eine Übung vor", kommen nun wieder von allen Teilnehmern, enthalten viel Eigenbetroffenheit (z. B. „Eigentlich bin ich froh, daß wir darauf zu sprechen kommen") und zielen auf eine konstruktive Lösung des Konfliktfalls ab. Das Ergebnis dieses ca. 30 Minuten dauernden Gruppengespräches läßt sich wie folgt beschreiben:

1. Die gemeinschaftliche Analyse der Konfliktentstehung an diesem Abend ergibt, daß die Gruppe nach dem Tonbandabhören vom inhaltlichen Geschehen ziemlich frustriert war. In diese eigene Betroffenheit hinein wirkte Wolfgangs schneller Vorschlag „Gruppenspiegel" wie ein Faustschlag ins ohnehin kollektiv angekratzte Selbstbild der anwesenden Beratungslehrer. Wolfgang hatte das Verstummen der Gruppe als Desinteresse fehlinterpretiert und provozierte damit notwendigerweise massiven Widerstand.

2. Wolfgang wurde bestätigt, wie wertvoll seine Aktivität und sein gruppendynamisches Engagement sei und wie den Teilnehmern damit immer wieder eine Fülle von „Selbsterkenntnissen" gewährleistet wurde (Feed-back). Seine gelegentliche Dominanz wird zwar manchmal als Einschränkung erlebt, zwingt aber die Teilnehmer immer wieder, sich ihre Befindlichkeit im Hier-Und-Jetzt der Gruppe zu realisieren. Letztendlich kommt so mehr Offenheit und Vertrauen zustande.

3. Beate, Christel und Hans-Martin bekennen offen, daß sie tatsächlich gelegentlich leichte Rivalität oder Neidgefühle verspüren, wenn Wolfgang so locker mit der Organisation von sozialen Prozessen umgeht.
Die Direktheit dieser Gefühlsäußerungen wirkt auf alle erleichternd und vertrauensfördernd (Beziehungsklärung).

4. Wolfgang kann nach diesem konstruktiv-kritischen und zugleich positiven Feedback auch seinerseits zugeben, daß er sich tatsächlich gegen Ende des Tonbands gelangweilt hat, dies aber nur versteckt einbringen wollte (indirekte Kommunikation).

Ganz offensichtlich ist ein Konflikt zwischen der Gruppe und Wolfgang eingetreten. Die Gruppe wirft Wolfgang vor, vorschnell mit Interaktionsübungen einsteigen zu wollen, wenn sich nicht in jeder Situation „was tut". Wolfgang beharrt auf seiner Wahrnehmung der abwertenden Haltung der Gruppe, ist weiterhin auf Situationsklärung bedacht. Beate meint, Wolfgang suche nach jeder passenden Gelegenheit, seine gruppendynamischen Kompetenzen auszuspielen und seinen „gruppendynamischen Notfallkoffer" immer parat zu halten.

Wolfgang: (erregt) „Also, Moment mal, jetzt kapier ich überhaupt nichts mehr. Jeder von uns hat ja doch wohl die gleiche Chance, sich in Gruppendynamik einzulesen, nur tut ihr das eben nicht, im Moment sieht das ja wohl fast so aus, als würde ich euch mit so Übungen überrennen."

Nach dieser recht dynamisch verlaufenen Phase der Konfliktbearbeitung beginnt nun eine ruhige, entspannte Atmosphäre in der Supervisionsgruppe, die Teilnehmer gehen freundlich und heiter aufeinander ein und bitten jetzt Wolfgang, er möge doch kurz den „Gruppenspiegel" erklären. Zwar reicht die Zeit nicht mehr zur Durchführung, weil Herrmanns Fallbesprechung noch nicht abgeschlossen ist, aber das quasi-diagnostische Instrument zur Feststellung des augenblicklichen Teilnehmerengagements wollen alle kennenlernen. Wolfgang gibt kleine Einschätzlisten aus und erläutert Vorgehen und Zweck dieser Übung. Bislang kannten alle nur die sog. „Motorinspektion", d.h., wenn der Motor, das Engagement der Gruppe „stottert", nicht mehr störungsfrei läuft, muß die Störung erkannt, bezeichnet und behoben werden (siehe Gudjohns 1978, Seite 166).

Anschließend wenden sich die Teilnehmer wieder der Fallbesprechung von Herrmann zu. Bisher hatte Herrmann die gewünschte Rückmeldung erhalten, d.h., seine Nachgiebigkeit (auf der Inhaltsebene) im Umgang mit den Forderungen der Schülermutter wurde von den Gruppenmitgliedern voll bestätigt. Deutlich herausgearbeitet wurde auch, daß durch Herrmanns bestärkendes Verhalten auf der Inhaltsebene (z.B. durch aktives Zuhören) einerseits und durch seinen indirekt geäußerten Mißmut (auf der Beziehungsebene) andererseits die Mutter verunsichert sein mußte und sie sich nicht darüber klar war, wieviel Hilfe ihr Herrmann entgegenbringen würde. Dies stellt eine häufige Konsequenz von analoger, d.h., nicht eindeutig interpretierbarer Kommunikation dar. Daraus sind auch z.T. die ständigen Rückversicherungen der Mutter erklärbar (häufige Telefonkontakte).

Herrmann: „Jetzt ist mir alles noch klarer geworden (schlägt sich vor die Stirn). Mensch, hab ich gedacht, ich wäre so hellhörig, wenn mich jemand vor so einen Karren spannen will!? (Pause) Also, wollt ihr wissen, was ich jetzt vorhabe, ja? Mit meiner Frau hab ich das mal besprochen, dann hab ich mich gleich nachts hingesetzt und alles aufgeschrieben. Ich werde der Mutter sagen, daß ich ihr falsche Hoffnungen gemacht habe, und das tut mir leid und ärgert mich. Wenn ihr gesehen hättet, wie hilflos die am Anfang war...! (Pause) Ich werde ihr behilflich sein, einen Mitschüler zu organisieren, der ihren Knaben am Krankenlager versorgen kann, alles andere überlasse ich mal der Zeit (lacht etwas verlegen), und dem Klassenlehrer werde ich auch klarlegen, daß ich nicht mehr Briefträger sein will zwischen ihm und der Mutter, der hat da bestimmt volles Verständnis, daß ich anfangs zuviel wollte, der ist ja auch Lehrer, ja."

Die Gruppe hat seinem Monolog „aktiv" zugehört und findet seine Konzeption in Ordnung, aber ob das so klappen wird mit den Gesprächen, gerade mit der Mutter? Christel schlägt vor, das bevorstehende Beratungsgespräch Mutter-Herrmann kurz durchzuspielen, um Herrmann mehr Festigkeit und Sicherheit im Ernstfall zu geben. Herrmann willigt gerne ein.

Das nun folgende Rollenspiel macht allen viel Spaß und Herrmann erlebt zusätzliche Stärkung und Einfühlsamkeit in seine Person durch ein Hilfs-Ich, das ein Gruppenmitglied während des Rollenspiels darstellt (siehe Methoden des Psychodrama, Seite 142 ff.).

Herrmann: (abschließend) „Leute, ich danke euch ehrlich. Euer Zuhören und euer Verstehen hat mir viel gebracht. Was war ich manchmal isoliert mit meinen Vorstellungen und Entscheidungen, allein am Schreibtisch (gähnt herzhaft)! Jetzt kann ich wieder ruhiger schlafen" (alle lachen).

Damit beginnt der inoffizielle Ausklang des gemeinsamen Abends. Die Gruppe hat von Anfang an beschlossen, während der Sitzungen bewußt auf „dem Trockenen" zu sitzen, um sich abzugrenzen von Lehrerzirkeln mit „gehobener" Unterhaltung. Das Gefühl der Entspannung wird nach der gemeinsamen Arbeit viel intensiver erlebt.

Zusammenfassung

Der Ablauf dieser Sitzung zeigt recht deutlich, wie zutreffend das Paradigma der schon beschriebenen themenzentrierten Interaktion ist: Es gibt ein Thema (die Fallbesprechung), die Gruppe (alle Anwesenden) und das einzelne Gruppenmitglied, das besonders hervortreten kann (Herrmann oder Wolfgang oder ...). Alle drei Elemente haben das Recht „gehört" zu werden, sind gleich wichtig, stehen in Wechselwirkung zueinander und müssen ausbalanciert werden. Nur so wird ein befriedigendes Arbeitsergebnis sichergestellt (Fallbesprechung) und eine gute Gruppenatmosphäre gewährleistet.

Nach ausreichender Anlaufzeit ist es dieser Gruppe gelungen, diese drei Bereiche auch ohne Leiter selbstorganisiert zu vereinigen. Daß dieses Anliegen nicht immer ohne Zwischenfälle abläuft, zeigt das Beispiel Hedo: Hier wurden die Interessen und Bedürfnisse eines einzelnen von den anderen nicht sensibel genug wahrgenommen, oder aber Hedo war außerstande, seine Bedrängnis offen genug zu äußern. Die Gruppenmitglieder werden in einem erneuten Anlauf versuchen, Hedos Anliegen „auszubalancieren". So liegt in jedem Fehler auch die Chance, das System Gruppe in seiner Funktionsfähigkeit und Arbeitsweise zu überprüfen.

Der zweite Konflikt „Wolfgang schlägt vorschnell eine Interaktionsübung vor" wird offen ausgetragen und gelangt zu einer konstruktiven Lösung. Da es das Anliegen der ganzen Gruppe ist, solche Übungen kennenzulernen (weil sie sich auch so günstig auf den eigenen Unterricht übertragen lassen), muß sie sich auch gemeinsam mit dem Modus und dem Zeitpunkt ihres Einsatzes befassen. Freilich entscheidet im Zweifelsfall die Gruppenmehrheit, aber jedem bleibt die Chance, sich dazu zu artikulieren.

Neben der *offenen Konfliktbearbeitung* in der Supervisionsgruppe ist ein weiterer Aspekt zu nennen, der Gruppenarbeit im Gegensatz zur Einzelarbeit so effizient machen kann: Die *Aufteilung von verschiedenen Funktionen*. In unserem Beispiel gibt es einen „Kapo", Hans-Martin, der die formal-organisatorischen Belange dieser Gruppe regelt. Trotz aller Gleichberechtigung der Mitgliedler ist diese Strukturierungsaufgabe wichtig, nicht um Verantwortung an einen Einzelnen zu delegieren, sondern um Koordination zu gewährleisten. Wolfgang wiederum hat die

Rolle des Fachmannes in Sachen „Gruppendynamik" übernommen, was durch eine gezielte Vorbereitung die Handlungskompetenz des Betreffenden und die der ganzen Gruppe erweitert. Ebenso gibt es einen „Experten" für Elemente des Psychodramas, der die verschiedenen Varianten von Rollenspielen zur intensiven Fallbearbeitung einbringt. Damit soll sich nicht eine verkappte „Expertokratie" im Kleinen entwickeln, aber im Sinne von Arbeitsökonomie und Arbeitsteilung kann damit das Spektrum der verschiedenen Arbeitsmethoden in einer Gruppe enorm erweitert werden. Daß der jeweilige Schwerpunkt einzelner nicht unkritisch übernommen und blindlings zum Einsatz kommt, wird an unserem dargestellten Gruppenprozeß deutlich. Jeder Teilnehmer hat die Chance, Neues zu erfahren, auszuprobieren, kritisch zu hinterfragen und gegebenenfalls zu verwerfen.

Im Mittelpunkt einer Supervisionssitzung steht die Fallbesprechung. Doch damit ist nicht automatisch der Ablauf der Sitzung programmiert, sondern er bleibt offen für dynamische Prozesse, die sich immer durch die Gemeinschaft ergeben. Zwischen Aufgabenzentrierung (der Fall) und Prozeßorientierung (Was geschieht während der Fallbesprechung mit den Teilnehmern?) gilt es einen Mittelweg zu finden, der Flexibilität von den Teilnehmern fordert, um allen Interessen und Motiven gerecht zu werden. Nur dann können die Teilnehmer erweiterte Handlungskompetenzen in der Beratung und im sozialen Bereich der Gruppeninteraktionen erwerben.

Das *reichhaltige Methodenrepertoire* dieser Gruppe ist ein weiterer Vorteil. An diesem Abend verläuft es über Gruppendiskussion, Medieneinsatz, gruppendynamische Übungen, Rollenspiel und zuletzt das informelle Gespräch. Welche Lern- und „Selbsterfahrungs"-Möglichkeiten bieten sich dabei jedem Teilnehmer an! Natürlich soll nicht aus jedem Supervisionsabend ein gruppenpädagogischer Fünfkampf werden, denkbar wären auch ganz andere, auch reduziertere Kombinationen.

Über all diese positiven flankierenden Maßnahmen hinaus liegt der größte Vorteil von Gruppenarbeit bei einer konstruktiven Fallbesprechung. Wer, wie Herrmann, im Schutz der Gruppe seine eigenen Probleme aus dem Beratungsalltag vorbringen kann, erhält unschätzbare Zuwendung: Neue Handlungsalternativen, Korrektur eigenen Verhaltens, Mitgefühl, Bestätigung und die Erfahrung, nicht allein zu stehen bei der Bewältigung von Schwierigkeiten, die sich aus der Berufsrolle ergeben.

Literaturverzeichnis

Amman, A.: Familientherapie. In: psychologie heute, Weinheim 1979, Heft 4, S. 47–53

Bandler, R.; Grinder, J.: Metasprache und Psychotherapie. Junfermann, Paderborn 1987

Bandler, R.; Grinder, J.: Neue Wege der Kurzzeittherapie. Junfermann, Paderborn 1991

Bastine, R.; Jacoby, J.: Epidemiologie: Soziale Bedingungen von Verhaltensproblemen. In: Funkkolleg Beratung in der Erziehung, Band 1. Frankfurt 1977, S. 143–176

Becker, G.E.; Clemens-Lodde, B.; Köhl, K.: Unterrichtssituationen 2: Motivieren und Präsentieren. Urban & Schwarzenberg, München 1976

Becker, B.E.: Planung von Unterricht. Handlungsorientierte Didaktik I. Beltz Grüne Reihe, Weinheim 1997, 7. Auflage

Benz, E.; Rückriem, N.: Der Lehrer als Berater. Quelle&Meyer, Heidelberg 1978

Brunner, E.J.; Rauschenbach, Th.; Steinhilber, H.: Gestörte Kommunikation in der Schule. Juventa, München 1978

Brunner, E.J.; Huber, G.: Interaktion und Erziehung (Päd. Psychologie 1), Psychologie Verlags Union, Weinheim 1989

Cameron-Bandler, L.: Wieder zusammenfinden. NLP – Neue Wege der Paartherapie. Junfermann, Paderborn 1991

Cobrun-Staege, U.: Lernen durch Rollenspiel. Fischer Taschenbuch Verlag, Frankfurt 1977

Cohn, R.C.: Zur Grundlage des themenzentrierten interaktionellen Systems. In: Zeitschrift für Gruppendynamik, 1974, Heft 3, S. 150–159

Dauber, H.: Beratung zwischen Furcht und Hoffnung. In: b:e 1976, Heft 2, S. 33–38

Deutscher Bildungsrat: Strukturplan für das Bildungswesen. Stuttgart 1970

Deutsches Institut für Fernstudien: Fernstudienlehrgang: Ausbildung zum Beratungslehrer. Studienbrief 3, 1, S. 102–107

DGB: Beratung im Bildungswesen. In: Gewerkschaftliche Bildungspolitik, 1979, Heft 5, S. 105–129

Fatke, R.: Placebo mit Nebenwirkungen. In: b:e 1976, Heft 2, S. 28–32

Fittkau, B.; Müller-Wolf, H.M.; Schulz von Thun, F.: Kommunizieren lernen und umlernen. Westermann, Braunschweig 1977

Fordwerke (Hrsg.): Konferenztechnik. Betriebswirtschaftlicher Verlag Gabler, Wiesbaden 1978[2]

Gordon, Th.: Lehrer-Schüler-Konferenz. Hoffmann und Campe, Hamburg 1977

Gordon, Th.: Managerkonferenz, Heyne Kompaktwissen 1014, München 1995

Gudjons, H.: Praxis der Interaktionserziehung. Klinckhardt, Bad Heilbrunn/Obb. 1978

Gudjons, H.: Spielbuch Interaktionserziehung. 185 Spiele und Übungen zum Gruppentraining i. d. Schule, überarb. Klinckhardt, Heilbronn 1995

Heller, K.; Rosemann, B.; Steffens, K.: Prognose des Schulerfolgs. Eine Längsschnittstudie zur Schullaufbahnberatung. Beltz, Weinheim 1978

Henning, C.; Knödler, U.: Problemschüler – Problemfamilien, 4. korr. Auflage, Psychologie Verlags Union, Weinheim 1995

Hess, T.; Mueller, A.: Möglichkeiten und Grenzen systemorientierter Arbeit in der Schulpsychologie. Zeitschrift für systemische Therapie, 1985, S. 230

Huppertz, N.: Supervision, Luchterhand, Neuwied 1975

Huppertz, N.: Theorie und Forschung in der sozialen Arbeit, Luchterhand, Neuwied o.J.

Jacobson, E.: Progressive Relaxation, Pfeiffer, München 1996

Junker, H.: Konfliktberatung in der Schule. Urban&Schwarzenberg, München 1976

Kanfer, F.H.; Saslow, G.: Verhaltenstheoretische Diagnostik. In: Schulte, D. (Hrsg.): Diagnostik in der Verhaltenstherapie. Urban & Schwarzenberg, München 1974, S. 24–59

Keupp, H.: Abweichung und Alltagsroutine. Die Labeling-Perspektive in Theorie und Praxis. Hoffmann und Campe, Hamburg 1976

Kolb, R.: Beratung und Gesprächsführung. In: Informationsdienst für Beratungslehrer der Landesstelle für Erziehung und Unterricht in Stuttgart, 3, 1982

Kolb, R.: Ein integrativer Ansatz für die Fortbildung zum Beratungslehrer. In: Psychologie in Erziehung und Unterricht. 30, 1983, S. 310–318

Kolb, R.: Probleme bei Fallgesprächen in pädagogischen, rehabilitativen und psychiatrischen Einrichtungen. In: Psychologie in Erziehung und Unterricht, 32, 1985, S. 47–52

Kolb, R.: Beraten statt belehren. In: Schulpraxis. Zeitschrift für Unterricht und Schulorganisation, 3, 1986

Kolb, R.: „Geh mal zu Frau B., die labert dich nicht gleich voll". Gesprächsmethodische Hilfen zur Verbesserung von Beratungssituationen. In: Westermann Pädagogische Beiträge. 39, Braunschweig 1987, Heft 1

Köhler, G.: Beratung zwischen Anpassung, Aufklärung und Veränderung. In: Studentische Politik, 1973, Heft 6/7, S. 2–16

Labov, W.: The Logic of Nonstandard English. In: Williams, F. (Hrsg.): Language and Poverty. University of Chicago Press, Chicago 1970

Lang, N.: Miteinander reden – sich verstehen. In: Benz; E.; Rückriem, N. (Hrsg): Der Lehrer als Berater. Quelle&Meyer, Heidelberg 1978, S. 51–92

Metaplan GmbH (Hrsg.): Metaplan Gesprächstechnik. Kommunikationswerkzeug für die Gruppenarbeit. Metaplan Verlag, Quickborn (o. J.)

Minsel, W.-R.: Praxis der Gesprächspsychotherapie. Böhlaus wissenschaftliche Bibliothek, Graz 1974

Minuchin, S.L.: Familie und Familientherapie, 8. verb. Auflage, Lambertus, Freiburg 1990

Mucchielli, R.: Das nichtdirektive Beratungsgespräch. Otto-Müller-Verlag, Salzburg o.J.

Münch, W.: Supervision von Lehrergruppen. In: Geissler, K.A. (Hrsg.): Gruppendynamik für Lehrer. Rowohlt, Reinbek 1979

Münch, W.: Leiden und Lust an der Schule. Materialien zur Sozialarbeit und Sozialpolitik. Band 13, Frankfurt 1984

Münch, W.: Individuum und Gruppe in der Weiterbildung. Psychol. Grundlagen für die Praxis, Beltz Weiterbildung, Weinheim 1995

Napier, A.Y.; Whitaker, C.A.: Die Bergers. Beispiel einer erfolgreichen Familientherapie. Rowohlt, Reinbek 1982

Pourroy, G.A.: Das Prinzip Intrige. Über die gesellschaftliche Funktion eines Übels. Edition Interfromm, Zürich/Osnabrück 1986

Pullig, K.-K.: Brevier der Konferenztechnik. Paul Haupt Verlag, Bern/Stuttgart 1981

Pullig, K.K.: Personalmanagement, Hauer Wiss., München 1993

Rogers, C.R.: Die nicht-direktive Beratung. Fischer Taschenbuch Verlag, Frankfurt 1994

Roth-Bilz, A.: Rollenspieltechniken in der Supervision. In: GWG info 36, 1979, Heft 10, S. 47–52

Satir, V.: Kommunikation, Selbstwert, Kongruenz. Konzepte und Perspektiven familientherapeutischer Praxis, Junfermann, Paderborn 1990

Scheflen, A.E.: Körpersprache und soziale Ordnung. Klett-Cotta, Stuttgart 1976

Schuch, H.W.: Supervision. In: Schwarzer, R. (Hrsg.): Beraterlexikon. Kösel, München 1977

Schulz von Thun, F.: Miteinander reden. Rowohlt, Reinbek, 1989

Schwäbisch, L; Siems, M.: Anleitung zum sozialen Lernen für Paare, Gruppen und Erzieher. Kommunikations- und Verhaltenstraining. Rowohlt, Reinbek 1974

Selvini-Palazzoli, M.: Der entzauberte Magier. Klett-Cotta, Stuttgart 1978

Selvini-Palazzoli, M.: Hinter den Kulissen der Organisation. Klett-Cotta, Stuttgart 1984

Tausch, R.; Tausch, A.M.: Erziehungspsychologie. 10. Auflage. Hogrefe, Göttingen 1991

Vopel, K.W.; Kirsten, R.E.: Kommunikation und Kooperation, Pfeiffer, München 1980

Wagner, A.C.: Schülerzentrierter Unterricht. Urban&Schwarzenberg, München 1976

Watzlawick, P.; Beavin, J.H.; Jackson, D.D.: Menschliche Kommunikation, unveränd. 9. Auflage, Huber, Bern 1996

Watzlawick, P.; Weakland, J.H.; Fisch, R.: Lösungen. Zur Theorie und Praxis menschlichen Wandels. Unveränd. 5. Auflage, Huber, Bern 1997

Watzlawick, P.: Die Möglichkeit des Andersseins. Zur Technik der therapeutischen Kommunikation, unveränd. 4. Auflage, Huber, Bern 1991

Weiß, R.: Bildungsberatung in der Praxis. In: Kultusministerium Baden-Württemberg (Hrsg.): Bildung in neuer Sicht, 1975, Heft 4

Wulf, Ch.; Groddek, N.: Unterricht: Interaktions- und Kommunikationsstrukturen. In: Funkkolleg Beratung in der Erziehung, Bd. 1. Frankfurt 1977, S. 217–246